neukirchener
theologie

Dieter Bach

Versöhnung mit Russland

Erfahrungen und Herausforderungen

Neukirchener Theologie

MIX
Papier aus verantwortungsvollen Quellen
FSC® C006701

Dieses Buch wurde auf FSC®-zertifiziertem Papier gedruckt. FSC (Forest Stewardship Council®) ist eine nichtstaatliche, gemeinnützige Organisation, die sich für eine ökologische und sozialverantwortliche Nutzung der Wälder unserer Erde einsetzt.

Bibliografische Information der Deutschen Nationalbibliothek

Die Deutsche Nationalbibliothek verzeichnet diese Publikation in der Deutschen Nationalbibliografie; detaillierte bibliografische Daten sind im Internet über http://dnb.d-nb.de abrufbar.

Lektorat: Ekkehard Starke
Umschlaggestaltung: Andreas Sonnhüter, Niederkrüchten,
unter Verwendung eines Fotos von © Volker Raettig
DTP: Yvonne Schönau
Verwendete Schrift: Adobe Garamond
Gesamtherstellung: CPI – Ebner & Spiegel, Ulm
Printed in Germany
ISBN 978-3-7887-2914-1

www.neukirchener-verlage.de

Inhalt

Vorwort

„Wir können nichts wiedergutmachen, aber wir können einiges besser machen." In meinem Elternhaus habe ich gelernt, was dieser Satz bedeutet. Mein Vater hat selbst als siebzehnjähriger junger Soldat die Schrecken des Krieges in Russland erlebt, der vor siebzig Jahren beendet wurde. Von ihm habe ich gelernt, den Krieg zu hassen und auf die Kraft der Versöhnung zu setzen.

Als 1985 die Rheinische Kirche begann, unsere Schuld an den Völkern der Sowjetunion aufzuarbeiten, konnte niemand ahnen, dass sich wenige Jahre später mit Glasnost und Perestroika, dem Fall der Mauer und dem Zusammenbruch der Sowjetunion eine völlig neue politische Situation ergeben würde.

Dieter Bach, der Autor dieses Buches, ist ein Mann der ersten Stunde. Als Leiter der Evangelischen Akademie in Mülheim an der Ruhr hat er die ersten Kontakte geknüpft, hat zusammen mit anderen die 16 Thesen zur Versöhnung mit den Völkern der Sowjetunion erarbeitet, hat in gesellschaftspolitischen Tagungen mit Russen und Polen die Konfliktpunkte aufgegriffen und Lösungen gesucht.

Im Jahre 1991 hat Dieter Bach zusammen mit Präses Peter Beier die rheinische Delegation nach Pskow geführt, einer Stadt im Nordwesten Russlands, die in besonderer Weise unter der Gewaltherrschaft der dreijährigen deutschen Besetzung gelitten hat. Ich war froh, als junger Pfarrer an der Begegnung zum Gedenken des deutschen Überfalls teilnehmen zu können, und bin der Stadt und der Versöhnungsarbeit bis heute verbunden geblieben.

Seitdem haben Russen und Deutsche gemeinsam ein soziales Netz errichtet, das Pskow im Jahre 2003 den Titel „Sozialste Stadt Russlands" eintrug.

Oberkirchenrat Klaus Eberl und Stadtpräsident Michail Choronen eröffnen einen neuen Bauabschnitt (Foto: Bertold Fernholz)

Gute Erfahrungen haben beide Seiten mit den anderen gemacht, aber auch vor Herausforderungen wurden wir gestellt, die uns manchmal fassungslos machten.

Das könnte man auch auf die gemeinsam durchlebte Geschichte beziehen, in der die Deutschen – angefangen beim Deutschen Orden 1240 bis zur Schreckensherrschaft 1944 – immer wieder als Feinde ins Land einfielen. Auf der anderen Seite gab es immer wieder Zeiten enger Zusammenarbeit, z.B. mit der Hanse, mit den deutschen Siedlern unter Katharina der Großen, mit der Versöhnungsarbeit rheinischer Christen in den letzten 30 Jahren.

Die Partnerschaft, die durch die 1999 gegründete „Initiative Pskow in der Evangelischen Kirche im Rheinland“ koordiniert wird, trug viele positive Früchte. Aber auch Korruption, personelle Fehlbesetzungen und obskure Gesetze ließen manchmal daran zweifeln, ob die Arbeit sich wirklich lohnte. Die große weltpolitische Lage mit Tschetschenien, Georgien und zuletzt der Ukraine kam immer wieder erschreckend bedrückend hinzu.

In 17 Kapiteln schildert Dieter Bach sehr anschaulich die Ereignisse der letzten Jahrzehnte:

Wie konnte Pskow zur sozialsten Stadt Russlands werden? Wer hat daran mitgearbeitet? Welche Gefahren waren zu bewältigen?

Und nicht zuletzt: Wie wird es weitergehen mit den deutsch-russischen Beziehungen? Werden sich die guten Erfahrungen durchsetzen, oder wird neue Konfrontation um sich greifen?

Oberkirchenrat Klaus Eberl
Vorsitzender der Initiative Pskow

Dank

Ohne die Unterstützung einiger Menschen wäre dieses Buch nicht zustande gekommen.
Ihnen möchte ich von ganzem Herzen danken.

An erster Stelle stehen Margot Nohr und Wilhelm Lascho:
Margot Nohr, geb. 1945, Pädagogin für die Fächer Germanistik, Geographie und evangelische Religion, bis 2005 Oberstudiendirektorin des Albert-Einstein-Gymnasiums in Duisburg, Moderatorin für Lehrerfortbildung;
Wilhelm Lascho, geb. 1936, Pädagoge für evangelische Religion, Germanistik und Philosophie, bis 1999 Oberstudiendirektor des Konrad-Adenauer-Gymnasiums in Kleve, Dozent der Volkshochschule Kleve, 50 Jahre lang Prädikant der Evangelischen Kirche in Kleve.
Beide haben das Buch vom ersten Tag an begleitet. Ihr Rat und ihre Ideen waren für mich ganz wichtig. Sie haben Korrektur gelesen und mit mir die Bilder ausgewählt.

Ekkehard Starke, geb. 1956, Theologe und Lektor der Neukirchener Verlagsgesellschaft, hat mit großem Engagement die einzelnen Kapitel mit mir durchgesprochen und die Texte gestrafft, was der Lesbarkeit sehr zugutegekommen ist.

Klaus Eberl, geb. 1955, Oberkirchenrat für Bildung der Evangelischen Kirche im Rheinland, Theologe und Pädagoge, Vorsitzender der Initiative Pskow, hat mich ermutigt, das Buch zu schreiben. Wichtig war ihm, dass es auch ein Stück der Geschichte der Initiative widerspiegelt.

Die Werner Peter Schmitz-Stiftung mit ihrem Geschäftsführer Michael Dirkx hat den Druck dieses Buches mitfinanziert, ebenso wie die Evangelische Kirche im Rheinland. Dafür danke ich beiden.

Mein Dank gilt schließlich auch der Neukirchener Verlagsgesellschaft, dass sie die Veröffentlichung dieses Buches möglich gemacht hat.

Rumeln-Kaldenhausen, im November 2014 Dieter Bach

1. Erfüllte Hoffnungen – enttäuschte Erwartungen
30 Jahre deutsch-russische Zusammenarbeit

26. Mai 2013. Vor wenigen Tagen habe ich nach vielen Anfragen endlich die Planungsunterlagen für das Soziale Viertel in der russischen Stadt Pskow erhalten. Mitten in der Stadt soll eine Wohnsiedlung für Alte, für Menschen mit geistigen und mehrfachen Behinderungen und Familien mit Kindern entstehen. Im ersten Bauabschnitt ist die Erstellung von 100 Wohneinheiten vorgesehen. Das Viertel ist im zuständigen Ministerium in Moskau zu Beginn des Jahres offiziell genehmigt worden. Das heißt nach russischem Recht zugleich: Nichts ist mehr zu verändern.

Einer der führenden Architekten für Sozialbauten in Westeuropa, Eckhard Feddersen, hatte sich in Pskow bei der großen Feier zur Fertigstellung des letzten Bauabschnitts der Werkstatt für Menschen mit Behinderung begeistern lassen und viele Teilnehmer mit seiner Begeisterung angesteckt. Er und sein Mitarbeiter, Jörg Fischer, hatten sich bereit erklärt, Entwürfe für das Projekt vorzulegen und es bis zu seiner Fertigstellung federführend zu begleiten. Mehrere Planungsvorlagen hatten sie nach Pskow weitergegeben.

Am frühen Morgen war ich nach Berlin aufgebrochen, um mit ihnen die jetzt erhaltenen Bauunterlagen zu begutachten. An der Tür des Architektenbüros hatten mich beide freundlich begrüßt. Im großen Saal hinter dem Empfang saßen wohl 40 Mitarbeiter und Mitarbeiterinnen, darunter mehrere Architekten, in intensiver Arbeit. Altersgerechte Wohnviertel, Altenresidenzen, Wohnungen für Menschen mit geistigen und körperlichen Behinderungen werden entwickelt und baufertig geplant. Die Auftraggeber kamen neben Deutschland unter anderem aus der Schweiz, Italien, Frankreich, Polen und Tschechien.

Eckhard Feddersen
(Foto: Volker Raettig)

Eckhard Feddersen führte mich in das Besprechungszimmer, ein heller lichtdurchfluteter Raum mit großem Tisch und acht Stühlen. Er berichtete zur Einführung:
„Im Mai 2012 besuchte uns hier in Berlin der zuständige russische Architekt Igor Drankevich. Aber er war wohl mehr an der deutschen Hauptstadt als an den Planungen interessiert. Wir zeigten ihm verschiedene Projekte in Berlin und in Brandenburg. Wir sprachen die Zielsetzung des

Pskower Projektes an, ein Modell für Russland zu schaffen. Wir erläuterten die sich daraus ergebenden Konsequenzen für die Bauplanung. Es ging uns wesentlich um Inklusion nach innen und nach außen."

Nach innen hieß: absolut barrierefreies Bauen, intensive Begegnungsmöglichkeiten zwischen Alten, Behinderten und Familien mit ihren Kindern.

Nach außen: Öffnung des Sozialen Viertels zum Stadtviertel hin, in dem die Siedlung liegen soll. „Die Bauweise muss so gestaltet werden", so hatte Eckhard Feddersen immer wieder betont, „dass die Menschen geradezu in das Viertel hineingezogen werden."

Igor Drankevich, der russische Architekt, hatte zu allem zustimmend genickt. Zum Abschluss erklärte er: „Ich werde alle Ihre Überlegungen in meine Planung einbeziehen."

„Das war", so schloss Eckhard Feddersen, „im Mai 2012, ein Jahr nach der wunderbaren, fröhlichen Feier in Pskow und ein Jahr vor unserem jetzigen Gespräch. Seitdem haben wir aus Pskow nichts mehr gehört. Vor einigen Tagen erhielten wir von der Pskower Verwaltung die wohl endgültigen Bauunterlagen. Was mich besonders wundert: Warum wurden uns die Unterlagen nicht noch einmal vorgelegt, bevor sie nach Moskau zur Genehmigung gingen?"

„Und wie beurteilen Sie die Unterlagen?", fragte ich sorgenvoll zurück. „Schon als Nichtfachmann sind mir einige grobe Fehler aufgefallen."

„Sicherlich nicht zu Unrecht", warf Jörg Fischer ein. „Wir sind die Bauunterlagen gründlich durchgegangen. Hier ist das Ergebnis der größten Fehlplanungen:

- Die ringförmige Anlage des Projektes wirkt wie eine verschließende Mauer nach außen.
- Eine Straße, die durch das Viertel führt und Besucher anlocken könnte, wird durch sinnlose Parkplätze in der Mitte unterbrochen. So führt sie in beiden Richtungen ins Leere.
- Der Dienstleistungsbereich ist völlig überdimensioniert. Er reicht für eine Stadt von 10.000–15.000 Einwohnern.
- Die Wohnungen liegen 50–60 cm über dem Gehweg. Deshalb sind alle Zugänge für Rollstuhlfahrer nur über eine Rampe zu erreichen, die so steil ist, so weit in den Gehweg hinein, dass sie zu Stolperfallen werden.
- Die Dächer in ihrer Höhe sind unsinnig. Schnee halten sie nicht ab.
- Die Straßenlaternen sollten auf die Höhe der Menschen heruntergeholt werden.
- Die Glasüberdachungen der Gehwege werden an mehreren Stellen unterbrochen. Das macht sie unbrauchbar.
- Die Häuser und Wohnungen sind nur zum Teil barrierefrei.
- Oft fehlen die Lifte von entsprechender Größe.
- In vielen Fällen sind die Türen zu schmal.

- Die Wendemöglichkeit für Rollstühle ist nicht immer groß genug.
- Keine Badewannen, sondern bodengleiche Duschen sollten in jeder Wohnung eingebaut werden.

Zusammenfassend sind wir zu dem Urteil gekommen:

Vieles, was man aus deutschen oder internationalen Beispielen hätte lernen können, ist nicht beachtet worden. Hinter dem russischen Plan steht ein in sich zurückgewandtes und aus vergangenen Zeiten geborenes Denken, das zurückführt zu in sich abgeschlossenen Komplexen mit autarken Betriebsstrukturen. Eine Öffnung nach außen ist nicht erkennbar.

Alle Häuser weisen in ihren Grundrissen schwere Mängel auf, die in Deutschland sofort zum Verlust der Bezeichnung behinderten- oder altengerecht führen würden."

Grundsteinlegung für den Bau des sozialen Dorfes (Foto: Volker Raettig)

Abschließend stellte Eckhard Feddersen fest:

„Lieber Herr Bach, ich weiß nicht, was ich Ihnen raten soll. Starke Zweifel, wenn nicht sogar Verzweiflung haben mich jetzt befallen. Ob diese Sache noch geradezubiegen ist, wage ich nicht zu hoffen. Sogar Selbstverständlichkeiten für uns, ganz grundsätzliche einfache Dinge scheinen in Russland schon ein großes Problem zu sein."

Zwei Stunden sprachen wir die einzelnen Punkte noch einmal durch. Dann stand unser Entschluss fest:

Sollte es zu keiner Behebung der Mängel kommen, konnte sich keiner von uns weiter an dem Projekt beteiligen. Wir wollten ein Modell für Russland schaffen, eins, das Schule machen und dazu führen sollte, dass die seelenlosen sogenannten Internate in den Wäldern keinen Nachschub mehr bekämen, gleichsam austrockneten. Internate, in denen Menschen mit Behinderungen vegetieren, aber nicht wirklich am Leben teilnehmen können, wollten wir nicht.

Was wir in der russischen Planung zu sehen bekommen haben, führt nur dazu, dass die Internate aus den Wäldern in die Stadt geholt werden. Sonst bleibt alles beim Alten.

Ich schrieb einen Brief an Armen Mnazakanjan, den Leiter der Sozialabteilung der Region Pskow, und teilte ihm unsere Mängelrügen mit. Und zog dann die Konsequenz: „Deshalb müssen wir Ihnen schweren Herzens mitteilen, dass wir nach Prüfung der uns jetzt vorliegenden Planungsvorgaben unsere Zusammenarbeit an dem Projekt als beendet ansehen müssen.

Ich kann nicht für ein Projekt finanzielle Mittel einwerben, das kein Pilotprojekt ist, sondern entsprungen ist aus einem zurückgewandten und aus vergangenen Zeiten geborenen Denken."

Das ereignete sich am 26. Mai 2013. Der Sommer kam und ging vorüber. Aus Pskow erhielten wir keine Antwort. So schrieb ich im Oktober im Rundbrief der Initiative Pskow einen Artikel dazu unter der Überschrift

Die Hoffnung und ein negatives Ergebnis?[1]

Ich schilderte den ganzen Vorgang und schrieb dann weiter:

„Die Stelle für einen russischen Architekten war ausgeschrieben worden. Doch schon vor der Eröffnung der offiziellen Ausschreibung stand bei der Oblastverwaltung fest, wer es werden sollte: Igor Drankevich aus St. Petersburg. Wie es dazu kam? Hatte er an anderer Stelle besondere Fähigkeiten gezeigt? Die deutsche Seite hat es nie erfahren. Aber eines wurde bald zur Gewissheit: Inklusion und was damit zusammenhing blieb für ihn ein Fremdwort.

Im Dezember 2011 hatte Eckhard Feddersen erklärt: „Wir bauen eine städtebauliche Ergänzung, in der wir Alte und Behinderte in die Mitte rücken in einer Inklusion mit der Wohnbevölkerung. Es bedeutet letztlich gebaute Gemeinschaft. Es ist bester europäischer Standard."

Die deutsche Seite erklärte sich zur intensiven Zusammenarbeit bereit. Der Vorsitzende, Klaus Eberl, sagte, selbstverständlich sei man bereit, bei der Industrie und bei der EU Mittel einzuwerben.

Dieter Bach übernahm diese Aufgabe und wurde von deutscher Seite offiziell beauftragt, die Verantwortung zu übernehmen. Bald hatte er die ersten 10.000 € eingeworben.

Aber alles, was Igor Drankevich vorlegte, waren Pläne von einem in sich geschlossenen System, weder Barrierefreiheit noch Einbeziehung der Stadtbevölkerung nach außen waren vorgesehen. Alle deutschen Bemühungen waren zwecklos. Das teilte ich im Mai der Oblastverwaltung mit. Auf dieses Schreiben habe ich bis zum heutigen Tag keine Antwort erhalten."

Was bleibt? Was wird? Was soll werden?, fragte ich mich. Alles vorbei? – Aus? – Zu Ende?

Vor 30 Jahren hatte ich mit der Arbeit für Russland begonnen. Vieles hatten wir erreicht. Es war zur wunderbaren Zusammenarbeit mit russischen Menschen gekommen. Aber wir hatten auch viele Intrigen, Korruption, das Mächtespiel der Großen in der Politik erlebt. Wie hatte es angefangen? Was hätte noch werden können?

2. Ausgeblendete Schuld

9. Mai 1985: 40 Jahre nach dem Ende des Zweiten Weltkriegs

9. Mai 1985. Zusammen mit Dr. C. Barthold Witte, dem Leiter der Kulturabteilung des Auswärtigen Amtes, stand ich am Fenster des Kaminzimmers in der Evangelischen Akademie des Rheinlandes. Diese Akademie war in wenigen Jahren zur führenden Einrichtung in der Auseinandersetzung mit Osteuropa geworden. In einer gediegenen, im Jugendstil erbauten Villa von 1913 war sie untergebracht, inzwischen großzügig ausgebaut zu einer Tagungsstätte mit allen technischen Einrichtungen. Für die vielen Besucher bot sie nicht nur ein vorzügliches Ambiente, sondern auch eine breite Gesprächsplattform für Menschen mit unterschiedlichen Meinungen.

Unsere Gedanken gingen 40 Jahre zurück. Am 9. Mai endete der Zweite Weltkrieg mit der Kapitulation der Deutschen Wehrmacht. Damit war auch der Vernichtungsfeldzug gegen die Sowjetunion gescheitert. Viel Schuld hatten wir gegenüber diesen Völkern auf uns geladen. Um neuen Lebensraum für das deutsche Volk an uns zu reißen, waren wir am 22. Juni 1941 in das Land eingefallen. Unendliches Leid hatten wir über die Menschen gebracht. Mehr als 27 Millionen Soldaten und Zivilisten waren im Krieg getötet, ermordet, verhungert oder durch Sklavenarbeit vernichtet worden.

Wir Deutschen aber hatten das bis zur Stunde kaum wahrgenommen. Wir klagten über unser Schicksal und sahen nur, was uns angetan worden war: die Vertreibung aus dem Osten, die Millionen, die auf der Flucht im eisigen Winter umgekommen waren, die Vergewaltigungen durch sowjetische Soldaten. Sie waren für uns die Horden, die aus dem Osten kamen. Mit der Warnung vor diesen Russen wurden Wahlen gewonnen.

Die Denkschrift der Evangelischen Kirche in Deutschland *Die Lage der Vertriebenen und das Verhältnis des deutschen Volkes zu seinen östlichen Nachbarn*[2] aus dem Jahre 1965 hatte zwar den *Zustand einer noch ausstehenden Versöhnung* thematisiert und erste Anstöße zu seiner radikalen Neubesinnung geliefert. Aber hier war fast ausschließlich Polen in den Blick gekommen.

Den Russen gegenüber hatte für eine breitere Öffentlichkeit zum ersten Mal der Magdeburger Bischof Werner Krusche auf dem Friedenskongress der Evangelischen Kirche in Kiel 1984 die Augen für das Leiden dieser Menschen geöffnet. Krusche war einer der profiliertesten Bischöfe in der DDR. Mit vielen Äußerungen war er der Regierung ein Dorn im Auge.

In Kiel hielt er einen Vortrag zum Thema „Schuld und Vergebung – die Gründe christlichen Friedenshandelns". In ihm sagte er den Satz, der blitzartig die Situation der anderen Seite deutlich machte: *Die Ausblendung der besonderen Schuld gegenüber dem zur Vernichtung bestimmten Sowjetvolk ist der verhängnisvollste und folgenschwerste Vorgang in der deutschen Nachkriegsgeschichte.*[3]

Wie eine Fackel wurde die Äußerung in der damals friedensbewegten Zeit aufgegriffen und von Landeskirche zu Landeskirche weitergetragen. 1985 erreichte sie auch die Evangelische Kirche im Rheinland. Ein kleiner Ausschuss wurde gebildet, der eine erste Stellungnahme für das Kirchenparlament, das im Januar 1986 tagte, erarbeiten sollte.

Diese Gruppe hatte Barthold Witte am 9. Mai in die Evangelische Akademie eingeladen. Bald saßen sechs Frauen und Männer am runden Tisch in einer Ecke des Raumes. Unter ihnen war Hans Joachim Barkenings, von allen nur Hajo genannt, Studentenpfarrer an der Universität in Duisburg. Er engagierte sich seit Jahren in der Friedensfrage. Die Versöhnung mit der Sowjetunion wurde für ihn zu einem ganz besonderen Anliegen. So war es nicht verwunderlich, dass er einen ersten Entwurf in den Arbeitskreis mitbrachte.

Zur Einführung erläuterte Hajo Barkenings insbesondere zwei Punkte: Die Versöhnung mit den Völkern der Sowjetunion ist jetzt, vierzig Jahre nach dem Krieg, dringend geboten, wenn es nicht zu spät sein soll.

Es geht dabei um die Menschen, nicht um die Institution, wenn auch hier mit Michail Gorbatschow, der am 11. März zum Generalsekretär des Zentralkomitees der KPdSU gewählt worden war, ein erster Hoffnungsschimmer aufflammen könnte. Aber jetzt geht es um die Menschen, die selbst oder deren Vorfahren unter uns gelitten haben.

Wenn die Versöhnung Spuren hinterlassen soll, darf sie nicht ein abgehobenes Wort der Kirchenleitung sein, sondern sie muss auf breiter Basis von unseren Gemeinden, von den Menschen in ihnen, getragen werden.

Eine intensive Diskussion setzte ein. Sie wurde in zwei weiteren Sitzungen fortgesetzt, bevor die Vorlage für das Kirchenparlament verabschiedet werden konnte.

Einmal beschäftigte uns die Frage sehr stark: Sind die Menschen in unseren Gemeinden bereit, nicht nur dieses Wort zu hören, sondern es auch zu ihrem Wort zu machen und für sich zu überlegen, was sie zum Gedanken der Versöhnung beitragen können?

Wie kontrovers die Einstellung war, erfuhr ich selbst, als ich im erweiterten Familienkreis über das Vorhaben sprach. Einige stimmten begeistert zu. Andere zeigten großes Entsetzen. Zu ihrer Sprecherin machte sich meine sonst von mir sehr geschätzte und von mir geliebte Patentante Luise, Kreisvorsitzende einer konservativen Partei. Alles, was sie zu sagen hatte, war der Satz: „Dieter, wenn die Russen kommen, dann bist du schuld." Und sie meinte, was sie 1985 sagte.

Russland: Stadt und Land (Foto: Volker Raettig und Michael Dirkx)

Weil uns diese Grundstimmung bekannt war und, je mehr wir vor anderen darüber sprachen, uns immer bewusster wurde, überlegten wir zum anderen: Sollen wir jetzt schon konkrete Punkte ansprechen, an denen wir gegenüber den Menschen in der Sowjetunion schuldig geworden sind?

Oder sollen wir es zunächst bei einem allgemein gefassten Wort belassen? Wir entschieden uns zu Letzterem und verabschiedeten schließlich im Herbst einen Text, der dem Kirchenparlament im Januar 1986 zur Beschlussfassung vorgelegt wurde.

Hajo Barkenings trug die Vorlage vor den mehr als 300 Delegierten vor. Sie wurde mit einer Gegenstimme angenommen.

Ihr Wortlaut:

1. Die Landessynode der Evangelischen Kirche im Rheinland weiß sich einig mit dem Beschluss der Landessynode der Evangelischen Kirche von Westfalen 1985 zur Aufgabe einer Versöhnung mit den Völkern der Sowjetunion:

„Noch immer belastet verdrängte Schuld offensichtlich unser Verhältnis insbesondere zu den Völkern der Sowjetunion und verschließt den Weg zu einer auch politisch wirksamen Aussöhnung. Versöhnung allein kann die Grundlage bieten für eine verstärkte Politik des Friedens und der Partnerschaft gegenüber der Sowjetunion, die heute dringend geboten ist. Die Arbeit an dem Prozess der Versöhnung duldet deshalb keinen weiteren Aufschub. Die Landessynode bittet deshalb die Gemeinden, sich in diesem Sinne nachdrücklicher als bisher mit dem Vorgang und mit den Folgen des letzten Krieges mit der Sowjetunion zu befassen."

2. Zu diesem Zweck beauftragt die Landessynode den Ständigen Öffentlichkeitsausschuss, Material zu sammeln und zu erarbeiten, das die Verstän-

digung und das Verständnis fördert, und praktische Wege zu erkunden, auf denen unser Versöhnungswille vermittelt werden kann ...[4]

Diese Wende von der bloßen Einsicht in die praktische Friedensarbeit war der Auftakt zu einem Versöhnungshandeln mit der Sowjetunion und dem späteren Russland, der bis zum heutigen Tag noch nicht abgeschlossen ist.

Freilich bedurfte es noch einiger Zwischenschritte, bis das Vorhaben sich entwickeln konnte.

Ein Ausschuss sollte einberufen werden. Aber wer sollte dazugehören? Barthold Witte, Hajo Barkenings und ich waren uns bewusst, dass es auch in den Gemeinden viel Widerspruch und Widerstand dagegen geben würde, sich mit den Völkern der Sowjetunion auszusöhnen. Zu tief saß das Misstrauen, zu negativ war das Bild, das sich von den Russen in deutschen Köpfen festgesetzt hatte. Noch gab es die DDR, von der viele im Westen überzeugt waren: ein geknechteter Sklave der UdSSR.

Uns war klar: Wir brauchten in unserem Kreis Frauen oder Männer, die gute Kenner der Zeitgeschichte waren und für ihre sachbezogene Einordnung der Ereignisse geschätzt wurden.

Wir fanden sie in drei Professoren:

Hans-Adolf Jacobsen[5], Lehrstuhlinhaber für Zeitgeschichte und Politikwissenschaft an der Universität Bonn. Als überzeugter Nationalsozialist geriet er als Leutnant mit 19 Jahren 1945 in russische Kriegsgefangenschaft. Es war für ihn die Zeit „seiner Universität". Seine Bekehrung weg vom nationalsozialistischen Denken erlebte er in einer russischen Bauernstube. Es war im bitterkalten Winter. Der Kolonnenführer erlaubte den Gefangenen, sich in einer Kate aufzuwärmen. Mit zwei Kameraden fand er Aufnahme bei einer alten, sehr armen Frau. Sie teilte die letzten Kartoffeln mit den Deutschen. Schlagartig erkannte er: Wie aberwitzig war die Lehre vom slawischen Untermenschen.

Russland wurde für Jacobsen als Professor ein Schwerpunkt seiner Arbeit. Zum ersten Mal reiste er 1965 nach Moskau. Versöhnung war fortan das Stichwort seiner Arbeit. In vielen Reisen nach Russland, in Dutzenden von Veröffentlichungen, in immer neuen Tagungen der Evangelischen Akademie im Rheinland, deren Inhalte er seit Mitte der Achtzigerjahre stark mitbeeinflusste, hat er Versöhnung gelebt.

Karl-Heinz Ruffmann[6], Jahrgang 1922, Lehrstuhlinhaber für Zeitgeschichte an der Universität Erlangen. Die Erinnerung an seine Heimat, geboren war er in Memel, dem heutigen Kleipeda, hat ihn sehr stark bestimmt. Sein wissenschaftlicher Schwerpunkt, die geschichtlichen Beziehungen zwischen Westeuropa und Litauen, bestimmte bis zu seinem Tod im Jahre 1996 sein Denken und Handeln. Auch seine Einstellung zur Sowjetunion und später zu Russland war mitbegründet in seinen Erlebnissen als Soldat. Bis zu seiner Verwundung 1942 war Ruffmann in Russland stationiert.

In ihm gewannen wir einen temperamentvollen, politisch engagierten und zugleich mit einer enormen Sachkenntnis versehenen Gesprächspartner, der keiner kontroversen Diskussion aus dem Wege ging.

Wilhelm Kahle[7] (1919–1997), Professor der Theologie, wurde besonders bekannt durch zwei Ereignisse: Nach der Pogromnacht half der Neunzehnjährige zusammen mit seiner Mutter der jüdischen Familie Goldstein beim Aufräumen ihres in der Nacht verwüsteten Geschäftes. Kahles wurden angezeigt als Volksverräter. Wilhelm flog von der Universität, die Hetze hörte nicht auf. Schließlich floh die ganze Familie 1939 nach England.

Nach Deutschland 1948 zurückgekehrt, widmete sich Kahle nach abgeschlossenem Theologiestudium besonders dem Thema der Kirchen im Osten. Einen Schwerpunkt nahmen die Verfolgungen des Protestantismus unter Stalin in Russland ein. Das begründete auch sein antirussisches Verhalten, das schließlich zum Bruch mit ihm in unserem Gremium führte.

Der Arbeitskreis aber stand zunächst. Bevor er jedoch zur intensiven und erfolgreich abschließenden Arbeit fand, war ein zweites Ereignis notwendig.

Unmittelbar nach der Tagung des Kirchenparlaments 1986 informierte die evangelische Seite die Spitzen der Russisch-Orthodoxen Kirchen.

Der Vorsitzende des kirchlichen Außenamtes in Moskau, Metropolit Filaret von Minsk, drückte am 19.06.1986 seine Befriedigung darüber aus, dass die Evangelische Kirche am Prozess der *Versöhnung und gegenseitigen Verständigung zwischen den Völkern mitwirke.* Das veranlasste das Kirchenparlament, sich im Januar 1987[8] erneut mit dem Thema zu beschäftigen. Es stellte mit Befriedigung fest, dass der Arbeitsausschuss inzwischen eingerichtet sei, und beauftragte ihn noch einmal, die nächsten Schritte zu planen. Das führte dazu, dass ein Papier zur Versöhnung zügig erarbeitet wurde.

Allerdings geschah das nicht problemlos. Es führte zu dem zornigen Ausscheiden von Wilhelm Kahle. Die Kirchenleitung selbst hatte nicht den Mut, die vorgelegten 16 Thesen als ihre Aussage zu übernehmen oder sie, wie ursprünglich vorgesehen, dem Kirchenparlament zur Entscheidung vorzulegen.

Sitzungsort war wieder die Evangelische Akademie im Rheinland. Das Besprechungszimmer in der ersten Etage der Jugendstilvilla wurde zum Sitzungszimmer. Der Ausblick auf den Park, die vorzügliche Versorgung mit Essen und Trinken schufen die Voraussetzung für eine gute Atmosphäre.

In der dritten Sitzung aber kam es dennoch zum Eklat.

Zwei Mal war inzwischen über die Grundlagen des Papiers diskutiert worden. Immer wieder flackerte die Angst auf. Möglichst im Allgemeinen bleiben, hieß die These, keine pointierte Stellungnahme, bei wem die Hauptschuld an dem bis heute ungelösten Konflikt zwischen den Deutschen und den Völkern der Sowjetunion liegt.

Da riss Hans-Adolf Jacobsen der Kragen. „Ich bezeichne nicht umsonst meine Kriegsgefangenschaft als ‚meine Universität', in der ich vom Naziglauben und seinen Lügen gründlich geheilt worden bin. Ich reise seit 1965 regelmäßig in die Sowjetunion, um zur Versöhnung beizutragen. Jetzt endlich ist auch die Evangelische Kirche wach geworden. Soll sie ein Wischiwaschi-Papier herausbringen, aus dem jeder ablesen kann, was ihm passt? Dafür könnt ihr mich nicht haben!" „Mich auch nicht", pflichtete Karl-Heinz Ruffmann bei. „Ich bin bereit, mit meinem Kollegen Hans-Adolf Jacobsen Thesen zu erarbeiten und sie in der nächsten Sitzung vorzulegen. Und ich versichere Ihnen, sie werden eine deutliche Sprache sprechen."

Zwei Monate später lagen 13 Thesen auf dem Tisch, die eindeutiger nicht formuliert sein konnten.

Eine heftige Diskussion entbrannte insbesondere um drei Aussagen:[9]

These 2

Der Überfall Deutschlands auf die Sowjetunion hatte verheerende Folgen. Das Land wurde nicht nur wirtschaftlich ausgeplündert und vielfach als verbrannte Erde zurückgelassen. Noch schlimmer war, dass seine Bevölkerung mit der Begründung unterworfen wurde, es handle sich überwiegend um Angehörige minderwertiger Rassen, um „Untermenschen".

These 3

Bei dem Stichwort Kriegsgefangenschaft denken sehr viele von uns an Sibirien, an den Ural, an die Halbinsel Kola, an die Ukraine, wo nach der Niederlage Millionen deutscher Soldaten als Kriegsgefangene in armseligen Barackenlagern hausen und bei dürftiger Verpflegung Schwerstarbeit verrichten mussten. Über 1 Million von ihnen starben. Die letzten Zehntausend durften erst mehr als ein Jahrzehnt nach Kriegsende heimkehren.

Vergessen, verdrängt oder weithin unbekannt ist, dass von mehr als 5 ½ Millionen sowjetischer Soldaten, die im Sommer und Herbst 1941 in deutsche Kriegsgefangenschaft gerieten, bis zum Kriegsende mindestens 2,6 Millionen umkamen. Tausende von ihnen fielen unter den Schüssen befehlsmäßig handelnder Mordkommandos, die meisten aber deshalb, weil man die Gefangenen verhungern ließ. Viele Grabstätten, bekannt oder unbekannt, gepflegt oder verwahrlost, zeugen von dem Ende sowjetischer Kriegsgefangener.

These 4

Bei dem Stichwort „Kriegsleiden der Zivilbevölkerung im Osten" denken sehr viele von uns an diejenigen, die ab Winter 1944/45 aus ihrer ostdeutschen Heimat flüchten mussten, evakuiert, vertrieben oder zwangsumgesiedelt wurden, sowie an die deutschen Zivilpersonen, die unmittelbar vor oder nach Kriegsende Repressalien, Hass- und Racheakten von den Soldaten der vordringenden Roten Armee ausgesetzt waren.

Vergessen, verdrängt oder weithin unbekannt ist, dass ab Frühjahr und Sommer 1942 insgesamt 2,8 Millionen Zivilisten aus den besetzten Gebieten der UdSSR zur Zwangsarbeit in das deutsche Reichsgebiet verschleppt wurden, um hier, gemäß der „Untermenschen"-Theorie der Nationalsozialisten durch ein Brustetikett als „Ostarbeiter" gekennzeichnet, physisch ausgebeutet und moralisch diskreditiert zu werden. Viele von ihnen starben entkräftet.

Kaum war die Diskussion über die Thesen eröffnet, sprang Professor Wilhelm Kahle erregt auf. „Das können wir auf keinen Fall so der Öffentlichkeit übergeben", stieß er hervor, dann in ruhigerem Ton fortfahrend: „Das ist viel zu einseitig. Wie wollen Sie beweisen, dass der Überfall eine einseitige deutsche Sache war? Sind wir nicht durch einen Erstschlag der sowjetischen Kriegserklärung nur zuvorgekommen?

Die Leiden der deutschen Kriegsgefangenen werden verharmlost. Haben sie nicht im Gegensatz zu den drei Jahren der Russen mehr als 10 Jahre in der Knechtschaft aushalten müssen?

Und die Vertriebenen? Sind von ihnen nicht auch mehr als eine Million umgekommen? Und über die zahlreichen Vergewaltigungen kein Wort?

Und über den Menschenschlächter Stalin nichts, gar nichts? Er hat schließlich nicht nur die lutherischen Protestanten blutig verfolgt!"

Die Professoren Jacobsen und Ruffmann griffen Satz für Satz auf und stellten die Gegenseite dar. Das Ganze drohte zum Historikerstreit auszuarten.

Schließlich lenkte Hajo Barkenings auf die Aufgabenstellung zurück: „Es geht in dem Versuch der Versöhnung für uns allein darum, unsere Schuld zu bekennen und für sie um Vergebung zu bitten. Gerade für die Kirche ist das wichtig. Wenn dann die andere Seite auch von ihrer Schuld spricht, werden wir es hören. Aber das ist ihre, nicht unsere Sache. Unter diesem Gesichtspunkt aber sprechen die Thesen die richtige Sprache."

Die Mitglieder stimmten der Aussage in ihrer großen Mehrheit zu.

Wilhelm Kahle schob die Papiere in seine Aktentasche. Er stand auf. „Unter dieser Voraussetzung kann ich an der Veröffentlichung nicht weiter mitarbeiten. Ich muss den Arbeitskreis verlassen." Mit einem kurzen Gruß verließ er den Raum.

Barthold Witte beendete die Sitzung und lud zu einer letzten Zusammenkunft in vierzehn Tagen ein. Bis dahin sollten die Thesen 13 bis 16 erarbeitet werden. In ihnen sollten die Konsequenzen für die Zukunft sowohl für die beiden Staaten, aber auch für die einzelnen Menschen und vor allem für die evangelischen Gemeinden zusammengestellt werden.

Im Oktober verabschiedete der Ausschuss für Politik und Gesellschaft, der Öffentlichkeitsausschuss, die Thesen mit einfacher Mehrheit. Der Widerspruch wurde aber auch hier laut.

Am 7. Dezember 1988 lagen die Thesen der rheinischen Kirchenleitung vor. Zum Beschluss, sie dem Kirchenparlament vorzulegen, das im Januar tagte, kam es nicht. Zu groß war die Angst, neuer Streit könne entstehen. Und so beschloss die Kirchenleitung lediglich, die Thesen zur Diskussion in den Gemeinden freizugeben.

Die Evangelische Akademie im Rheinland war in den Jahren 1985–1989 längst zum Vorkämpfer ihrer Kirche für die Versöhnung mit Osteuropa geworden. Besonders für die Versöhnung mit Polen und Russland setzte sie sich unermüdlich ein, führte Tagungen in ihrem Haus, aber auch in Polen und Russland durch – immer gemeinsam mit ihren osteuropäischen Partnern. So gab die Akademie umgehend ein Arbeitsbuch heraus unter dem Thema „Erinnern und versöhnen“. In ihm wurden die Thesen und Arbeitsvorschläge für Gruppen und Gemeinden veröffentlicht.

Barthold C. Witte schrieb im Vorwort:

Die Kirchenleitung hat in ihrer Sitzung am 7. Dezember 1988 die 16 Thesen zur Diskussion in den Gemeinden freigegeben.

Gleichzeitig erarbeiteten Mitarbeiterinnen und Mitarbeiter ... 11 Vorschläge für die praktische Arbeit in Gemeinden, Gruppen und Schulen. Unter dem Thema „Erinnern, Kennenlernen, Verstehen, Versöhnen“ sollen sie helfen, an der Brücke zur Verständigung mitzubauen.[10]

Auch Hans-Adolf Jacobsen blieb nicht untätig. Bei seiner nächsten Reise nach Moskau hatte er die 16 Thesen im Gepäck. Er nutzte seine guten Kontakte zur *Literaturnaja Gazeta*, einer Literaturzeitung mit über 1 Million Auflage, die auch immer wieder zu politischen und gesellschaftlichen Fragen Stellung nahm. Sie wagte sich oft weiter vor als andere Medien.

Der Chefredakteur ließ die Thesen sofort übersetzen und veröffentlichte sie in seiner Zeitung. Sie fanden in der Sowjetunion ein weites Echo. Aus dieser Veröffentlichung ging der Arbeitskreis „Mülheimer Initiative“ hervor, angegliedert an die russische Zeitung und die Rheinische Akademie. Die Mülheimer Initiative wurde über 15 Jahre zum Vorreiter der Verständigungsarbeit.

3. „Wer an der neuen Wirklichkeit vorbeilebt, der fällt ins Nichts“

Juni 1991: Die Rheinische Kirche engagiert sich in Pskow

„Ich habe im Krieg drei Söhne verloren.“ Hinter meinem Rücken hörte ich in der mächtigen Dreifaltigkeitskathedrale in Pskow eine in Tränen erstickte Stimme. Ich drehte mich um.

Ich sah in das Gesicht einer vielleicht 75 Jahre alten Frau. Ein Kopftuch bedeckte ihre Haare, wie es für jede russische Frau selbstverständlich ist, wenn sie eine Kirche betritt. Tränen liefen ihr über das von tiefen Falten zerfurchte Gesicht. „Ich habe im Großen Vaterländischen Krieg drei Söhne verloren“, stammelte sie erneut in gutem Deutsch. Beschämt griff ich nach ihrer Hand. Sie ließ es zu. „Verzeihen Sie mir, verzeihen Sie meinem Volk, was wir Ihnen angetan haben“, sagte ich leise. Sie drückte meine Hand fest und ließ sie nicht los.

Verzeihen Sie mir. Als der Krieg 1945 vor jetzt 50 Jahren endete, war ich noch keine 13 Jahre alt. Mein Volk gewiss, aber ich selbst? Schlagartig fiel mir eine Szene aus dem Jahr 1942 ein. Ernst, mein 19 Jahre alter großer Freund, war zu einem kurzen Urlaub von der russischen Front in die Heimat gekommen. Wie beneidete ich ihn. Er durfte gegen die roten Horden im Osten kämpfen. So nannten wir damals die Russen. Wäre ich doch endlich alt genug und dürfte auch in den heldenhaften Kampf ziehen.

Ich sehe uns in der großen Wohnküche sitzen. Ernst erzählte vom Kampf, in dem sie den Russen eine Niederlage nach der anderen beibrachten. Er zog Bilder aus der Tasche. Nur eins von vielen blitzt vor meinen Augen auf: An einem großen Galgen waren etwa 20 Menschen aufgehängt, Frauen und Männer, kaum einer von ihnen viel älter als Ernst.

„Warum hat man sie aufgehängt?“, fragte ich entsetzt. „Es waren alles schlechte Menschen“, erklärte mein großer Freund, „Juden, Partisanen, die deutsche Soldaten aus dem Hinterhalt erschossen haben, Kommissare, also politische Offiziere, die die russischen Soldaten gegen uns aufhetzen.“ – „Weißt du“, fügte er hinzu, „die Russen, das sind keine Menschen wie wir. Das sind Untermenschen, sie stehen eben weit unter uns, eher den Tieren vergleichbar. Wir müssen sie unterdrücken, damit sie sich nie mehr gegen uns auflehnen.“

Untermenschen, das hatte ich doch erst kürzlich in einer Soldatenzeitung gelesen. Da war kein Gesicht, da war die Fratze eines solchen Menschen abgebildet. Ich las: *Was Bolschewiken sind, das weiß jeder, der einmal einen Blick in das Gesicht eines der roten Kommissare geworfen hat. Hier sind keine theoretischen Erörterungen mehr nötig. Es hieße die Tiere beleidigen, wollte man die Züge dieser zu einem hohen Prozentsatz jüdischen Menschenbilder tierisch nennen … In der Gestalt dieser Kommissare erleben wir den Aufstand des Untermenschen gegen edles Blut.*[11]

Tief hatte sich dieses Schlagwort vom Untermenschen in mein Kindergehirn eingefressen, und es ließ mich viele Jahre nicht los. Theoretisch wusste ich es längst anders. Aber im Bauch, im Gefühl, da saß es fest: Untermenschen. Eine russische Mutter konnte über den Tod ihres gefallenen Sohnes nicht so traurig sein wie eine deutsche Mutter. Sie hatte doch viel weniger Gefühl. Erst 1987 trat auch im Gefühl bei mir der große Wandel ein.

Ich saß in einem Lokal in Moskau. Junge Menschen tanzten fröhlich und ausgelassen auf der Tanzfläche in der Mitte des Saales, Menschen wie Ernst, Menschen wie meine Tochter und meine beiden Söhne. Was hatten sie nur mit mir gemacht? Ich saß an meinem Tisch und weinte.

Und jetzt stand ich anlässlich der Totenmesse in der Dreifaltigkeitskathedrale in Pskow, eine russische Mutter hielt meine Hand und ließ sie nicht los. Der Chor hatte die letzten Takte aus der Liturgie zum Gedenken der Toten gesungen. Eine große Stille trat ein. Metropolit Wladimir winkte den Präses der Rheinischen Kirche, Peter Beier, nach vorn. Da standen sie nebeneinander vor der großartigen Ikonostase. „Bitte, sprechen Sie jetzt", sagte der Metropolit schlicht. Ein protestantischer Pfarrer erhält das Wort innerhalb der orthodoxen Liturgie, eine Ungeheuerlichkeit, nicht vorgesehen in den Ritualen eines orthodoxen Gottesdienstes.

Blass und hager stand Peter Beier vor der riesigen russischen Gemeinde, unter ihnen 70 Christen, die aus dem Rheinland gekommen sind. Als er seinen Mund auftat, wandelte er sich in einen wortgewaltigen Propheten: sein Thema *Die neue Wirklichkeit.* Suchend und bohrend fragte er nach der anderen Wirklichkeit eines christlichen Glaubens, die hinter unseren Realitäten steht. Es wurde eine die Menschen bewegende Ansprache. Der rheinische Präses predigte *mit Vollmacht*:

Peter Beier
(Foto: Volker Raettig)

Was wirklich ist, glauben wir genau zu wissen. Es ist das, was wirkt, was Wirkung zeigt auf der Haut, in den Knochen, in der Seele. Hass, Schmerz, Reue, Scham, Liebe wirken. Das Karzinom wirkt. Der Tod wirkt. Jede Art Angst schafft Wirklichkeit. Und jedes Glück auch. Die Hungertoten von Leningrad, die brennenden Dörfer der Ukraine, der langsame und qualvolle Tod sowjetischer Arbeitssklaven in Deutschland. 20 Millionen Tote – sind wirklich, obwohl die Zahl sich menschlicher Vorstellungskraft entzieht.

Wirklich ist auch die Umkehrung des Grauens, das sich am Ende über Deutschland legte, die Revanche der Vertreibung, die Vernichtung deutscher Städte und ihrer Kultur. Unter dem Strich blieben nach 50 Jahren immer noch das Misstrauen, die Vorurteile des Westens gegen den Osten, der heimliche Hass auf beiden Seiten. Das ist wirklich.

Wer möchte da auf Wunder hoffen. Wunder, die die Wirklichkeit, wie wir sie sehen und erfahren, zerschlagen, um den Platz für den Bau einer neuen Welt freizumachen?

Wer will von Versöhnung reden, gar von der Versöhnung der Völker? Unversöhnt und unversöhnlich stehen wir uns in der Wirklichkeit gegenüber. Aber wer bestimmt eigentlich, was wirklich ist und folglich Wirkung erzeugt?

Wir Christen vernehmen etwas Unbegreifliches, hören ein fremdes Wort. Dieses Wort stemmt sich gegen unsere Definition von Wirklichkeit und befragt unsere Erfahrungen: Gott war in Christus und versöhnte die Welt mit ihm selbst.

Auf ein Ereignis wird verwiesen. Da am Kreuz auf Golgatha, da, im Leib eines gequälten getöteten Menschen, da in einem Vorgang, der die unversöhnliche Wirklichkeit nur zu bestätigen scheint – da ist und war Gott selbst.

Er schlägt sich, damit er uns nicht mehr zu schlagen braucht. Er rechnet nicht ab, sondern vergibt. Er sieht die Welt als mit ihm versöhnte Welt an.

Mag geschehen, was will. Mag der Wahnsinn von Krieg und Hass erneut jene Wirklichkeit bestätigen, die wir für wirklich halten.

Mögen sie hassen – er hasst nicht. Mögen sie töten – er tötet nicht. Mag die Menschheit eine Ungeheuerlichkeit auf die andere türmen – er lässt sich in seiner Liebe nicht beirren: ***Er setzt die neue Wirklichkeit.***

Sie heißt Versöhnung. Eine andere Wirklichkeit zählt nicht … Wir sagen euch Dank dafür. Wir grüßen euch im Namen der neuen Wirklichkeit. Wir mahnen und warnen die Welt, wer an der neuen Wirklichkeit vorbeilebt, der fällt ins Nichts.[12]

Nach dieser Ansprache fand Metropolit Wladimir seine Antwort des Glaubens: „Weil sich Gott mit uns versöhnt hat, darum ist Versöhnung geschehen zwischen Russen und Deutschen, zwischen euch und uns. Vergebung ist gewährt für alles, was wir uns angetan haben."

Der Chor setzte ein zum Gloria: Ehre sei Gott in der Höhe.

Der russische Metropolit und der deutsche Präses gaben sich den Bruderkuss. Mich aber umarmte die Frau, die im Krieg drei Söhne verloren hatte, und küsste mich auf beide Wangen.

Sehr schweigsam verließ die große Gemeinde die Kathedrale. Aber keiner von den 70 Deutschen aus dem Rheinland ging allein. Jeder wurde von einem oder zwei Russen begleitet. Die Frauen hatten sich untergehakt, die Männer legten sich die Arme um die Schultern. Oft fehlten die Worte, um sich zu verständigen. Aber die Gesten sprachen ihre eindeutige Botschaft.

Schon wenige Stunden später trafen sich alle wieder und viele andere kamen zur offiziellen Erinnerungsfeier an den deutschen Überfall auf die Sowjetunion am 22. Juni 1941. Sie findet in jedem Jahr am Mahnmal des Unbekannten Soldaten statt. Auf einem erhabenen Sockel strecken sich deutsche Flakgeschütze kreisförmig angeordnet in den Himmel. In ihrer Mitte brennt das ewige Feuer. Bräute legen an der Flamme ihren Brautstrauß nieder, junge Schüler und Studenten versammeln sich abends am Feuer zu gedämpften Gesprächen.

Am 22. Juni gibt das Militär den Ton an. Kompanien werden im Stechschritt herangeführt und stellen sich rund um das Mahnmal auf. Generäle und Offiziere sind reichlich zu sehen und auch die Veteranen – geschmückt mit ihren Ordensspangen.

Totenehrung am Mahnmal des Unbekannten Soldaten (Foto: Volker Raettig)

Junge Soldaten vollführen ein Ritual des Gedenkens, knien schließlich nieder und nehmen ihre Helme ab wie zum Gebet. So ist es in jedem Jahr.

So war es auch am 22. Juni 1991. Nur zwei Dinge waren dieses Mal anders. Als die Kränze niedergelegt wurden, schlossen sich auch zwei deutsche Offiziere an und legten einen Kranz für die deutsche Delegation nieder. Vor allem aber: Peter Beier sprach erneut. Und das war gut so. Hatte er in der Kirche als Christ zu Christen gesprochen, so wandte sich der Deutsche jetzt an die russischen Menschen, an die Bürger einer Stadt, die so unsäglich unter den Deutschen gelitten hatte. Auch hier sprach der Präses die deutsche Schuld klar und deutlich an – ohne Ausflüchte und Beschönigungen. Besonders gedachte er der mehr als 200.000 russischen Kriegsgefangenen, die allein in Pskow verhungert und erfroren oder durch gnadenlose Arbeit zu Tode gekommen waren. Der rheinische Präses hatte mit seinen Worten ganz wesentlich dazu beigetragen, dass Versöhnung sich ereignete und dann auch wirklich gelebt werden konnte.

Doch noch ein letzter dritter Gang stand den Deutschen bevor. Zwischen Leningrad, Nowgorod und Pskow befand sich in den Jahren 1943 und 1944 das größte Partisanengebiet Russlands. Mehr als 40.000 Untergrundkämpfer versuchten, den deutschen Besatzern Schaden zuzufügen, wo sie nur konnten. Zum Teil waren die deutschen Kräfte Schuld an der großen Zahl und ihrem harten Einsatz. Alle Juden in Pskow wurden auch sofort getötet.

Zeitweise lebten in der Stadt, die für 60.000 Menschen gebaut war, mehr als 70.000 Besatzer. Gnadenlos wurden die Menschen aus ihren Häusern vertrieben. Stück für Stück wurden teilweise die Wohnungen abgebaut und die Balken für Geschützstellungen verwandt. Die Bewohner saßen unter freiem Himmel auf der nackten Erde. Hinzu kamen die täglichen Grausamkeiten einzelnen Menschen gegenüber. Ein Beispiel für fast unzählige: Ein Diakon hatte zwei Töchter von 19 und 22 Jahren. Eines Nachts zogen Besatzer vor das Haus und forderten, die Töchter herauszugeben. Der Vater wollte sie nicht der Qual der mehrfachen Vergewaltigung aussetzen. Daraufhin vernagelten die Deutschen das Haus und verbrannten den Diakon mit seiner Frau, dem kleinen Sohn und den beiden Töchtern. Den Mördern geschah nichts. Der Priester aber, der die Familie beerdigte, erklärte: „Seitdem habe ich die Deutschen gehasst."

Wer solcher Willkür ausgesetzt war, floh zu den Partisanen; ihre Zahl wuchs deshalb beständig. Gegen die Partisanenaktionen reagierten die deutschen Besatzer konsequent, grausam und unmenschlich. Allein in der Region Pskow wurden 40 Dörfer samt ihren Einwohnern verbrannt. Eins dieser Dörfer war das Dorf Krasucha, das zum Gedenken erhalten wurde.

In der Nähe des Dorfes führte im Krieg eine Überlandstraße vorbei. Ein deutscher Soldat geriet mit seinem Motorrad auf eine Mine und kam ums Leben. In der nächsten Nacht zingelten die Deutschen das Dorf ein, trieben alle 218 Bewohner vom Säugling bis zum Greis in eine Scheune und verbrannten sie bei lebendigem Leibe. Als Erinnerung blieb ein einsamer grauer Schornstein mit einem Kamin stehen – auf einem kleinen Hügel trauert eine in Stein gehauene Frau.

(Foto: Volker Raettig)

Am 23. Juni fuhren die Deutschen zu diesem Dorf, begleitet von einem russischen Diakon und von Vater Adelheim, von dem wir später noch ausführlich erzählen. Priester und Diakon veranstalteten eine kurze liturgische Feier. Die deutsche Delegation legte Blumen nieder. Peter Beier hielt erneut eine ergreifende Ansprache zu Worten aus dem großen Gedicht von Paul Celan „Todesfuge".[13]

Paul Celan hatte es zum Gedenken an die Ermordung der Juden, den Holocaust, geschrieben. Peter Beier bezog es jetzt auf die Morde in Russland. Folgende Zeilen stellte er besonders heraus:

Er ruft spielt süßer den Tod der Tod ist ein Meister aus Deutschland
Er ruft streicht dunkler die Geigen dann steigt ihr als Rauch in die Luft
Dann habt ihr ein Grab in den Wolken da liegt man nicht eng
...
Der Tod ist ein Meister aus Deutschland sein Auge ist blau
Er trifft dich mit bleierner Kugel er trifft dich genau.[14]

In der deutschen Delegation befand sich ein Mann, der als Soldat in Russland gekämpft hatte Der begleitende Reporter des WDR, Udo Kilimann, fragte ihn: „Was empfinden Sie, wenn Sie an dieser Stelle stehen?" Stockend erwiderte er: „Ich habe noch viel Schlimmeres erlebt als das, was hier in Krasucha zu sehen ist." – „Und warum sind Sie dann hier?", bohrte der Reporter nach. „Einmal muss einem doch verziehen werden", stieß der Mann schluchzend hervor.

Verziehen wurde damals in Pskow. Versöhnungsbereitschaft bahnte sich an und ließ Versöhnung langsam unter den Menschen Raum gewinnen.

Als ich 1990 die Fahrt vorbereitete, kam ich auch zu Metropolit Wladimir, einem hochsensiblen Mann. Er hatte beim Ökumenischen Rat in Genf eine Zeit lang gearbeitet und sich als Vertreter der Orthodoxen Kirche mehrere Jahre in Berlin aufgehalten.

Als ich ihm die Bitte vortrug, unsere Delegation am 22. Juni 1991 in Pskow zu empfangen und einen gemeinsamen Gottesdienst zu feiern, erklärte er: „Kommt nicht am 22. Juni. Da brechen die alten Wunden wieder auf. Da ist viel Leid in der Stadt. Kommt lieber am 24. Juli, am Tag der Befreiung." Ich erwiderte: „Aber gerade am Tag eures Leidens möchten wir bei euch sein und um Verzeihung bitten für das, was wir getan haben." – „Dann kommt", sagte der Metropolit, „wir werden sehen, was uns gelingt." Als wir uns nach dieser Begegnungswoche verabschiedeten, sagte Wladimir: „Es war gut, dass ihr gekommen seid."

Dass der erste Besuch ein so positives Ende fand, war in erster Linie Peter Beier zu verdanken. Seine Glaubens- und Sprachkraft hatte uns auf dem ganzen Weg mit begleitet; vom ersten Wort der rheinischen Synode im Jahre 1986 an bis zu der Begegnungswoche in Pskow.

Wie alles anfing und wie es weitergehen könnte

Am Abend saßen Iwan Kalinin und ich in einem kleinen Restaurant am anderen Ufer der Pskowa an einem Tisch in der Fensterecke zusammen. Am anderen Ufer lag die von Scheinwerfern angestrahlte Dreifaltigkeitskathedrale. Es war spät in der Nacht. Um drei Uhr sollte die deutsche Delegation zur Rückkehr nach Deutschland zum Flughafen aufbrechen. Der Galaempfang zum Abschied der Deutschen lag hinter uns. Viele Toasts wurden angebracht zur Versöhnung und zur neu beginnenden Partnerschaft.

Iwan Kalinin,
im Hintergrund
Armen Mnazakanjan
(Foto: Volker Raettig)

Dort drüben in der Kathedrale hatte es am 22. Juni mit der Totenmesse begonnen; ihren Nachklang spürten wir beide noch in uns: eine unvergessliche Stunde. Beide ließen wir in unseren Gedanken die Woche noch einmal Revue passieren.

„Auf dich, Iwan Jegorowitsch – ohne dich wäre diese Woche nicht zustande gekommen." Ich erhob mein Wodkaglas und prostete dem Partner zu. „Aber ohne dich auch nicht", erwiderte der Russe. „Wärest du vor einem Jahr nicht in Neuss zu mir gekommen … so trinke ich auf dich!" Wieder stießen wir mit den Gläsern an.

„Als ich dich im Juni 1990 im Blauen Saal des Rathauses in Neuss aufsuchte, hatte ich nicht das Gefühl, dass dir das sehr angenehm wäre", nahm ich den Gesprächsfaden auf. „Das hast du ganz richtig gefühlt", erwiderte Iwan schnell. „Als mir gemeldet wurde, ein evangelischer Theologe wollte mich sprechen, der Direktor der Akademie im Rheinland, wollte ich am liebsten das Rathaus unserer Partnergemeinde schnell verlassen. Ich als überzeugter Kommunist, der seine 50 Bände Lenin gelesen hatte, kannte mich in unserer Orthodoxen Kirche kaum aus. Und jetzt ein Lutheraner! Sollte er doch zu unserem Metropoliten gehen, aber nicht zu mir, dem sowjetischen Bürgermeister, zuständig für Soziales, Bildung und Kultur."

„Da habe ich aber Glück gehabt, dass du als höflicher Mensch sitzen geblieben und nicht davongelaufen bist. Aber das hast du mir ja schon bald gesagt: ‚Geh zu unserem Erzbischof Wladimir. Bei mir bist du an der falschen Adresse.'"

Damals in Neuss begann ich Iwan Kalinin von der Vorgeschichte unserer Versöhnungsfahrt zu erzählen:

„In meiner Rheinischen Kirche waren wir mit großem Eifer dabei, eine Fahrt vorzubereiten in eine sowjetische Stadt, die im Krieg besonders unter den Deutschen gelitten hatte. ‚Zum 22. Juni 1991 soll sie stattfinden', hatte Präses Beier gedrängt. Ich hatte zunächst an Kiew gedacht. 1987 war ich auf einer Studienfahrt meiner Akademie dort gewesen. Mit eigenen Augen hatte ich gesehen, wie wir Deutschen dort gehaust haben. Ich stand an dem Mahnmal in Babi Jar. Am 29. und 30. September 1941 wurden dort unter der Verantwortung der Wehrmacht vom Sicherheitsdienst der SS 33.000 Juden umgebracht. Im April 1990 hatten wir uns mit einer kleinen Delegation aus Kiew in Moskau verabredet. Aber die ukrainischen Vertreter kamen nicht. Der damalige Pfarrer an der deutschen Botschaft, Hans Peter Friedrich, sagte uns: ‚Geht doch nach Pskow.

Dort war mein Vater Soldat. Die Stadt hat ein ähnlich schweres Schicksal gehabt wie Kiew.‘

‚Und deshalb bist du jetzt bei mir?‘, hattest du eingeworfen. ‚Ja, deshalb bin ich bei dir‘, sagte ich damals fast heftig. ‚Und jetzt schickst du mich auch fort. Hasst ihr Russen uns so sehr, dass ihr keine Versöhnung, keine öffentliche Bitte um Vergebung wollt? Ich glaube, es ist wohl besser, wenn ich jetzt gehe. Vielleicht, müssen wir weitere 10 Jahre warten, bis die Zeit für eine Versöhnung reif ist.‘“

„Ich merkte“, sagte Iwan Kalinin, „wie ernst es dir war und dass ihr wirklich nach Versöhnung suchtet. Ich erklärte mich zwar immer noch für nicht zuständig, aber ich versprach, in deinem Namen unseren Oberbürgermeister und den Metropoliten für den Herbst um einen Gesprächstermin zu bitten.“

„Danke“, sagte ich. Wir stießen wieder an. „Der Besuch hat auch wunderbar geklappt, und in drei Tagen hatten wir euren Besuch mit einer Delegation in Deutschland im Mai dieses Jahres und unser einwöchiges Treffen hier in groben Zügen vorbereitet. Nur eins verstehe ich noch nicht: Wie bist du als der ‚Nichtzuständige‘ zum Hauptorganisator auf russischer Seite geworden sowohl im Mai in Deutschland als auch in den Tagen hier?“

„Das ist ganz einfach“, erwiderte Iwan lachend. „Ihr wart im Herbst kaum abgereist, da bestellte mich unser Oberbürgermeister Prokofjew in sein Zimmer und erklärte lakonisch: ‚Du hast die Karte aufgenommen, nun spiele auch das Spiel.‘ Da hatte ich den Schwarzen Peter. Und als diplomierter Regisseur versuchte ich, das Beste daraus zu machen.“ – „Das hast du wunderbar gemacht“, sagte ich anerkennend.

Die Nacht schritt fort. Die Scheinwerfer waren inzwischen erloschen. Die Kathedrale schimmerte silbern in Mondlicht.

Ich weiß, die Russen sprechen nicht so gern über ihr Inneres. Aber jetzt wagte ich es doch zu fragen: „Wie ist das eigentlich mit dir selbst, Iwan Jegorowitsch, du musst noch ein wenig vom Krieg erlebt haben. Hast du die Deutschen nicht gehasst?“

Eine lange Pause trat ein. War ich zu weit gegangen? Iwan Kalinin starrte vor sich hin. Doch dann begann er zunächst sehr leise zu sprechen: „Ich habe euch gehasst und ich habe euch verflucht. Und ich habe mir schon als Kind geschworen, nie, niemals etwas mit euch Deutschen zu tun zu haben. 1940 bin ich geboren. Ich war der Jüngste von fünf Geschwistern. Meinen Vater habe ich nicht gekannt. Er war der Vorsitzende einer Kolchose. Er war auch überzeugter Kommunist. Als die Deutschen in unser Land einfielen, hat er alles verbrannt. Er hatte Angst, sie könnten es finden. Freiwillig zog er in den Krieg, um den deutschen Aggressor zu vertreiben. Er ist bald gefallen. Meinen Vater habe ich nicht gekannt, aber die Tränen meiner Mutter habe ich erlebt über viele Jahre.

Wir lagen im besetzten Gebiet. Immer wieder kamen die Deutschen, holten uns das letzte Vieh aus dem Stall, holten, was sie nur gebrauchen konnten. Als wir endlich befreit wurden, waren wir so arm, man kann es sich gar nicht mehr vorstellen. Es gab nichts zu essen. Ich hatte viele Jahre keine Schuhe. Bis zu meinem 10. Lebensjahr kannte ich kein Spielzeug. Mit 7 Jahren wurde ich zum Oberhirten, musste die Schweine und Gänse auf die Weide treiben. Mit nackten Füßen musste ich über steinige und schlammige Wege gehen, um die Tiere zusammenzuhalten. Abends zog ich mir die Dornen aus den Fußsohlen. Mit 12 Jahren begann ich zu rauchen. Und ich tue es heute noch."

„Und wie kam es, dass du deinen Hass überwunden hast und mit mir hier in der Nacht sitzt und sprichst?" – „Ich engagierte mich sehr früh in der kommunistischen Partei. Ich war überzeugt: Nur sie kann uns in eine bessere Zukunft führen. Mit 17 Jahren gehörte ich zum Vorstand der Komsomolzen, der kommunistischen Jugend, mit 22 Jahren legte ich mein Examen als Regisseur ab. 1963 kam ich in diese Stadt. Zunächst war ich Leiter der Kulturabteilung. Seit einer Reihe von Jahren bin ich Bürgermeister."

„Und dein Verhältnis zu uns Deutschen?", bohrte ich erneut nach. „1965 wurde die Partnerschaft mit der Stadt Gera angeordnet. Ich habe sie dann selbst mit auf den Weg gebracht. 1966 fuhr ich mit einem Friedenszug zum ersten Mal in die deutsche Stadt.

Wir hatten sehr gemischte Gefühle. Ein Mitreisender erklärte: ‚Ich kann zwar Deutsch, aber ich will es nie mehr sprechen.' Meine Hassgefühle sagten mir Ähnliches.

Doch dann kamen wir in Gera nicht mit alten Nazis, sondern mit wirklichen Menschen zusammen. Sie konnten zuhören. Sie konnten ehrlich fragen. Sie schämten sich ihrer Vergangenheit und schoben sie nicht einfach auf die Westdeutschen ab nach dem Motto: Dort sitzen die Nazis, hier sitzen die Guten. Die Menschlichkeit, die mir begegnete, sie führte zu meinem Sinneswandel. Und als Neuss später unsere zweite Partnerstadt wurde, als ihr zu uns gekommen seid, so voller Bereitschaft zur Versöhnung, da wusste ich endgültig: Der Hass ist vergangen. Wir können gemeinsam Schritte in die Zukunft wagen."

„Wir müssen zum Ende kommen", sagte ich. „Aber du hast ein letztes Thema angesprochen: ‚Gemeinsam können wir Schritte in die Zukunft wagen'." Ich fuhr fort: „Versöhnung kann ja nicht so gelebt werden: Wir kommen, bitten um Vergebung, ihr gewährt sie und damit ist es erledigt. Versöhnung ist ein Prozess. Sie will gelebt werden."

„Davor wird mir schon wieder Angst", sagte Iwan Jegorowitsch. „Wieso?", fragte ich zurück. „In eurer Delegation befindet sich ein junger Pfarrer, Klaus Eberl aus Wassenberg. Gewohnt hat er bei dem Priester Adelheim. Der hat eine geistig behinderte Tochter. Sehr schnell haben sich Eltern, die ein ähnliches Los zu tragen haben, bei Vater Adelheim versammelt. Klaus Eberl hat ihnen erzählt, was für Menschen mit geistigen Behinderungen in Deutschland alles getan wird.

‚Das wollen wir hier auch haben', sagten die Eltern. Vorgestern waren sie bei mir, bin ich doch für die Bildung und soziale Fragen zuständig. Sie erbaten, ja sie forderten eine Schule für ihre Kinder. Ich war entsetzt. ‚Wir haben so viele gesunde Kinder, die unbedingt Hilfe brauchen. Was wollt ihr für diese Idioten tun? Sie lernen ja doch nichts. Wir sorgen für sie mit geldlicher Unterstützung. Das reicht.' Aber damit hatte ich in ein Wespennest gestochen. Ich musste ihnen versprechen, dass ich weiter über die Frage nachdenken werde. Da hast du eine Antwort nach der Zukunft."

„Das ist gut", sagte ich. „Aber du bist ja auch für die kulturelle und gesellschaftliche Entwicklung zuständig. Das ist eine Frage, um die wir uns in der Akademie sehr bemühen. Seit 1986 haben wir sehr konkrete Kontakte zu Russland aufgenommen und arbeiten mit verschiedenen Stellen nicht nur in Moskau zusammen. Auf diesem Feld könnte ich mir eine weitere konkrete Zusammenarbeit vorstellen."

„Ich werde auch darüber nachdenken", sagte Iwan Kalinin. „Auf die gemeinsame Zukunft!" Wir tranken die Gläser leer und umarmten uns. Ich fühlte: Wir waren fast schon Freunde geworden. Ich spürte: Der Grundstein für eine dauerhafte Zusammenarbeit in der Zukunft war gelegt.

4. Als die Panzer durch Moskau rollten

August 1991: Als Augenzeuge während des Putsches in der russischen Hauptstadt

Der Putsch

18. August 1991. Die drei Triebwerke der Tupolev 154 heulten kurz auf, als die Maschine über Moskau zu Landung ansetzte. Vor ihr lag der internationale Flughafen Scheremetjewo II. Das Flugzeug war voll besetzt. In der 10. Reihe der Economy-Klasse saßen meine Frau Marianne, mein 27-jähriger Sohn Christoph und ich. Die Akademie der Gesellschaftswissenschaften der KPdSU hatte mich eingeladen zu Gesprächen in Moskau und St. Petersburg. Gemeinsam wollten wir dann noch 10 Ferientage in der Wissenschaftsstadt Akademgorodok verbringen, 30 km entfernt von Novosibirsk in Sibirien.

Noch ahnten wir nicht, dass uns die Einladung durch dieses Institut fast zum Verhängnis geworden wäre. Die Akademie der KPdSU war die Kaderschmiede der Kommunisten für den ganzen Ostblock. Hier wurden die Führungskräfte ausgebildet.

In mehreren deutsch-russischen Tagungen, die wir in den drei letzten Jahren durchgeführt hatten, hatte ich allerdings die Erfahrung gemacht, dass ihre Mitarbeiter offener und diskussionsbereiter geworden waren. Der Wille zu Glasnost des Generalsekretärs Michail Gorbatschow machte sich positiv bemerkbar.

Unmittelbar am Eingang des Flughafens empfingen uns der Direktor der Akademie, Dr. Rudolf Janovski, der Vordenker seines Hauses, bekannt durch viele internationale Veröffentlichungen, sein Prorektor Bitarov und der Dozent Dr. Valery Schabalkin, unser Begleiter, Dolmetscher und Interpret der Ereignisse in den nächsten vierzehn Tagen. Passkontrolle? Fehlanzeige. Zollkontrolle? Fehlanzeige. Wir wurden auf direktem Weg in die Lobby für VIPs geführt, die wir in dem Moment geworden waren. Häppchen mit Kaviar und Sekt wurden gereicht. Wir begrüßten uns als alte Bekannte. Eine charmante Stewardess erledigte für uns alle Formalitäten. Unser Gepäck wurde in einem besonderen Transporter verstaut. Schon saßen wir in einem großräumigen weißen Wolga und wurden quer durch die Stadt chauffiert.

Die Akademie für Gesellschaftswissenschaften erwies sich als großartiges Gebäude. Zwei Wohnblocks mit je 25 Stockwerken ragten in den Himmel. Verbunden wurden sie durch einen einstöckigen Querriegel. Der eine Komplex beherbergte die Akademie, der andere das internationale Hotel Yugo Zapad, beides vorgesehen für Staatsgäste und verdiente kommunistische Studenten.

Wir stiegen aus. Die Wachen an den weißen Schwingtüren, ausgestattet mit großkalibrigen Pistolen, begrüßten uns höflich und voller Aufmerksamkeit. Auch das sollte sich in den nächsten Tagen ändern. Noch aber war alles klar und freundlich.

Foyer, Flure und die breiten Treppenhäuser wurden durch große Kronleuchter in helles Licht getaucht, der Boden war mit kostbaren Teppichen bedeckt, die Polstermöbel wirkten wie neu. Welch ein Unterschied zu der vergleichsweise bescheidenen Akademie im Rheinland, aus der wir kamen.

Ich bedankte mich bei Rudolf Janovski, der mit nach oben gefahren war, für die vorzügliche Unterbringung. Der winkte bescheiden ab.

„Es ist nur eine kleine Aufmerksamkeit für die Gastfreundschaft in ihrem Haus und für die Stunden, die wir mit Ihnen und Marianne in Ihrer Wohnung verbringen durften.“ Dann fuhr er fort: „Packen Sie nur in Ruhe aus. Für 18.00 Uhr lade ich Sie, Dieter, zu einem Planungsgespräch in mein Büro ein und anschließend die ganze Familie Bach zu einem kleinen Abendessen in den Speiseraum des Rektorats.“

Pünktlich betrat ich das Arbeitszimmer des Direktors. Es war ein verhältnismäßig kleiner Raum im Vergleich zu dem, was ich sonst bei kommunistischen Führungskräften antraf. Ein runder Tisch mit sechs Stühlen und ein breiter Schreibtisch waren die ganze Ausstattung, an den Wänden einige alte Stiche. Nur die sechs Telefone auf der Schreibtischplatte, darunter ein rotes, ließen etwas von der Bedeutung des Gastgebers ahnen.

Vier der sechs Stühle waren besetzt mit Bitarov, Schabalkin sowie den Professoren Belloussow und Schepetov. Ersterer war ein bekannter Wirtschaftswissenschaftler, Letzterer arbeitete zu dieser Zeit als Gastdozent an der Evangelischen Akademie im Rheinland. Er gehörte zum rechten Flügel der kommunistischen Partei, der Michail Gorbatschow sehr misstraute, dass unter ihm die Sowjetunion zu zerbrechen drohe. Konstantin musste in den kommenden Tagen ein Wechselbad der Gefühle durchlaufen.

Noch einmal begrüßte mich Rudolf Janovski: „Ich freue mich, dass Sie gekommen sind. Wir können jetzt die Leitlinien unserer Zusammenarbeit in den beiden nächsten Jahren besprechen.

Doch zuerst: Was geschieht in der Gegenwart?“

Ich dankte für die Begrüßung und fuhr dann fort: „Auf zwei Projekte möchte ich hinweisen. Zur Zeit läuft unsere Maßnahme ‚Wolga und

Rhein – zwei mächtige Ströme in Russland und Deutschland – ein Vergleich der politischen, ökologischen und wirtschaftlichen Verhältnisse'. Zwei Journalisten der *Literaturnaja Gazeta* sind zur Zeit auf dem Rhein unterwegs, je ein Korrespondent der *Frankfurter Allgemeinen Zeitung* und des *Allgemeinen Deutschen Sonntagsblatts* auf der Wolga. Beide Untersuchungen sollen in je einer russischen und einer deutschen Tagung ausgewertet werden. Die Professoren Belloussov und Schepetov haben ihre Mitwirkung schon zugesagt." Beide nickten zustimmend. „Das zweite Projekt ist die Zusammenarbeit mit Pskow. Vor zwei Monaten haben wir eine Versöhnungsfahrt dorthin unternommen. Ich hoffe, wir werden mit Vertretern der Stadt sehr bald auf sozialem, politischem und kulturellem Gebiet zusammenarbeiten."

„Da sind gute Aussichten", schloss der Rektor die Vorstellung ab. „Sie werden sicher während des Abendessens mehr davon erzählen." Jetzt war es an mir, zustimmend zu nicken.

Rudolf Janovski aber war schon bei der Zukunft: „Was werden unsere Hauptthemen in den Jahren 1992 und 1993 sein?"

Wir waren uns bald einig, dass es um zwei Themenbereiche ging: auf der einen Seite der Zusammenschluss der DDR mit der Bundesrepublik, auf der anderen Seite das Nationalitätenproblem der Sowjetunion. Wie fragil der Zusammenhalt war, spürte jeder. Dass dabei auch Janovski und Bitarov auf der Strecke bleiben würden, war uns am 18. August noch nicht bewusst.

Zwei Stunden diskutierten wir die Leitlinien der angedachten Arbeit.

Dann mahnte der Rektor zum Aufbruch: „Es ist 20.00 Uhr, Zeit für das Abendessen. Ihre Frau und Ihr Sohn warten sicher schon."

So war es in der Tat. Sie standen am Fenster des stilvoll eingerichteten Esszimmers. Indirekte Beleuchtung und leise klassische Musik schufen eine besondere Atmosphäre. „Zu Tisch", bat Rudolf Janovski. Wir setzten uns. Wie in Russland nicht anders zu erwarten, bog sich die Tafel unter den aufgefahrenen Speisen und Getränken.

Nach dem Essen gab der Rektor das Programm unseres Aufenthaltes bekannt:

„Die beiden nächsten Tage sind Moskau gewidmet. Der Kreml, das Museum, ein Besuch bei der *Literaturnaja Gazeta* sind unter anderem vorgesehen. Vom 21.–31. August sind Sie dann in Akademgordok. Das sollen richtige Tage der Erholung in Sibirien sein.

Am 1. September fahren Sie nach Leningrad, besichtigen die wunderbare Stadt und führen auch dort die Planungsgespräche für die Zukunft. Am 6. September kommen Sie wieder nach Moskau. Wir werten die Tage aus, bevor Sie am 8. September zurückfliegen."

Der 19. August begann mit einem Paukenschlag. Frohgemut bestiegen wir den Aufzug zur Fahrt ins Erdgeschoss. Schon im Lift erklärte ein Russe in gutem Deutsch: „In Moskau wird geputscht. An den Straßenkreuzungen sind bereits Panzer aufgefahren."

Erschrocken stiegen wir aus und begaben uns in den Speisesaal. Valery Schabalkin wartete schon auf uns. „In Moskau wird geputscht?", fragte ich ihn entsetzt. Er nickte. „Wer putscht gegen wen? Welcher Umsturz ist geplant?", bohrte ich weiter.

„Ich habe mich ein wenig informiert. Viel weiß ich noch nicht. Ich erzähle es euch gleich. Aber holt euch erst etwas zu essen. Wir haben zwei Stunden Zeit. Es bleibt bei der bisherigen Planung. Um 10 Uhr steht unser Wolga vor der Tür, um uns in die Stadt zu fahren."

Mein Sohn Christoph hielt die Spannung nicht mehr aus. „Valery, was haben Sie über den Putsch erfahren? Wem soll es an den Kragen gehen?"

„Wem es an den Kragen geht", ist noch nicht ganz sicher. „Es kann Michail Gorbatschow sein oder aber Boris Jelzin. Sicher ist: Geputscht wird durch den orthodoxen Flügel der kommunistischen Partei.

Ihm gehen die eingeleiteten Wirtschaftsreformen zu weit. Vor allem aber fürchten sie den Zerfall der Sowjetunion. Viele Teilstaaten ringen um ihre Selbstständigkeit. Um sie nicht ganz zu verlieren, hat Gorbatschow ein Dokument entwickeln lassen, das allen Gebieten größere Freiheiten einräumt, aber die UdSSR nach außen geschlossen auftreten lässt, mit einem gemeinsamen Außen- und Verteidigungsministerium. Am 20. August soll es von allen Beteiligten unterschrieben werden. Das wollen die Putschisten wohl verhindern. Sie wollen die Einheit des Staates unter der Führung der KPdSU erhalten wissen."

„Es ist genau das Problem, über das wir gestern Abend gesprochen haben", warf ich ein. „Führt der Putsch zum Erfolg, müssen wir viele Gedanken neu denken. Wer gehört zu dem orthodoxen Flügel?", fragte ich weiter. „Es ist die Spitze der jetzigen Regierung, alles Männer, die durch Gorbatschow ins Amt gekommen sind. Acht Männer insgesamt, die Führungsrolle hat der bisherige Vizepräsident Gennadi Janajew übernommen. Er hat heute in den Morgennachrichten um 6.00 Uhr schon mitteilen lassen, dass der Staatspräsident und Generalsekretär Michail Gorbatschow sich zur Zeit auf der Krim aufhalte. Er sei schwer erkrankt. Deshalb habe er selbst die Leitung der Regierung übernehmen müssen. An seiner Seite stehen der Verteidigungsminister Dimitrij Jasow und der Innenminister Boris Pugo. Aber auch der Chef des KGB und der Premierminister gehören dazu."

„Und was ist mit Boris Jelzin?", fragte Christoph. „Eine interessante Frage", erwiderte Valery. „Jelzin wurde im Juni mit großer Mehrheit zum Ministerpräsidenten des Teilstaates Russland gewählt. Er hat sehr viel Macht. Entscheidend wird sein, auf welche Seite er sich schlägt. Wo er sich im Augenblick aufhält, weiß niemand. Gestern Abend hat er am Rand der Stadt den Tag der Luftwaffe gefeiert. Dabei ist sicher viel Alkohol geflossen."

Im Zimmer unseres Hotels angekommen, schalteten wir schnell unser Radio, einen Weltempfänger, ein. Die deutsche Sendung war voll von Gerüchten. Die Korrespondenten der verschiedenen Sender berichteten. Aber keiner wusste Genaues.

Erst später wurde bekannt, dass Michail Gorbatschow nicht erkrankt, sondern ein Gefangener des KGB war. Schon am Nachmittag des Vortages war eine Abteilung des Geheimdienstes in seine Datscha in der Krim eingedrungen. Eine Abdankungsurkunde wurde ihm vorgelegt.

Der Präsident weigerte sich, sie zu unterschreiben. Daraufhin wurde er mit seiner Frau Raisa, seiner vierjährigen Enkelin und seinen Leibwächtern vom KGB eingesperrt. Alle Telefonleitungen wurden gekappt. Die Datscha wurde umstellt. An der Küste waren Kanonenboote aufgefahren.

Wir brannten darauf, in die Stadt zu kommen, um uns möglichst selbst ein Bild von den Geschehnissen zu machen. Wir eilten vor das Hotel. Noch öffneten uns die Wachen die Türen. Noch stand unser Auto bereit, diesmal ein schwarzer Wolga. Wir fuhren los.

An den Hauptkreuzungen waren Panzer aufgefahren. Wir fotografierten sie heimlich aus dem Auto. Es war ja streng verboten, militärische Einrichtungen aufzunehmen.

Wir kamen zum Roten Platz und zum Kreml. Auf seiner Spitze wehte die rote Fahne der Sowjetunion mit Hammer und Sichel, das einzige legitime Zeichen des Staates. Am Roten Platz war alles ruhig. Touristen bewegten sich auf den Kreml zu. Sie wurden wie wir eingelassen zur Besichtigung.

Ein weiter Park empfing uns. Blumenrabatten und Rasen waren äußerst gepflegt. Alles lag unter einer strahlenden Sommersonne. Wir besichtigten die Kanonen aus dem Krieg gegen Napoleon, das mächtige Geschütz, aus dem nie ein Schuss abgegeben wurde, die gerissene Glocke, aus der niemals ein Klang ertönte. Wir betraten das Kremlmuseum, bestaunten die Kutschen aus dem 18. und 19. Jahrhundert, bewunderten die Zarenkrone.

Aber im Inneren blieben wir unruhig: Hier die friedliche Welt und draußen Soldaten und Panzer.

Lange hielten wir es nicht aus. Schon nach zwei Stunden verließen wir den Kreml. Schlagartig zerriss das Bild der Illusionen. Ganze Panzerkolonnen rollten durch die Straßen, rissen rücksichtslos den Asphalt auf, öffentliche Gebäude, auch der Kreml, waren umstellt. Überall Soldaten, die Kalaschnikows schussbereit über die Arme gelegt.

Am Bolschoj-Theater waren mehr als 50 Lastkraftwagen aufgefahren, alle vollgestopft mit Soldaten. Immer wieder entließ einer seine dreißig Mann starke Besatzung. Im strammen Schritt marschierten sie ab und kamen nach kurzer Zeit zurück. Die nächste Besatzung marschierte los. „Was soll das?“, fragten wir erstaunt. „Was haben sie vor?“ Sehr bald erfuhren wir es: Die Mannschaften wurden geschlossen zum Pinkeln geführt. Touristen fotografierten den Vorgang wie selbstverständlich. Wir gaben unsere Zurückhaltung auf und knipsten ungeniert.

Später erfuhren wir: Verteidigungsminister Dimitij Jasow hatte mehr Panzer und Truppen auffahren lassen, als 1945 bereitstanden, um Berlin zu erobern. Solch einer Übermacht konnte sich wohl niemand entgegenstellen.

Doch da gesellte sich Valery Schabalkin wieder zu uns, der sich kurz unter das Volk gemischt hatte.

„Boris Jelzin ist vor dem Regierungssitz des russischen Teilstaates, dem Weißen Haus, aufgetaucht. Wie er um 10.00 Uhr, als die Panzer schon anrollten, den Weg durch die Stadt geschafft hat, bleibt rätselhaft. Gorbatschow wird auf der Krim festgehalten und Jelzin kommt durch. Von diesem Volkstribun hängt alles ab. Hat er sich auf die Seite der Putschisten geschlagen? Lass uns schnell zum Weißen Haus fahren."

Zum letzten Mal konnten wir in diesen Tagen das Auto benutzen. Gerade rechtzeitig erreichten wir den Regierungssitz. Er war von Panzern umstellt. Aber auch wohl 10.000 Menschen, vor allem junge Frauen und Männer, waren dort.

Gerade bestieg Jelzin einen Panzer. Die Besatzung ließ es zu. War es ein Zeichen dafür, dass er gemeinsame Sache mit den Putschisten machte? Der russische Ministerpräsident ergriff ein Megafon. Alle Rundfunk- und Fernsehsender waren inzwischen in der Hand von Gennadi Janajew. Alle Zeitungen waren verboten.

Jelzin sprach und Valery übersetzte es für uns sofort. Er forderte die sofortige Rückkehr von Michail Gorbatschow nach Moskau.

Er forderte die Wiedereinsetzung in seine Ämter als Staatspräsident und Generalsekretär der KPdSU. An die Soldaten gewendet, sagte er wörtlich: „Werdet nicht zur blinden Waffe des verbrecherischen Willens von Abenteurern!"

Boris Jelzin verließ den Panzer, ging mit seinen Getreuen in das Regierungsgebäude und verbarrikadierte sich dort gegen einen möglichen Angriff.

Wir fuhren in die Stadt zurück. An jeder Kreuzung standen inzwischen Panzer. Die Innenstadt war völlig abgeriegelt einschließlich des Zugangs zum Kreml und zum Roten Platz. Aber zu Fuß kamen wir gut vorwärts. Immer wieder lasen wir auf den Panzern „Jasow vor Gericht" oder auch „Jasow an den Galgen". Er war der oberste Kriegsherr der Panzermänner. Aber keiner der Soldaten wischte die Schmähungen ab.

Wir liefen zum Moskauer Rathaus. Auf dem Weg dachte Valery laut nach: „Warum schlägt sich Jelzin plötzlich auf die Seite Gorbatschows?" – „Interessant für mich", sagte ich. „Vor drei Jahren, 1988, war ich zu einer Parlamentssitzung auf der Pressetribüne der Staatsduma. In den Verhandlungen ging es um den Antrag der baltischen Teilrepubliken, Staatsbesitz in Privateigentum zu übertragen. Ich sollte Boris Jelzin dazu befragen. Er stellte sich auch dem Interview, gab aber eine sehr verschwommene Antwort. Nur über den Generalsekretär hat er sich ziemlich abfällig geäußert." – „Genau das trifft auf das Verhältnis der beiden zu", fuhr Valery Schabalkin fort. „Gorbatschow hat die Möglichkeiten seines Widersachers immer mehr abgebaut. Zum Schluss war er nur noch stellvertretender Bauminister. Er hat ihm ins Gesicht gesagt: ‚Mit dir werde ich keine Politik machen.' Dann aber wurde Jelzin in einer freien Wahl zum Ministerpräsidenten Russlands gewählt. Warum setzt er sich jetzt für Gorbatschow ein? Irgendetwas führt er im Schilde." Wir sollten es sehr bald erfahren.

Vor dem Rathaus standen überall Grüppchen zusammen und diskutierten wild. An den Mauern hingen Wandzeitungen, weil die offizielle Nachrichtenpresse unter dem Diktat der Putschisten stand. Unser russischer Begleiter hörte sich um, las in den Aushängen, übersetzte. Überall der gleiche Tenor: Diese achtköpfige Junta ist in keiner Weise legitimiert, die Macht zu übernehmen.

In der Nacht kehrten wir noch einmal zum Weißen Haus zurück. Die Zahl der Menschen hatte nicht abgenommen. Sie scharten sich um den Regierungssitz, um ihn mit ihren Leibern zu schützen. Immer wieder klangen die Rufe auf „Jelzin" und „Russia". Studenten schleppten unentwegt Material an, Balken, Bretter, Baumäste. Sie bauten Barrikaden gegen die Panzer. Es war rührend, aber fast auch lächerlich. Die Panzer würden diese Sperren wie nichts hinwegfegen.

Weit nach Mitternacht kehrten wir zu unserem Quartier zurück. Dort empfingen uns Konstantin Schepetov und Rudolf Janovski.

Konstantin stand ganz auf der Seite der Putschisten. Er war schon durch die Büros der Akademie gelaufen und hatte angeregt, das Bild Gorbatschows gegen das von Janajew auszutauschen. Uns sagte er: „Der Putsch musste geschehen. Die ökonomischen Verhältnisse sind auf der tiefsten Talsohle angekommen. Vor allem aber: Die Sowjetunion und damit die KPdSU müssen erhalten bleiben."

Auf Jelzin angesprochen, sagte er knapp: „Den wird man bald in die Kartoffelernte schicken."

Rudolf Janovski war sehr still. Er teilte uns lediglich mit: „Die Fahrt nach Akademgorodok kann aus Sicherheitsgründen leider nicht stattfinden." Wir werden stattdessen in das Sanatorium im nahe gelegenen Städtchen Puschkin eingeladen

Der 20. August war der Tag des Schwebezustands. Es gab leichte Anzeichen, dass sich die Waage zu Gunsten von Jelzin neigte.

In den Frühnachrichten des Fernsehens der Sowjetunion wurde gemeldet: „Michail Gorbatschow wird nicht verurteilt. Unter Umständen kann er genesen und an die Macht zurückkehren." Über unseren Weltempfänger erfuhren wir aus Deutschland: Einige Panzerverbände waren zu Jelzin übergelaufen. Ihre Geschützrohre waren zur Verteidigung des russischen Regierungssitzes nach außen gerichtet.

Mit der Metro fuhren wir an verschiedene Stellen der Stadt. Gegenüber dem Vortag hatte sich nichts geändert. Panzer und Soldaten beherrschten das Straßenbild. Die Innenstadt blieb hermetisch abgeschlossen. Wir waren inzwischen so mutig geworden, dass die Panzer für uns alles Bedrohliche verloren hatten.

In unser Hotel zurückgekehrt, versuchten wir, Kontakt mit Deutschland aufzunehmen. Mit dem Telefon war es ganz unmöglich. Wir bekamen keinen Kontakt. Schließlich verschickte der Rektor für uns eine Faxnachricht mit dem Inhalt:

EVANGELISCHE AKADEMIE
UHLENHORSTWEG 29
MÜLHEIM
0049 208 5990660

Ihr Lieben,
uns geht es sehr gut. Aber wir reisen nicht nach Sibirien, sondern nach Puschkin bei Moskau ins Sanatorium.

Mit herzlichen Grüßen
Dieter, Marianne und Christoph

Das Fax kam in Deutschland richtig an und löste zunächst einen großen Schrecken aus. Ins sogenannte Sanatorium schickte man in der Sowjetunion doch die Menschen, die dem Staat unliebsam aufgefallen waren, also letztlich in ein Straflager. Sollten wir dort landen? Erst später konnten wir darüber aufklären, dass es ein richtiges Sanatorium war.

Wir fuhren mit öffentlichen Verkehrsmitteln noch einmal zum Weißen Haus. Die Lage war immer noch angespannt, wenn wir auch mit eigenen Augen feststellen konnten, dass sich die Panzer hier auf Jelzins und Gorbatschows Seite geschlagen hatten.

Als der 21. August heraufdämmerte, ahnten wir noch nicht, dass es der Tag der Wende sein würde. Dunst und Regenwolken lagen über Moskau.

Die Frühnachrichten brachten schlechte Botschaften. Vor dem russischen Parlament war es zu Zusammenstößen gekommen. Es hatte Tote gegeben. Es hieß, Jelzin habe den Befehl gegeben zu schießen, falls es zu einem Angriff auf das Regierungsgebäude käme.

Aber auch die Front der achtköpfigen Junta schien zu bröckeln. Glaubhaft wurde berichtet, der Premierminister sei ausgestiegen. Rücktrittsgerüchte gab es auch vom Verteidigungsminister und dem Leiter des KGB. Der Verlauf des Tages aber sollte einen anderen Eindruck vermitteln.

Um 10.00 Uhr bekam ich endlich Kontakt zur *Literaturnaja Gazeta*. Mein guter Freund Oleg Prudkov, Leiter der Auslandsabteilung, schickte einen Wagen. Er brauchte allerdings zwei Stunden bis zur Akademie für Gesellschaftswissenschaften. Auch die Rückfahrt verlief schwierig.

Panzer rollten in alle Richtungen. Das Zentrum blieb gesperrt. Erst gegen 15.00 Uhr erreichten wir das Redaktionsgebäude.

Im Treppenhaus traf ich die Korrespondenten der *Frankfurter Allgemeinen Zeitung* und des *Allgemeinen Deutschen Sonntagblattes*. Sie sollten über die Erfahrungen an der Wolga berichten. Da aber die *Literaturnaja Gazeta* zu den durch die Junta verbotenen Zeitungen gehörte, konnten sie keinen Bericht mehr absetzen und wurden nach Moskau zurückgerufen.

Ich begab mich in das Arbeitszimmer von Oleg Prudkov, ein großräumiges Büro mit einem mächtigen Schreibtisch und einem großen Konferenztisch. Überall lagen Zeitungen und Manuskripte.

Wir begrüßten uns herzlich. Aber ich spürte es, mein Freund war sehr niedergeschlagen.

Sofort teilte er mir den Grund mit. Gennadi Janajew wollte die Literatur-Zeitung zwingen, sich gleichschalten zu lassen und nur noch im Sinne der Junta zu berichten. Der stellvertretende Chefredakteur, der Leiter selbst war seit dem 18. August untergetaucht, hatte sich geweigert. Daraufhin wurde die Zeitung sofort verboten. „Wir sind am Ende", sagte Oleg Prudkov resignierend. „Ich weiß nicht, was werden soll."

Schlagartig änderte sich die Situation. Sekretärinnen verbreiteten zuerst die Nachricht: Die Junta ist gefangen gesetzt worden. Das Parlament der russischen Teilrepublik hat getagt. Gorbatschow ist gesund. Eine Delegation ist mit dem Flugzeug unterwegs zur Krim, um ihn von dort abzuholen.

Sofort sollte eine Vollversammlung der Zeitung stattfinden. Der stellvertretende Chefredakteur selbst wollte die Siegesmeldung bekannt geben. Das Blatt hatte sich völlig gewandelt. Die *Literaturnaja Gazeta,* die der Unterwerfung unter die Junta widerstand, gehörte jetzt zu den Gewinnern. Doch dann wurde die Vollversammlung auf den nächsten Morgen vertagt. Noch war die Situation zu verworren.

Um 17.30 Uhr wurde ich zur Akademie zurückgefahren. Die Panzer und Soldaten waren verschwunden, alle Sperrungen aufgehoben. In einer halben Stunde erreichten wir unser Ziel.

Nach dem Abendessen saßen wir mit Valery Schabalkin in unserer Suite zusammen. Unser Begleiter hatte sich kundig gemacht. Er schilderte uns den Ablauf der Ereignisse.

„Am frühen Vormittag hat die Junta der ALFA-Truppe, der Spezialabteilung des KGB, den Befehl gegeben, das russische Regierungsgebäude zu stürmen.

Doch längst war die Stimmung gegen die selbst ernannte Regierung umgeschlagen. Die Offiziere der ALFA-Truppe verweigerten einstimmig die Ausführung des Befehls.

Nun sollten die Panzerkolonnen eingreifen. Doch sie solidarisierten sich mit den Panzern vor dem Weißen Haus. Dimitrij Jasow und der Chef des KGB standen da ohne Truppen. Boris Jelzin erkannte, dass jetzt seine Stunde gekommen war. Er schickte den russischen KGB und ließ die gesamte Junta verhaften und einsperren. Er schickte auch die Delegation, um Gorbatschow zurückzuholen."

„Wie konnte der Putsch, der doch sicher von langer Hand geplant war, so schnell zusammenbrechen?", fragte ich. „Hat sich die Demokratie als lebendig erwiesen oder unterliefen den Putschisten zu viele Fehler? Warum haben sie zum Beispiel Jelzin nicht festgesetzt? Haben sie geglaubt, er würde sich auch gegen Gorbatschow wenden, nachdem dieser ihn so sehr gedemütigt hatte? Und warum hat er es nicht getan?"

„Alles kann ich auch nicht erklären", antwortete Valery. „Ich denke, drei Dinge waren wichtig:

1. Die anderen Teilstaaten der Sowjetunion konnten nicht für die Junta sein. Sie hätten die Ukraine, die baltischen Staaten usw. wieder zu stark von der Führungsmacht abhängig gemacht.
2. Der russische Teilstaat war mit Gorbatschow sehr unzufrieden. Sein Kampf gegen den Alkohol, besonders aber den Mangel an Lebensmitteln wollten die Menschen hier nicht länger ertragen.
3. Jelzin geht es darum, die Macht seines Teilstaates auszubauen. Ich fürchte, hier werden wir noch eine große Überraschung erleben."

„Und wenn Gorbatschow in seine alte Machtposition zurückkehrt?", fragte ich. „Das werden wir in den nächsten Tagen oder Wochen erleben", antwortete Schabalkin. „Ich fürchte, der Putsch hat seine Position sehr geschwächt."

Doch schon der nächste Tag zeigte, wie die politische Zukunft Russlands verlief.

In der Frühe des 22. August schaltete ich die Nachrichten des russischen Fernsehens ein. Ein sichtlich übermüdeter Michail Gorbatschow stieg aus dem Flugzeug. „Die Putschisten sind Verrückte", sagte er in die bereit gehaltenen Mikrofone. „So sind die Probleme nicht zu lösen. Ich werde noch heute vor dem russischen Parlament sprechen."

Diese Ansprache wurde zu Gorbatschows Waterloo. Schon vorher verunsicherte Jelzin ihn sehr durch Fragen und Randbemerkungen. Fast verstört trat Gorbatschow ans Rednerpult. Er erklärte, dass die Partei sich von den orthodoxen Kräften reinigen wolle. Aber die KPdSU als Klammer der Sowjetunion sollte unbedingt erhalten bleiben. Da trat Boris Jelzin neben das Rednerpult. „Lesen Sie das vor!", herrschte er den Staatspräsidenten an. „Ich kenne den Text doch gar nicht", erklärte der Generalsekretär. „Lesen Sie das sofort vor", wiederholte Jelzin energisch.

Gorbatschow, bloßgestellt vor der ganzen Welt, denn die Sitzung wurde durch das Fernsehen übertragen, verlas den Text. Es war ein Dekret des russischen Präsidenten, dass in seiner Teilrepublik die KPdSU ab sofort verboten sei, das Parteivermögen eingefroren werde, bis geklärt sei, welchen Anteil Gorbatschow selbst an dem Putsch habe

Der Generalsekretär der KPdSU trat zurück. Aber er blieb noch bis zum Dezember Staatspräsident.

Jelzin hatte sein Ziel erreicht. Von dieser Stunde an war Russland die führende Republik der Sowjetunion.

Bald sollten alle Rechte von ihr auf Russland übergehen.

In der „Verbannung" in Puschkin 22.–31. August 1991

Fast hatten wir es nicht mehr zu hoffen gewagt. Aber am Mittag des 22. August stand noch einmal ein weißer Wolga bereit, um uns in das 30 km entfernte Puschkin zu fahren.

Am Rande des Städtchens mitten im Wald lag das Sanatorium.

Einen schöneren Ort hätten wir uns nicht ausmalen können. Wieder ein Hochhaus in einem ca. 6 ha großen Gelände, durch einen hohen Zaun von der Umgebung abgetrennt, der Naherholungsbereich für hohe Funktionäre.

Unser Apartment lag im 14. Stock. Vom Balkon aus verschafften wir uns einen Überblick über das Gelände. Wanderwege luden zu Spaziergängen ein, ein großer See bot Gelegenheit zum Rudern und Schwimmen. Wir streiften durch das Haus. Es gab alles, was man zur Freizeitgestaltung braucht: ein Hallenschwimmbad, eine Sauna, Billard und Tischtennisplatten, Schach- und Mühle-Tische. Bevor wir alles nutzen konnten, mussten wir freilich zur ärztlichen Untersuchung. Auf jedem Flur für je 14 Personen gab es eine Ärztin. Höflich wurden wir von ihr empfangen. „Ziehen Sie Ihre Schuhe und Strümpfe bitte aus." Wir folgten der Aufforderung. Sie betrachtete unsere Füße. „Kein Fußpilz", stellte sie fest. „Sie können alle Freizeiteinrichtungen einschließlich des Hallenbades besuchen."

Aber was rechtfertigte unseren Aufenthalt in einem Sanatorium? Ein Attest wurde ausgestellt, darin stand „Kreislaufschwäche". Als Therapie wurde verordnet: Rudern, Schwimmen, Fitnessübungen.

So hatten wir Zugang zu allem, was Spaß macht, und wir haben es in den neun Tagen reichlich genutzt.

Wichtiger freilich war uns die politische Seite. Wir hörten ständig deutsche und mit Valery Schabalkins Hilfe russische Nachrichten. So erfuhren wir immer aktuell, wie es in Moskau stand und welchen Weg die KPdSU und Gorbatschow nahmen.

Wir erlebten, wie Gorbatschow in seiner Machtlosigkeit die Partei immer mehr im Stich ließ. Nach seinem Rücktritt als Generalsekretär nahm er auch hin, dass in Russland die Tätigkeit von Partei und KGB verboten wurde. Das Parteivermögen wurde endgültig eingezogen. Er ließ zu, dass auch in den anderen Teilrepubliken mit der Partei abgerechnet wurde. Schon am 23. August erklärte sich die Ukraine für unabhängig. Auch die baltischen Staaten legten sich auf ihre nicht mehr anzutastende Souveränität fest.

In unserem vornehmen Sanatorium erlebten wir die ganze Entwicklung aus der Sicht der Verlierer. Wir wurden eingeladen durch die KPdSU, die es in Russland nicht mehr gab. Wir wohnten in einer Parteihochburg in Puschkin. Wem gehörte sie jetzt nach Einziehung des Vermögens?

Rudolf Janovski besuchte uns in diesen Tagen zwei Mal. Da der Fuhrpark gesperrt war, hatte er Mühe, ein Auto für seine Anreise bei Bekannten zu finden. Er sagte uns: „Meine Karriere ist an ihrem Ende angekommen. Zu viel habe ich gegen Jelzin geschrieben. Ich weiß auch nicht, was aus meiner Akademie der Gesellschaftswissenschaften wird. Jelzin will sie für sich in Besitz nehmen. Ich selbst habe ein wenig Hoffnung, sie in ein internationales Institut umwandeln zu können."

Gegen Ende des Aufenthaltes fand mein 59. Geburtstag statt. Am Nachmittag kamen meine Freunde Bitarov und Janovski. Letzterer war praktisch schon entmachtet. Er hatte keinen Zugang mehr zur Akademie. Zu unserer besonderen Freude brachten sie ein Fax aus Mülheim mit. Valery hatte in der Zwischenzeit mehrmals versucht, nach Deutschland anzurufen. Aber es war immer vergeblich. Aus dem Sanatorium musste das Auslandsgespräch über den Chefarzt laufen. Aber der war nicht da. Geklappt hätte es auch mit ihm nicht. Er konnte nur eine Verbindung über das Zentralkomitee herstellen. Aber das gab es nicht mehr. So kam das Fax gerade recht. Wir wussten voneinander, dass es uns gut ging.

Und noch ein anderer Besuch kam an diesem Tag nach Puschkin, Konstantin Schepetov. Nach der Arrestierung der Junta war er untergetaucht. Jetzt kam er direkt aus Nishny-Nowgorod. Als Geschenk brachte er eine Flasche selbst gebrauten Wodka mit. Er nannte ihn „Gorbatschows Jammer".

Für den 30. August war die Rückfahrt vorgesehen. Natürlich wäre es mit der Bahn möglich gewesen. Doch plötzlich tauchte ein neuer Freund auf, der Präsident der Baptistischen Kirche, Referend Kommendand. Er schickte sein Auto. Es brachte uns in die Akademie zurück. Wir konnten gegen alle Befürchtungen unsere alten Zimmer beziehen. Am kommenden Sonntag predigte ich in der Kirche der Baptisten vor 600 Besuchern.

Moskau war fast zu dem alten Zustand vor dem Putsch zurückgekehrt. Nur drei Dinge hatten sich geändert:

Auf dem Kreml wehte neben der roten Flagge der Sowjetmacht mit Hammer und Sichel die russische Fahne in den Farben Weiß, Blau und Rot.

Der 1. und 2. September verliefen merkwürdig. Vieles hatte sich in der Akademie geändert und doch nichts Wesentliches.

Die Akademie durften wir nur noch durch einen Ausgang verlassen und betreten. Die Türwachen waren ausgetauscht. Statt sowjetischer KGB-Leute waren es jetzt russische Besucher. Waren ihre Pistolen wirklich noch größer geworden oder war das eine Sinnestäuschung? Doch das Verhalten war wesentlich anders. Mürrisch, mit finsterem Gesicht, wurden unsere Ausweise kontrolliert. Die Türen mussten wir selbst öffnen. Für das Gepäck stand kein hilfsbereiter Geist mehr zur Verfügung.

Am Abend des 2. September wurden uns die Hotelausweise abgenommen, schweigend, ohne Kommentar. Ohne sie aber konnten wir das Haus weder verlassen noch betreten. Am Dienstagmittag wurden uns wieder schweigend neue Ausweise ausgehändigt.

Als wir das Hotel verließen, um zum Bahnhof zu laufen, begegneten wir dem Rektor, Rudolf Janovski. „Ich kann leider nichts mehr für euch tun“, sagte er traurig. „Mein Arrest ist zwar aufgehoben. Aber ich bin gerade auf dem Weg zum Untersuchungsrichter. Er will herausfinden, wie ich mich während des Putsches verhalten habe. Es wird auf die einfache Frage hinauslaufen: für Jelzin oder für die Putschisten?“

Wir drückten ihm die Hand, ließen uns von den Wachen kontrollieren, gingen zum Bahnhof und fuhren mit dem Nachtzug nach Leningrad.

Leningrad, die Schrecken des Krieges holen uns noch einmal ein 4.–6. September

In Leningrad wohnten wir in der Parteihochschule der KPdSU. Aber die Partei gab es faktisch nicht mehr. Unsere Gastgeber waren der erste Vorsitzende der KPdSU, Omar Paschajew, zugleich Prorektor der Hochschule, und sein Vorgesetzter Rektor Dimitrij Deniessow. Beide waren entmachtet.

Oberbürgermeister Sobtschak schien noch radikaler zu sein als die Moskauer. Er wollte das Gebäude der Partei für seine Stadtverwaltung. Deniessow war pausenlos als Bittsteller unterwegs, um für sein Institut einen Ausweg zu suchen. Die meisten der Professoren waren bereits arbeitslos.

Einer dieser Professoren holte uns mit seinem Auto am Bahnhof ab. Den Fuhrpark gab es auch in Leningrad nicht mehr. Omar Paschajew war darüber ganz unglücklich. Wir bezogen in der Hochschule wieder zwei sehr schöne Apartments. Aber außer uns schien das riesige Haus leergefegt zu sein. Wir waren wohl die einzigen Gäste. Wenn wir uns nicht selbst in der Stadt versorgten, waren wir Gäste von Omar und seiner Frau. Sie sorgte mit großer Aufmerksamkeit für uns. Später erfuhren wir von ihrem Schicksal während der neunhunderttägigen Belagerung durch die Deutschen im Zweiten Weltkrieg.

Zur Besichtigung der Sehenswürdigkeiten der Stadt waren wir mit Bus, Metro und Straßenbahn unterwegs. Ohne Valery Schabalkin wären wir verloren gewesen. Aber er zeigte sich auch hier als großartiger Begleiter und Betreuer.

Unter anderem besuchten wir mit ihm das Russische Museum mit den bedeutenden Werken des 18. und 19. Jahrhunderts. Merkwürdig war allerdings: Nur diese Abteilung war geöffnet, alle anderen wegen Renovierungsarbeiten geschlossen. Unser Misstrauen gegen das neue System war längst wach. Handelte es sich wirklich um eine Renovierung oder wurde die Geschichte der Stadt wieder einmal neu geschrieben?

Der 5. September war anders. Was vor dem Putsch bezahlt war, wurde auch geliefert. So standen uns an diesem Tag ein Auto, die hervorragende Stadtführerin Irina und ein eigener Fotograf zur Verfügung.

Irina zeigt uns die Schönheiten der Stadt, aber sie hatte auch die Schrecken des Krieges erlebt.

„Ich war 10 Jahre alt, als die Deutschen 1941 die Stadt einschlossen", erzählte sie uns, als wir uns im Anblick der Isaak-Kathedrale für eine Ruhepause auf einer Bank niedergelassen hatten.

„Als die deutschen Truppen im August dieses Jahres für einen Monat durch erbitterten Widerstand in Luga, einer kleinen Stadt auf halbem Weg zwischen Pskow und Leningrad, aufgehalten wurden, versuchten unsere Väter und Mütter in fieberhafter Tag- und Nachtarbeit, unsere Stadt in einen verteidigungsfähigen Zustand zu versetzen. Es gelang nur sehr unvollkommen. Als die Deutschen den Riegel in Luga schließlich durchbrachen, dachten wir, jetzt ist es aus mit uns. Doch merkwürdig: Am Rande der Stadt hielten sie an. Sie drangen nicht in die Stadt ein, schlossen uns vielmehr in einem weiten Belagerungsring ein. Lediglich über den Ladoga-See blieb eine Versorgungsstraße offen. War der See zugefroren, rollten pausenlos Lastkraftwagen mit Lebensmitteln und Waffen in die Stadt. Wir nannten sie bald die Straße des Todes. Sie wurde ununterbrochen von euren Geschützen und Flugzeugen angegriffen. Viele, viele Lastwagen versoffen in den eisigen Fluten. Von drei gestarteten Wagen kam im Durchschnitt einer ans Ziel. Die Lebensmittel reichten für 3 Millionen Menschen längst nicht aus.

Viele starben unter den Bomben, noch mehr kamen durch Hunger ums Leben. Die Deutschen hatten auf die direkte Eroberung der Stadt verzichtet. Sie hielten es für billiger und konsequenter, wenn sie uns alle verhungern ließen. Fast hätten sie es geschafft. Vom 8. September 1941 bis zum 27. Januar 1944 währte die Belagerung. Mehr als eine Million Menschen verlor ihr Leben."

Wir standen auf und fuhren hinaus zum Piskarjaw-Gedenkfriedhof. 470.000 Frauen, Männer und Kinder liegen hier begraben, die in den schrecklichen 900 Tagen ihr Leben verloren. Schweigend gingen wir drei an den unendlichen Massengräbern entlang. Lange blieben wir vor dem trauernden und doch stolzen Monument der Mutter Russland stehen, die eine Lorbeergirlande in ihren Händen hält. Ich dachte an Jury Woronows Buch „Die Blockade". Ich sah die Bilder des Schreckens und fühlte neu die Verpflichtung, wie wichtig es für mich als Deutscher ist, für Versöhnung und Verständigung einzutreten.

Am Abend saßen wir am reich gedeckten Tisch der Paschajews zusammen mit den beiden Großeltern, ihrem heiß geliebten zehnjährigen Enkel und Rektor Dimitij Deniessow. Wir erzählten von unserem Besuch auf dem Gedenkfriedhof, der uns sehr erschüttert hatte. Es ist eben etwas anderes, davon zu wissen oder an den langen Massengräbern zu stehen. Frau Paschajewa, die sich sonst sehr zurückhielt, sagte leise: „Es waren die schrecklichsten Tage in meinem Leben. 1942 wurde ich 17 Jahre alt. In der Fabrik erhielt ich die Nachricht, meine Eltern seien in einen Bombenangriff geraten. Sie würden vermisst. Ich eilte nach Hause. Unsere Wohnung war völlig zerstört, von meinen Eltern keine Spur. Stunde um Stunde suchte ich nach ihnen. Schließlich fand ich Vater und Mutter eben auf dem Piskarjaw-Friedhof unter einem riesigen Berg von Leichen. Ich konnte dort bleiben, bis sie in das Massengrab gelegt und es zugeschüttet wurde.

Wie ich an diesem Tag zur Fabrik zurückgefunden habe, wo ich eine notdürftige Bleibe fand, ich weiß es nicht. Ich hörte weder das Heulen der deutschen Sturzkampfbomber noch den Einschlag der Granaten."

Ein langes Schweigen trat ein.

„Das ist die Vergangenheit", sagte schließlich Omar Paschajew. „Das ist es, was die Nazis uns angetan haben." – „Es waren nicht die Nazis", unterbrach ich ihn.

„Es war das deutsche Volk, es waren Kinder wie ich, die so schändlich über euch Russen dachten. Und es waren unsere Väter, die dem verbrecherischen Befehl folgten, in euer Land einzumarschieren."

Nach einer Pause setzte ich hinzu: „Das aber ist auch ein Grund, warum ich jetzt bei euch bin, damit wir überlegen, wie wir gemeinsam die Zukunft gestalten können."

„Du hast recht", schloss sich Dimitrij Deniessov an. „Aber die Situation lässt wenig Spielraum für uns. Im Augenblick versuche ich, den Fortbestand der Hochschule als wissenschaftliche Einrichtung zu retten und die Stellen für meine Professoren zu erhalten. Ob das bei Sobtschak gelingt, das ist sehr fraglich. Weiter kann ich zur Zeit nicht denken. Aber das soll uns nicht den Abend verderben. Lasst uns über diese wunderbare Stadt reden und über die Zukunft von Paschajews Enkel."

Bis weit nach Mitternacht saßen wir zusammen, redeten, aßen und tranken. Als wir uns verabschiedeten, ahnten wir noch nicht, dass wir uns nicht wiedersehen würden.

Am nächsten Tag besuchten wir auf eigene Faust die Eremitage. Am Abend fuhren wir mit dem Bus zum Bahnhof und bestiegen den Nachtzug nach Moskau. In dieser Nacht wurde aus Leningrad wieder St. Petersburg.

In Moskau angekommen, gingen wir zu Fuß zur Akademie.

Pläne für die Zukunft

Zwei Zusammenkünfte sollten zum Abschluss unseres Aufenthaltes helfen, die weitere Zusammenarbeit zu sichern.

Am ersten Treffen nahmen in der Akademie Rudolf Janovski und die Professoren Bitarov und Belloussov teil. Der Ökonom bestimmte im Wesentlichen den Verlauf des Gespräches. „Ich hoffe, dass der Start unter Boris Jelzin zu einem Neuanfang führt. Die Wirtschaft liegt am Boden.

Die Zusammenarbeit mit den sowjetischen Republiken stagniert. Es muss eine umfassende Reform stattfinden, wenn sich unser Land erholen soll. Als Erstes muss freilich der Mangel an Nahrungsmitteln überwunden werden. Es ist jetzt ganz wichtig, dass die vorhandenen Lebensmittel auch zur Verteilung kommen."

Ich fragte nach: „Ist der Mangel künstlich gemacht wie damals in Deutschland 1948 vor der Währungsreform?" Belloussov nickte. „Es ist genug vorhanden, aber es wird nur ‚unter der Theke' verkauft." „Das heißt", fragte ich noch einmal, „wer gut schmiert, der isst auch gut?" Wieder ein Nicken. „Wir müssen auch in der Zukunft zusammenarbeiten, damit wir uns besser verstehen und gemeinsam versuchen können, ein neues Bewusstsein für die veränderte Situation zu schaffen." Der Professor versprach es mir in die Hand. Und er hat Wort gehalten. Sechs weitere Jahre haben wir mit ihm sehr intensiv zusammenarbeiten können.

„Auch zu Ihnen darf der Kontakt nicht abreißen", wandte ich mich an Rudolf Janovski. Er lächelte schwach. „Ich bin zur Zeit von der neuen Regierung nicht weiter angefochten. Aber ich bin sicher: Meine Tage hier sind gezählt. Ich versuche, unser Haus in eine internationale Akademie zu überführen. Dann könnte es mit der Zusammenarbeit klappen. Sonst sehe ich keine Zukunft."

Es klappte nicht. Im November wurde das Haus zur „Wissenschaftlichen Akademie Russlands" mit einem neuen Direktor.

Das Essen neigte sich seinem Ende zu. Marianne, Christoph und ich erhoben uns zu einem letzten Toast: „Rudolf Janovski, wir danken all Ihren Mitarbeitern, aber Ihnen ganz besonders für die großartige Gastfreundschaft, die Sie uns gewährt haben. Wir konnten in der kurzen Zeit die dunklen und die hellen Zeiten Ihres Landes kennenlernen. Sie haben uns beschützt. Sie haben uns in Valery Schabalkin einen großartigen Begleiter an die Seite gestellt. Er hat uns nicht nur sicher geführt. Er hat uns Schritt für Schritt die Entwicklung in Russland erklärt. Sonst wäre uns vieles unverständlich geblieben. Ich lade Sie und Ihren Mitarbeiter ganz herzlich zu einem weiteren Gedankenaustausch nach Deutschland ein."

Rudolf Janovski dankte für die Einladung. Zur Zukunft sagte er nichts mehr. Wir umarmten uns bei der Verabschiedung als wirkliche Freunde.

Unmittelbar nach meiner Rückkehr schrieb ich einen Dankesbrief an den Rektor, in dem es unter anderem hieß:

Lieber Rudolf Janovski,

ich möchte Ihnen noch einmal ganz herzlich danken für die freundliche Aufnahme, die ich durch Sie in der UdSSR erfahren habe. Es waren so schwierige Tage und Umstände für Sie. Ihr Kopf war von so vielen Überlegungen befangen. Sie mussten planen, sich rechtfertigen, weiter überlegen für die Akademie und für Ihr persönliches Leben. Dennoch haben Sie sich so viel Zeit für meine Familie und für mich genommen, haben uns versorgt, haben sich darum gekümmert, dass auch die äußeren Umstände unseren Besuch nicht beeinträchtigten. Dank, ganz großen Dank für all das, was Sie für uns getan haben.

Meine Frau und ich würden uns sehr freuen, wenn Sie uns bald besuchen kämen. Unser Haus steht für Sie immer offen.

Einen ähnlichen Brief schicke ich an Valery Schabalkin:

Lieber Valery,

im Namen von Marianne, Christoph und mir möchte ich Dir noch einmal ganz herzlich für all das danken, was Du während unseres Aufenthaltes in Moskau, Puschkin und Leningrad für uns getan hast. Du warst für uns ein so fürsorglicher Begleiter. Alle alltäglichen Sorgen hast Du mit uns getragen, hast die Wege für uns geebnet, bist mit in die Wälder hinausgewandert, warst vor allen Dingen aber auch Interpret für die Vorgänge in der Sowjetunion, sodass wir alles viel besser und viel tiefer verstehen konnten.

Ich hoffe, dass wir uns bald wiedersehen. Komme als unser Gast nach Mülheim, wann immer Du willst.

Weder von Rudolf Janovski noch von Valery Schabalkin habe ich je eine Antwort erhalten.

Ganz anders war es bei unseren Partnern von der *Literaturnaja Gazeta*. Seit zwei Jahren arbeiteten wir in der MÜLHEIMER INITIATIVE zusammen. Oleg Prukov und ich waren die Exekutivsekretäre. Im Augenblick arbeiteten wir gemeinsam an dem Projekt *Rhein und Wolga*.

Oleg und seine Frau Vera hatten uns zum Abschiedsessen in ihre Datscha eingeladen. Sie lag mitten im Wald, ein kleines festes Häuschen, eine richtige Zweitwohnung.

Vor uns war schon Leonid Potschiwalow eingetroffen, ein bekannter russischer Schriftsteller. In unseren beiden Ländern hatte ihn besonders sein Buch „Die Deutschen und wir" bekannt gemacht. Es war in den Achtzigerjahren erschienen, eines der ersten Bücher in Russland, das nach dem Zweiten Weltkrieg versuchte, ein objektives Bild von den Deutschen auch im Krieg zu zeichnen. Interessant war unter anderem für mich das Kapitel des Buches, in dem Leonid nachwies, dass es aufgrund der deutschen Besetzung etwa 1 Million deutsche Soldatenkinder gab. Viele waren aus Vergewaltigungen hervorgegangen, viele aber auch die Frucht echter Liebe zwischen russischen Frauen und deutschen Soldaten. Diesen Kindern ging es unter Stalin sehr schlecht. Fast alle wurden sie zusammen mit ihren Müttern in die Gulags nach Sibirien geschickt.

Zu sechst saßen wir am Tisch, aßen von den köstlichen Speisen, tranken Wodka, Wein und Sekt und ließen die letzten vierzehn Tage Revue passieren. Michail Gorbatschow wurde von unseren russischen Gesprächspartnern sehr schlecht beurteilt: Er hat das Land verkommen lassen, den Kampf gegen den Alkohol verloren und die Abspaltung der Republiken nicht verhindern können. Erst recht aber setzt er sich mit seinem Verhalten nach dem Putsch der Kritik aus. Wie schon in Leningrad waren alle der Meinung, dass er die Funktionäre der KPdSU nach dem Putsch völlig im Stich gelassen hat. Janovski, Paschajew, Deniessov und viele andere konnten ein Lied davon singen. Er war doch immer noch Staatspräsident! Konnten sie von ihm keine schützende Unterstützung erwarten?[15]

„Lasst uns über die Zukunft nachdenken", sagte Oleg Prudkov schließlich. „Du, Dieter, hast von den Planungen mit der Akademie der Gesellschaftswissenschaften erzählt. Sie ist am Ende. Aber euer Programm ist gut." Wir sind uns schnell einig: Die MÜLHEIMER INITIATIVE soll diese Arbeiten jetzt übernehmen.

„Ein weiterer Gedanke beschäftigt mich", führte Oleg weiter aus. „In diesen Tagen zeigt sich, dass in Russland neue Parteien wie Pilze aus der Erde schießen.

Wie wäre es, Dieter, wenn die Rheinische Akademie für 1992 alle Vorsitzenden zu einer Tagung einlüde unter dem Thema ‚Wer sitzt morgen im Kreml?'" – „Das finde ich gut", nahm ich den Faden auf. „Wir könnten zum gleichen Thema ein Buch mit eben diesem Titel herausgeben." Schon begannen wir damit, die Gliederung zusammenzustellen. Bis weit nach Mitternacht planten wir.

Das Buch[16] ist 1992 tatsächlich erschienen. Allerdings war es überholt, bevor es auf den Markt kam. So schnell gingen Parteien unter und es entstanden neue. So schnell wechselten auch die Vorsitzenden.

5. „Warum wollt ihr etwas für diese Idioten tun?“

Dezember 1991: Menschen mit Behinderungen – vom Rand in die Mitte gerückt

Es begann in Deutschland

Im Januar 2014 führte ich ein langes Telefonat mit Klaus Eberl im rheinischen Landeskirchenamt in Düsseldorf. Ich sagte: „Du gehörst zu den Menschen der ersten Stunde, die sich in der russischen Stadt Pskow engagiert haben. Nicht umsonst bist du bis heute der Vorsitzende der INITIATIVE PSKOW.

Wie ist es zu diesem starken Eintreten für die russische Stadt gekommen?“

„Du bist selbst nicht unschuldig daran“, erwiderte Klaus Eberl. „Auf deine Anregung hin hat die Kirchenleitung im Winter 1990 beschlossen, dass 1991 eine Versöhnungsfahrt in die russische Stadt durchgeführt wird, an der möglichst aus jedem Kirchenkreis zwei Vertreter teilnehmen sollen. Unser Jülicher Kreis hat das sofort aufgegriffen und bestimmt, dass ein jüngerer Mensch und ein Vertreter der Kriegsgeneration teilnehmen. Ich war damals 35 Jahre alt, stellvertretender Superintendent, also Synodalassessor, und ließ mich gerne für diese Aufgabe wählen.“

„War das allgemeine Abenteuerlust oder verband dich damals schon mit Russland mehr?“

„Es verband mich schon mehr. Mein Vater war als Siebzehnjähriger Soldat in Russland. Er hat nicht geschwiegen, wie andere aus seiner Generation. Er hat mir viel erzählt, gerade auch von der grausamen Herrschaft, die die deutsche Wehrmacht dort aufgerichtet hat. Und ganz im Gegensatz dazu stand die Barmherzigkeit, die er von der russischen Zivilbevölkerung erfahren hat.“

„Kannst du mir das näher erklären?“

„Gerne. Mein Vater war sicher kein Nazi. Unsere Bergmannsfamilie im Ruhrgebiet stand eher auf der linken Seite des Parteienspektrums. Aber kriegsbegeistert war er wie fast alle Jugendlichen seiner Generation – bis er den Krieg kennenlernte. Mit 17 Jahren meldete er sich freiwillig zur Wehrmacht. Er kam sehr schnell nach Russland. Sein erstes großes Kriegserlebnis war ein Massaker an Zivilisten. In einem Dorf wurden Partisanen vermutet. Genaues wusste man nicht. Aber die Vermutung reichte schon. Die deutschen Soldaten mussten alle Dorfbewohner auf einen zugefrorenen See treiben und sie erschießen.“

„Und die Barmherzigkeit auf der anderen Seite?", fragte ich nach einer Pause erschüttert.

„An einem Tag war mein Vater mit dem Motorrad als Melder unterwegs. Er wurde von einem deutschen Panzer angefahren. Verwundet lag er da. Kein Deutscher kümmerte sich um ihn.

Eine russische Babuschka fand ihn. Ihr tat der schmale Junge, fast noch ein Kind, wohl leid. Sie schleppte ihn in ihre Kate, verband ihn, teilte das Essen mit ihm, obwohl er doch zu den Feinden gehörte, die ihr geliebtes Vaterland überfallen hatten.

Als mein Vater einigermaßen wiederhergestellt war, ließ sie ihn gehen. Er konnte sich wieder auf die deutsche Seite durchschlagen.

Diese Erlebnisse haben meinen Vater zu einem Kriegsgegner gemacht. Wir Kinder durften später nicht mit Pistolen spielen, auch nicht zu Karneval. Als ich, beeinflusst durch diese Erziehung, den Kriegsdienst verweigerte, hat er mich unterstützt. Für die Verhandlung vor dem Prüfungsausschuss hat er eine Zeugenaussage vorgelegt. Er wusste noch genau Tag und Ort des Massakers und wer damals die Befehle gegeben hatte.

Du kannst sicher verstehen, wie neugierig ich auf das Land war, in dem mein Vater so viel erlebt hatte. Dass es im Rahmen einer Versöhnungsfahrt geschehen sollte, war mir besonders recht. Mir war klar: Wir können nicht wiedergutmachen, was Nazideutschland an Gräueltaten verübt hat. Aber wir können manches besser machen."

Wir schwiegen einen Augenblick. Dann setzte ich neu an: „Besser machen, ich glaube dieser Gedanke beherrscht dich bis zum heutigen Tag. Nahm es seinen Anfang, als Vater Adelheim, der russische Priester, im Mai 1991 Gast in deinem Hause in Wassenberg war? Er war doch Mitglied der russischen Delegation, die einen Monat vor unserer Reise das Rheinland besuchte."

„Sicher hat es damit zu tun. Von Anfang an klar war es nicht. Unser Presbyterium hatte kurz vor dem Besuch beschlossen, eine Partnerschaft mit einem notleidenden Land anzutreten. Wir dachten zunächst an Lateinamerika. Da kam ich im Mai 1991 in eure Akademie in Mülheim. Die deutschen Partner trafen mit der russischen Delegation aus Pskow zusammen. Unter den orthodoxen Priestern fiel mir Vater Adelheim gleich auf, ein großer, schlanker Mann, Mitte fünfzig, mit einem scharf geschnittenen Gesicht, umrahmt von einem schon weißen Bart. Sein linkes Bein zog er etwas schwerfällig hinter sich her. Später erfuhr ich, es lag an einer schlecht sitzenden Prothese. Das Bein hatte er bei einem inszenierten Unfall im Gulag verloren, dorthin verbannt unter der unmenschlichen Herrschaft Stalins. Vater Adelheim gehörte zu den wenigen, die zu geschehenem Unrecht während der Sowjetzeit nicht schweigen konnten. Das führte immer wieder zu Anfeindungen.

Ich erlebte es auch während der gemeinsamen Tagung. Wir sprachen über die Haltung der Russisch-Orthodoxen Kirche während des Kommunismus. Alle anwesenden Priester vertraten einhellig die Meinung, die Kirche stand immer auf der Seite des Volkes und hat deshalb große Verfolgungen erlitten. Da stand Vater Adelheim auf. ‚Das ist nicht wahr', erklärte er. ‚Die Kirche als Institution im Gegensatz zu einzelnen Priestern und Gläubigen hat immer mit den Mächtigen paktiert. Es wird höchste Zeit, dass wir unsere Vergangenheit ehrlich aufarbeiten.' Unter der russischen Delegation, besonders unter den Priestern erhob sich ein stürmischer Widerspruch.

Wie konnte Adelheim ausgerechnet vor den Deutschen so etwas behaupten? Er war ein Nestbeschmutzer, nichts weiter.

Mir war Pawel von Anfang an sympathisch. Seine ehrliche Stellungnahme imponierte mir. Ich freute mich, dass er in den nächsten Tagen gemeinsam mit seiner Frau Vera Gast in meinem Haus war."

„Kam euch da schon der Gedanke, dass die Arbeit für Menschen mit geistigen Behinderungen euer russisches Arbeitsfeld sein würde?", fragte ich.

„Ich glaube, das ist uns erst einen Monat später in Russland richtig bewusst geworden", sagte Klaus Eberl. „In Wassenberg sprachen wir allgemein über die Arbeit in der Gemeinde und besonders mit der Jugend.

Nur einmal klang das Thema der Arbeit mit Menschen mit geistigen Behinderungen an. Es war an einem Abend. ‚Irmgard und du, Klaus, geht sehr liebevoll miteinander um. Darf ich fragen, wie ihr zueinander gefunden habt?', fragte Pawel Adelheim im Laufe des lockeren Gesprächs.

‚Gern' erwiderte Irmgard und erzählte: ‚Ich arbeitete am ersten Tag in einem Kindergarten als Erzieherin. Er war dem Verein *Zur Förderung und Betreuung spastisch gelähmter Kinder* in Mönchengladbach angegliedert. Um alles kennenzulernen, hospitierte ich in einer Klasse mit mehrfach behinderten Jugendlichen. Als ich den Raum betrat, lagen auf einer Bewegungsmatte mehrere Jugendliche. Neugierig beobachtete ich ihr Treiben. Etwa nach 15 Minuten stand zu meiner Überraschung ein Jugendlicher auf.

Er kam auf mich zu, reichte mir die Hand und erklärte: Mein Name ist Klaus Eberl. Ich arbeite hier als Zivildienstleistender.

Ich gestand ihm meinen Irrtum, und wir lachten laut miteinander. Das war der Anfang unserer Liebe, in der wir bis heute glücklich miteinander verbunden sind.'"

Menschen mit geistigen Behinderungen werden zu unserem Thema

„Einen Monat später, im Juni 1991, war ich Gast im Hause Adelheim", setzte Klaus seinen Bericht fort, „ein typisch russisches Holzhaus, nicht geräumig, aber sehr gemütlich. Alle Zimmer waren vollgestopft mit Büchern. Ich entdeckte auch viel deutschsprachige Literatur und verstand, woran Pawels eigentümlich gewählte Sprache geschult war: vortreffliches Rilke-Deutsch.

Wir saßen miteinander auf dem Sofa. Da ging die Tür auf. Ein Mädchen betrat den Raum. Pawel Adelheim nahm es in den Arm. Es schmiegte sich liebevoll an ihren Vater.

‚Ich habe dir in Deutschland von meiner Tochter noch nichts erzählt. Meine Frau und ich lieben sie sehr. Sie hat eine geistige Behinderung. Das ist für uns eine besondere Aufgabe.

In Russland zählen Menschen mit einer geistigen Behinderung zu den Verachteten. Unsere Kirche ist der Meinung, solche Kinder sind das sichtbare Zeichen der Sünde ihrer Eltern.‘

Ich schüttelte ungläubig und verwirrt den Kopf“, sagte Klaus Eberl. „Doch schon fuhr Pawel Adelheim fort: ‚Beim Staat sind sie noch viel schlechter angesehen. Unser Kind wurde in der Klinik geboren. Schon am nächsten Tag legte der Arzt meiner Frau einen Zettel hin und forderte sie zu ihrer Unterschrift auf. Meine Frau fragte, was sie da unterschreiben solle. Sie erfuhr: Sie sollte das Kind abgeben in die Obhut des Staates. Ein solches Kind nehme man doch nicht mit nach Hause. Es komme in ein Heim, wo für es gesorgt werde.

Später erfuhren wir, was diese Fürsorge bedeutet. Die Kinder kamen in ein Haus mitten im Wald, weit weg von jeglicher Zivilisation. Dort vegetieren sie satt und trocken. Ein Drittel von ihnen stirbt im ersten Jahr. Wer überlebt, wird nach drei Jahren getestet. Hat das Kind einen Intelligenzquotienten unter 50, wird in seine Papiere eingetragen *Nicht schul- und förderungsfähig*. Ab dann wird für es nichts mehr getan.

Wer überlebt, kommt mit 18 Jahren in ein Haus für Erwachsene, noch seelenloser als die Kinderheime.

Natürlich sagten meine Frau und bei meinem nächsten Besuch in der Klinik auch ich: Das unterschreiben wir nicht. Jedes Kind ist eine Gabe Gottes, ob behindert oder nicht. Wir nahmen unsere Tochter mit nach Hause. Aber der Staat tat nichts für sie. Jede Schule blieb für sie verschlossen. So haben wir sie allein großgezogen und sie unterrichtet, soweit sie es begreifen konnte.‘

‚Gibt es noch mehr Eltern in Pskow, die gehandelt haben wie ihr?‘, fragte ich Pawel.

‚Die meisten geben ihr Kind ab, wenn der Arzt sie fragt‘, antwortete der Priester. ‚Oft sind es die Mütter, die es dennoch behalten wollen. Aber häufig erklären dann die Väter: Mit solch einem Idioten ziehe ich nicht in unsere Einzimmerwohnung. Entweder geben wir das Kind ab, oder ich gehe. Oft geben dann die Mütter nach. Tun sie es nicht, geht der Mann oft tatsächlich, und die Frauen haben das schwere Los der Alleinerziehenden.

Wir haben uns mit ihnen zu einem Elternkreis zusammengeschlossen. Aber alle Versuche, dass die Stadt oder der Oblast etwas für unsere Kinder tun, laufen ins Leere.‘“

„In dieser Minute“, sagte Klaus Eberl, „wurde mir schlagartig bewusst, wie wir die angebotene und angenommene Versöhnung leben können. Wir tun gemeinsam mit den betroffenen Eltern etwas für diese Kinder.“

„Ging es wirklich so schnell weiter, wie du angeregt hast?“, fragte ich.

„Ja“, erwiderte Klaus. „Am nächsten Abend waren die Sofas in Adelheims guter Stube dicht besetzt. Die Eltern hatten so oft eine Abfuhr erhalten, waren nicht selten wie Aussätzige behandelt worden, die Ungebührliches forderten. ‚Warum habt ihr eure Schwachsinnigen nicht abgegeben und sie in staatliche Internate geschickt?‘, wurden sie immer wieder gefragt. Sie brannten geradezu darauf, mit mir zu sprechen. Die Deutschen, das war ihre letzte Hoffnung.

Sprecher der Elterngruppe war Andrej Zarjow, ein junger Mann, Dozent für Englisch an der Pädagogischen Hochschule der Stadt.“

„Unser Freund Andrej, der heute noch die Schule, das Heilpädagogische Zentrum (HPZ) leitet?“, warf ich ein. „Genau der. Er hat selbst eine autistische Tochter, um deren Wohl er sehr besorgt ist. Er war der Motor der Elternbewegung. Er ist der Motor des HPZ, er ist heute wohl der überragende Experte für Menschen mit geistigen Behinderungen in ganz Russland.

Doch zurück zur Sache: Wir durchdachten an diesem Abend die verschiedensten Möglichkeiten. Wichtigste Aufgabe war:

Diese Kinder brauchen eine Schule, die ihnen in Russland verwehrt wird, weil sie als *nicht lern- und förderungsfähig* eingestuft werden. Kann man dafür Räume anmieten? ‚Das haben wir schon versucht‘, erklärte Andrej. ‚Es gibt nichts zu mieten. Außerdem fehlt das Geld. Und niemand in der Stadt will diese Idioten, wie man sie immer wieder nennt, in seiner Umgebung haben. Also müssen wir bauen. Aber bei unseren Baugesetzen? Selbst wenn wir die Genehmigung der Stadt erhalten, bis der Bau verwirklicht wird, dauert es eine Ewigkeit. Außerdem gibt es in dieser Zeit der Not kein Baumaterial.

Also müssen wir mit der Stadt sprechen. Morgen rufe ich bei Iwan Kalinin, dem Bürgermeister für Soziales und Bildung, an und erbitte noch in dieser Woche einen Termin.‘

Ich habe schon erzählt, dass dieser Termin wirklich zustande kam und wie Iwan Kalinin darauf reagiert hat.“

Ich fragte Klaus: „Wie hat dieser erste Besuch auf dich gewirkt?“

„Wir besuchten den Bürgermeister in seinem Dienstzimmer. Alle Stühle waren von Eltern und ihren deutschen Begleitern besetzt. Ich trug den Wunsch vor, dass wir eine Schule bauen wollen für Kinder mit schweren geistigen Behinderungen. Iwan Kalinin gab sich sehr freundlich und offen. Aber ich merkte, er wollte uns von dem Gedanken abbringen und anderes für die Stadt herausschlagen. Zuerst verwies er aufs Krankenhaus. ‚Es ist in einem schlechten Zustand. Dort werden Menschen gepflegt, die wieder ge-

Das Heilpädagogische Zentrum (Foto: Volker Raettig)

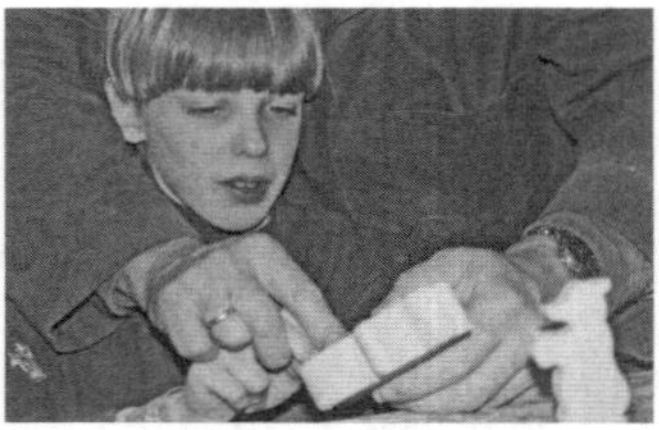

Kinder mit Behinderungen: Geborgen und gefördert
(Fotos: Volker Raettig)

sund werden und arbeiten können. Aber diese Kinder?‘, hieß es. Wir beharrten darauf. ‚Gut, also Kinder‘, sagte der Bürgermeister. ‚Wir haben Tausende von gesunden Kindern, die in diesen schlechten Zeiten so viel nötig haben. Aber eine Schule für diese Idioten? Die können doch gar nicht lernen.‘ Ich beharrte darauf, dass wir eben diese Kinder mit ihren Behinderungen meinten. ‚Ich werde darüber nachdenken‘, kam es zum Schluss aus dem Mund des Bürgermeisters. Und ich merkte, dahinter stand die Meinung: Wenn ihr erst einmal erlebt habt, dass ihr hier nicht weiterkommt, werde ich eure Ideen schon auf andere Projekte lenken, die ich für sinnvoller halte. Wir gingen, ohne zu einem Ergebnis zu kommen. Aber vor meinem Abflug nach Deutschland versprach ich es Pawel Adelheim in die Hand: Ich komme noch in diesem Jahr wieder. Und ich bin sicher: Wir werden unser Ziel erreichen.“

Die Schule wird gebaut

„Ein halbes Jahr später fand mein zweiter Besuch statt“, fuhr Klaus Eberl fort. „Im Dezember reiste ich mit einer kleinen Delegation unserer Gemeindeleitung nach Pskow. Inzwischen hatte der Putsch in Moskau stattgefunden. Seit wenigen Tagen war Michail Gorbatschow völlig entmachtet. Wir hatten es nicht mehr mit der Sowjetunion zu tun, sondern mit Russland unter Boris Jelzin.

Vor Antritt zu unserer Reise hatte die evangelische Kirchengemeinde Wassenberg beschlossen, dass unsere Partnerschaftswünsche nicht mehr auf Lateinamerika, sondern auf Menschen mit geistigen Behinderungen in Russland ausgerichtet sein sollten.

Die Begegnung in Pskow verlief chaotisch. Iwan Kalinin zeigte sich scheinbar offen für unsere Pläne. Insgeheim aber versuchte er weiter, seine Ideen durchzusetzen. ‚Die schwerbehinderten Kinder sind nach reiflicher Prüfung durch unseren Staat als nicht lern- und förderungsfähig eingestuft worden. Eine Schule für sie ist sinnlos‘, betonte er immer wieder.“

„Iwan Kalinin wurde in späteren Jahren zu einem Vorkämpfer für Menschen mit Behinderungen“, warf ich ein. „Wie kam es zu dem Wandel?“ – „Das dauerte fast vier Jahre“, fuhr Klaus fort. „Ich glaube, letztlich hat ihn unsere Beharrlichkeit, das Engagement der Eltern und der schnelle Bau der Schule überzeugt.“

„Wir reden immer noch über die ersten Überlegungen zum Bau der Schule im Jahre 1991. Zwei Jahre später wurde sie eröffnet. Wie habt ihr es geschafft, dieses Ergebnis zu erreichen bei all den Schwierigkeiten, die sich auftürmten?“

„Eins wurde mir sehr schnell klar“, entgegnete Klaus Eberl. „Wir brauchten Unterstützung von außen. Allein war das Projekt Schulbau von unserer kleinen Kirchengemeinde nicht zu schaffen.

Dem Kirchenparlament der Landessynode gehörte damals auch der Ministerpräsident von Nordrhein-Westfalen, Johannes Rau, an. Jeweils im Januar tagte die Synode in Bad Neuenahr.

Johannes Rau war ein starker Raucher. Von Zeit zu Zeit zog er sich zu einer Zigarettenlänge hinter den Vorhang zurück, der den Plenarsaal vom Foyer trennte. In einer solchen Pause gesellte ich mich zu ihm. ‚Sie haben in mehreren Tagungen miterlebt, wie sich unsere Rheinische Kirche in Russland engagiert.‘ Johannes Rau nickte. Er nahm regelmäßig an Akademietagungen teil. Das Versöhnungsthema war ihm wichtig. ‚Unsere Gemeinde Wassenberg hat beschlossen, die erste Schule in ganz Russland zu errichten, in der Kinder mit schweren Behinderungen unterrichtet und gefördert werden. Die Russen halten das für Spinnerei. Aber sie lassen uns gewähren. Wir können damit ein neues Kapitel der Sonderpädagogik in Russland aufschlagen und zugleich ein sichtbares Zeichen der Versöhnung setzen.'

Der Ministerpräsident ahnte, was ich von ihm wollte. Wir brauchten Geld für den Bau. Die Stadt Pskow war total verarmt. Die Kirchengemeinde Wassenberg hatte für die Partnerschaftsarbeit 30.000 DM zurückgelegt. 50.000 DM erhielten wir vom Kreis Heinsberg. 1990/91 war das große Hungerjahr in Russland. Der Kreis hatte sich sehr für die Versorgung mit Nahrung und Kleidung eingesetzt. Das Geld war übrig geblieben. Wir erhielten es für unser Projekt. Hinzu kamen Kollekten und Sammlungen. Aber das alles war zu wenig. Johannes Rau sagte: ‚Machen Sie mal einen Termin mit meinen Mitarbeitern aus.'

Nach der Synode fuhr ich mit dem Wassenberger Kirchmeister in die Düsseldorfer Staatskanzlei. Wir erläuterten ausführlich unser Projekt. Ob Johannes Rau ein gutes Wort für uns eingelegt hatte? Wir wussten es nicht. Aber ich glaube schon, dass er es getan hat. Jedenfalls wurde uns schließlich ein Bauzuschuss in Höhe von 600.000 DM zugesagt. Außerdem erhielten wir eine gute Projektberatung durch ein in Osteuropafragen engagiertes Büro.

Der Haken: Wir sollten uns verpflichten, den gleichen Betrag zusätzlich über Spenden einzuwerben. Ich unterschrieb die Vereinbarung, ohne recht zu wissen, wie wir das schaffen sollten. – Wer konnte damals ahnen, dass aus dem zarten Anfang ein so großes Projekt werden würde. Inzwischen sind einige Millionen Euro an Spendengeldern dieser Arbeit zugutegekommen.

Jetzt war es an der Zeit, die Stadt Pskow zu überzeugen.

Ich vereinbarte einen Termin mit dem Pskower Oberbürgermeister, Petr Prokofjew. Er zeigte sich als engagierter, zuverlässiger Mann.

Unser Fehler war allerdings, dass wir mit einer zu großen Delegation sein Zimmer in der obersten Etage des Rathauses betraten. Stundenlang verlief dieses Gespräch im Sande. Zu unterschiedlich waren die Vorstellungen, die ausgetauscht wurden. Wir standen für Russland ganz am Anfang. Wir wussten selbst noch nicht, wie soll die Schule letztlich aussehen, wer soll ihr Träger sein, wer bezahlt die Unterhaltskosten – für den Bau musste die deutsche Seite ganz aufkommen –, wie sollten die Lehrerinnen und Lehrer ausgebildet werden? Wie sollten sie bezahlt werden? Wir mussten gewissermaßen das Rad neu erfinden. Nichts war geklärt.

Erst später habe ich verstanden, dass es in der russischen Sprache keine angemessene Übersetzung für das Wort ‚Trägerschaft' gibt und dass man statt von ‚Sonderpädagogik' von ‚Defektologie' spricht.

Wir haben ständig aneinander vorbeigesprochen. Da beendete ich das Gespräch in der großen Runde und schlug vor, dass wir uns noch drei Stunden Zeit nehmen, um die Fragen zu klären, und zwar nur der Oberbürgermeister, zwei Dolmetscherinnen und ich. Wenn wir danach kein Ergebnis hätten, sei das Projekt gestorben.

Eine der beiden Dolmetscherinnen war Alexandra Pyshowa. Sie hatte Kunstgeschichte studiert, arbeitete inzwischen aber beim Partnerschaftsamt der Stadt. Bis heute ist sie die versierte und fachkundige Begleiterin der gesamten Behindertenarbeit. Sie übersetzte mit diplomatischem Geschick und bügelte sofort alle Fehler aus, die uns aus Unerfahrenheit unterliefen. Sie übersetzte nicht nur Worte, sondern auch die Ideen, die dahinterstanden.

Im kleinen Kreis fassten Petr Prokofjew und ich schnell Vertrauen zueinander. Es wurde nie enttäuscht. An diesem Abend kam der Grundlagenvertrag zustande, in dem die Gemeinde Wassenberg Trägerin der Schule wurde. Wir schlossen eine formelle Vereinbarung mit der Stadt und einigten uns darauf, dass die Stadt das Grundstück stellte und alle Arbeiten unter der Erde übernahm. Prokofjew blieb freilich immer noch unerklärlich, wie Menschen mit schweren Behinderungen eine Schule besuchen sollten. Er entließ mich mit dem Satz: ‚Ich verstehe nichts, aber ich vertraue Ihnen, Klaus Eberl.'"

„Und woher nahmt ihr das Personal?", fragte ich.

Klaus Eberl antwortete: „Das Personal der Internate kam für uns nicht infrage. Die damals gültige Defektologie schien uns keine Basis zu sein. Wir wollten die Mitarbeiterinnen und Mitarbeiter selbst ausbilden, Menschen mit einer pädagogischen Qualifikation und der notwendigen Sensibilität für die anspruchsvolle Arbeit, alles Leute mit Pioniergeist.

Inzwischen hatten wir mit der Rurtalschule Heinsberg, einer Förderschule mit dem Schwerpunkt geistige Entwicklung, Kontakt aufgenommen. Es gelang mir, den Schulleiter, Bernd Schleberger, für das Projekt zu gewinnen. Er war von unserer Idee ganz begeistert. Mit hoher Fachkompetenz organisierte er die Auswahlverfahren und übernahm die Weiterbildung an der Rurtalschule. Bis heute ist diese Schule Partnerin des HPZ und maßgeblich für die Neuorientierung der Sonderpädagogik in Russland verantwortlich.

Noch 1992 kamen die zukünftigen russischen Lehrerinnen und Lehrer ins Rheinland. Sie wohnten bei deutschen Familien und lernten sehr schnell, Deutsch zu sprechen.

Mit Feuereifer waren sie bei der Sache. Unter ihnen befanden sich der spätere Leiter der Schule, Andrej Zarjow, und seine Stellvertreterin, Swetlana Andreewa. Sie sind bis heute im HPZ tätig. Beide studierten zusätzlich Heilpädagogik. Andrej hat inzwischen seinen Doktortitel erworben mit einer Arbeit über den Autismus, Swetlana machte ihr Diplom über die sexuelle Erziehung von Menschen mit Behinderungen. Beiden verdanken wir es, dass unsere Schule sich so gut entwickelte."

„Haben das auch die Stadtväter und Stadtmütter erkannt?"

„Ja, das haben sie. Neugierig beobachteten sie, was in unserer Schule geschah. Nach zwei Jahren erkannten sie, dass ihre These falsch war, Kinder mit schweren Behinderungen seien nicht lernfähig. Diese Kinder können lernen und müssen deshalb gefördert werden. Sie lernen Dinge für das alltägliche Leben, sich anzuziehen, selbstständig zu essen, sich in einer Gemeinschaft zu bewegen. Einige von ihnen lernen sogar zu lesen und zu schreiben.

Andrej Zarjow und Swetlana Andreewa taten ein Übriges, sehr Wichtiges: Die Kinder blieben nicht weiter versteckt, wie es in der Sowjetunion geboten war. Sie gingen mit den Kindern auf dem Markt einkaufen, besuchten das Schwimmbad und die Spielplätze. Und es geschah für uns das erste Wunder: Die allermeisten Bewohner der Stadt nahmen die Kinder ohne Scheu an. Das Gesicht der Stadt begann sich zu verändern."

„Und was taten die Verantwortlichen der Stadt?"

„Drei Jahre nach der Eröffnung der Schule wurde durch die Stadt ein erster Kindergarten für Menschen mit Behinderungen eingerichtet."

„Daran kann ich mich gut erinnern", flocht ich ein. „Bei der Eröffnung eben dieses Kindergartens war ich anwesend. Während der Feier sagte Oberbürgermeister Prokofjew zu mir: ‚Ihr Deutschen habt recht. Die Humanität einer Gesellschaft erkennt man daran, was sie für Alte, Kranke und Behinderte tut. Wir Russen haben hier viel nachzuholen. Helft uns, dass es gelingt.'"

„Wie habt ihr das gesammelte Geld nach Pskow geschafft?"

„Das war oft nicht leicht. Immer wieder habe ich es im Koffer oder Rucksack hinübergeschafft. Einmal wäre es fast schiefgegangen.

Es war 2006. Wir hatten in einem kleinen Holzhaus eine Werkstufe eingerichtet. Im Januar brannte es bei 33 Grad minus ab. Zum Glück hatten die Kinder bei dem tiefen Frost Kältefrei.

Ein Mitarbeiter hatte auf einem Herd Wachs erhitzt. Es explodierte und im Nu stand das Haus in hellen Flammen.

Wir wollten es nicht wieder aufbauen, sondern sammelten Geld, um die Schule zu erweitern und dort auch die Werkstufe unterzubringen.

Um die Bauunternehmer zu bezahlen, reiste ich eines Tages mit 200.000 € im Rucksack nach Pskow. Bei der Durchleuchtung auf dem Flughafen in Köln hat man wohl das Geld entdeckt. Ein Zollbeamter erklärte streng: ‚Folgen Sie mir bitte in mein Büro.' Hinter verschlossenen Türen fragt er: ‚Was haben Sie in dem Rucksack?' – ‚Geld, Euro', erwiderte ich. ‚Wie viel?' ‚200.000 Euro'.

Ich packte das Geld aus und legte es auf den Tisch. ‚Sie wissen, dass Sie Geldwäsche im großen Stil betreiben. Sie werden schwer bestraft. Das Geld wird beschlagnahmt. Was wollten Sie mit dem Geld?' – ‚Es sind Spenden. Wir erweitern damit in Pskow die Schule für Menschen mit schweren geistigen und körperlichen Behinderungen.' – ‚Das kann jeder sagen', konterte der Zollbeamte. ‚Ich kann es beweisen', sagte ich fast verzweifelt. ‚Wie?', kam es wieder knapp zurück. ‚Googeln Sie mal im Internet ein: *Klaus Eberl* und *Pskow*. Und was soll ich sagen, er tat es wirklich. Da erschien mein Bild, erschienen zahlreiche Artikel über unsere soziale Arbeit in Pskow. Er rief einen Kollegen. Sie studierten gemeinsam die Unterlagen. Dann sahen sie sich an und nickten sich zu. ‚Packen Sie das Geld ein', erklärte der verhörende Beamte. ‚Ich glaube Ihnen. Aber nehmen Sie in Zukunft nie mehr so viel Geld mit. Noch einmal kommen Sie damit nicht durch.'

Erleichtert verließ ich das Zollbüro und fuhr nach Pskow. Der Anbau konnte errichtet werden."

„Ich habe noch eine letzte Frage. „Inwieweit hat euch bei eurer Arbeit die Orthodoxe Kirche vor Ort unterstützt?" – „Einzelne Priester wie Vater Adelheim haben uns sehr unterstützt. Auch Vater Wladimir ist unserer Arbeit sehr verbunden. Aber die Institution Kirche mit ihrem Erzbischof? Seit Metropolit Wladimir nach St. Petersburg gegangen ist, hat die Kirche unter dem Nachfolger Eusebius keinen Finger für uns gerührt, uns mit keiner Kopeke unterstützt."

6. Konfrontation oder Kumpanei?

März 1994: Die Russisch-Orthodoxe Kirche und der deutsche Protestantismus im Schatten der Sowjetmacht

19. März 1994. Die ersten Strahlen der Frühlingssonne fielen durch die schmalen hohen Fenster des großen Saales der Evangelischen Akademie im Rheinland. Sie tauchten die Besucherinnen und Besucher in das helle Licht der Frühlingssonne. Die 120 Plätze waren alle besetzt. Am hinteren Eingang drängelten sich einige zu spät Eingetroffene. Im Saal saßen Russen und Deutsche, eine Delegation mit 20 Personen aus Pskow und Moskau, Russlanddeutsche, die inzwischen eine neue Heimat in Nordrhein-Westfalen gefunden hatten, orthodoxe Priester und evangelische Theologen, Juristen, Pädagogen, am Thema ganz allgemein Interessierte. In den Simultankabinen an der Rückfront über dem Saal waren eine deutsche und eine russische Dolmetscherin bereit für die Übersetzung.

Vorne neben dem Rednerpult saß der Moderator des Vormittags, Hans-Adolf Jacobsen, Professor für Zeitgeschichte und Politikwissenschaften aus Bonn, seit einigen Jahren Vorsitzender der MÜLHEIMER INITIATIVE. Sie hatte die Versöhnung zwischen Russen und Deutschen zur Basis ihrer Arbeit gemacht. Neben ihm saß ich als Leiter der Akademie und der Pskower Erzpriester, Wladimir Popow.

Hans-Adolf Jacobsen eröffnete die Sitzung:

„Unser Thema heute Vormittag widmet sich der Frage **Konfrontation oder Kumpanei?** Wie weit haben die Orthodoxe und die Protestantische Kirche der Sowjetmacht widerstanden? Oder waren sie während der ganzen Zeit von 1917–1991 willfährige Handlanger?

Dieter Bach beschäftigt sich seit 10 Jahren intensiv mit Russland. Immer wieder rückt dabei die Russisch-Orthodoxe Kirche in seinen Blickpunkt. Mehrmals war er in Sagorsk, heute wieder nach dem großen Heiligen Sergijew Possad genannt, mit der berühmten Dreifaltigkeitskathedrale, vor allem aber der geistlichen Akademie der Orthodoxen Kirche. Mit Alexius II. hat er ebenso gesprochen wie mit dem Öffentlichkeitsreferenten, Erzbischof Pitirim, heute stark verdächtigt, dass er ein informeller Mitarbeiter des KGB gewesen sei. Viel diskutiert hat er mit dem Metropoliten Wladimir, der inzwischen leider Pskow verlassen hat. Er bat ihn einmal: ‚Herr Bach, helfen Sie uns in der Auseinandersetzung mit den Antiökumenikern, die in unserer Kirche immer mehr die Oberhand gewinnen.‘ Seine Gesprächspartner waren viele Priester und Erzpriester, unter ihnen Wladimir Popow. Seit 1991 ist er die besondere Kontaktperson zur Evangelischen Akademie. Viel haben wir von ihm, viel hat er von uns gelernt. Auch das wird heute Vormittag zur Sprache kommen.

Ich erteile zunächst Dieter Bach das Wort."

Konfrontation oder Kumpanei?

„Um es gleich vorweg zu sagen", begann ich meine Ausführungen, „versagt haben sie während der Zeit der Sowjetmacht beide, die Russisch-Orthodoxe Kirche ebenso wie der deutsche Protestantismus. Dabei muss man allerdings unterscheiden zwischen dem Bekennermut einzelner Priester und Pfarrer und den Verlautbarungen der offiziellen Institutionen. Viele evangelische Pfarrer sind in Russland ins Gefängnis und in die Straflager gegangen. Viele sind ermordet worden, weil sie Widerstand leisteten gegen den atheistischen Staat und sein Unrecht beim Namen nannten. Viele orthodoxe Priester verhielten sich nicht anders. Einen haben Sie hier schon vor drei Jahren kennengelernt, Vater Adelheim, der im Gulag ein Bein verlor, der zweite, Wladimir Popow, Erzpriester aus Pskow, wird gleich noch zu Wort kommen.

Neben dem Bekennermut einzelner Priester verhielt sich die offizielle, die verfasste Kirche leider ganz anders.

Blicken wir zunächst auf das Patriarchat in Moskau.

1. Die Patriarchen und Patriarchatsverweser

1917, mit dem Beginn der Revolution wurde das Patriarchat wieder eingeführt, das Peter der Große 1721 abgeschafft hatte.

Der Erste auf dem Stuhl in Moskau war **Tichon**[17]. Er nahm sein Amt mehr oder weniger acht Jahre lang wahr. Weniger, weil er die meiste Zeit im Gefängnis saß. Um es vorwegzunehmen: Er war der Einzige, der der Sowjetmacht wirklichen Widerstand entgegensetzte. In den Hungerjahren, die kurz nach der Revolution ausbrachen und die furchtbare Folgen hatten, ließ Lenin alle heiligen Geräte, Taufschalen, Kelche, Leuchter, kurz alles, was Wert hatte, beschlagnahmen.

Er ließ es einschmelzen und zu Geld machen. Dagegen wehrte sich Tichon mit all seinen Kräften. Es führte dazu, dass er immer wieder im Gefängnis saß, das er nur für kurze Zeitspannen verließ.

Sein Nachfolger wurde 1925 **Sergius I.**[18] Die sowjetische Regierung hatte inzwischen das Patriarchat wieder abgeschafft. So trug Sergius offiziell den Titel Patriarchatsverweser. Schon zwei Jahre nach seinem Amtsantritt verfasste er eine Ergebenheitsadresse an die russischen Machthaber. Sie verhalf der Kirche keineswegs zu größerer Anerkennung.

Die Lage änderte sich erst 1943. Stalin erkannte, dass er die Kirche als moralische Kraft im Großen Vaterländischen Krieg brauchte. Viele Freiheiten wurden ihr dafür eingeräumt, Kirchen und Klöster wurden wiedereröffnet. Sergius I. rief postwendend zum Widerstand gegen die eingedrungenen ‚Hunnen' auf. Er wurde belohnt und durfte fortan den Titel Patriarch führen.

Das brachte ihn dazu, die Gläubigen zu drängen, Geld zu sammeln für die Aufstellung eines Panzerbataillons. Leider konnte er es nicht mehr selbst dem großen Führer Stalin übergeben.

Er starb 1943.

Dieser Huldigungsakt blieb seinem Nachfolger **Alexius I.**[19] vorbehalten. Er bleibt für mich eine schillernde Figur. Das Panzerbataillon hat er mit großer Öffentlichkeitswirksamkeit Väterchen Stalin übergeben. Seine Ergebenheitsadressen an die Führung sind aktenkundig. Wie weit er an der Unterdrückung der Unierten Kirche in der Ukraine beteiligt war, ist ungewiss. Aber ihre Auslöschung lag durchaus im Sinne der russischen Orthodoxie. Die Unierten hatten sich von ihr im 16. Jahrhundert abgewandt. Die Heilige Liturgie hatten sie beibehalten, sich aber dem Papst in Rom und nicht mehr dem Patriarchen in Moskau unterstellt. Josef Stalin verbot die unierte Kirche 1944 und 1945. Ihre Priester, Mönche und Nonnen wurden grausam verfolgt. Erst 1991 konnte die Unierte Kirche der Ukraine neu entstehen. Alexius I. nutze die Zeit, um seiner Kirche in der Ukraine zur starken Verbreitung zu helfen.

Auf der anderen Seite war es eben dieser Patriarch, der an der Versöhnung mit Deutschland sehr interessiert war.

Noch bevor der deutsche Bundeskanzler Konrad Adenauer nach Moskau reiste, lud Alexius I. eine protestantische Delegation nach Russland ein. An ihrer Spitze standen Martin Niemöller, der unter Hitler viele Jahre im Konzentrationslager saß, und Heinrich Held, der Präses der Rheinischen Kirche. Sie hielten einen mit viel Aufmerksamkeit bedachten Gottesdienst in der Isaak-Kathedrale in Leningrad. Öffentlich baten sie um Vergebung für das, was die Deutschen im Zweiten Weltkrieg den Russen angetan hatten. In Moskau führten sie Gespräche auch mit Vertretern der Politik.

Es gibt aus dieser Zeit eine schöne Anekdote: Als die Kirchendelegation abreiste und das Moskauer Hotel verließ, begegnete sie einer Anstreicherkolonne, die das Hotel betrat.

Auf die Frage, was es denn zu renovieren gäbe, erhielten sie die Antwort: ‚Der deutsche Bundeskanzler kommt', darauf Heinrich Held: ‚So ist es richtig. Die Kirche muss für die Politik das Bett anwärmen.'

Der Besuch in Russland wurde noch im selben Jahr durch eine russische Delegation erwidert. An ihrer Spitze stand der Patriarch. Ihre Mitglieder hielten sich auch mehrere Tage in dieser Akademie auf. Das Bildarchiv der Akademie hat dieses herausragende Ereignis aufbewahrt.

Einschneidend wurde für Alexius I. allerdings, dass mit Nikita Chruschtschow (1953–1964) als Generalsekretär der KPdSU und als Ministerpräsident der Sowjetunion ein Mann an der Spitze des Staates stand, der zwar die Entstalinisierung einleitete, aber zugleich die Kirche unbarmherzig verfolgte. Unter seiner Regierung wurden mehr Kirchen und Klöster geschlossen als zur Stalinzeit. Es ist kein Wort des Widerspruchs von Alexius I. bekannt.

Unter Leonid Breschnew (1964–1982) entspannte sich die Lage ein wenig: Aber die Zeit der Stagnation tat weder dem Staat noch der Kirche gut.

Als Alexius I. 1970 starb, wurde **Pimen I.**[20] (1970–1990) sein Nachfolger. Auch ihm wird nachgesagt, dass er ein heimlicher Mitarbeiter des KGB war. Er führte das Patriarchat ganz im Schatten des Staates und unter seiner Duldung. Die theologischen Gesprächskreise zwischen der Orthodoxen und der Protestantischen Kirche Deutschlands, die inzwischen entstanden waren, haben darunter sehr gelitten.

Seit 1990 wird das Patriarchat durch **Alexius II.**[21] wahrgenommen. Traten schon unter Michail Gorbatschow erhebliche Erleichterungen für die Kirche ein, änderte sich die Lage 1991 vollkommen. Die KPdSU gab es nicht mehr. Die Sowjetunion zerfiel. Boris Jelzin gab sich als frommer Christ. Er wusste genau: Die steilen ethischen Forderungen und Anmaßungen des Sozialismus hatten sich als hohl erwiesen. Sie waren zerbrochen. Die Herzen der Menschen hatten sie nicht erreicht. Das Volk aber brauchte einen Glauben, an den es sich halten kann. Er konnte nur noch von der Kirche ausgehen. Alexius II. sah darin die Gunst der Stunde und nutzte sie."

„Bevor wir die Entwicklung der Kirche nach 1991 aufgreifen", nahm Hans-Adolf Jacobsen das Wort, „wollen wir hören, wie es einzelnen Christen während der Zeit der Sowjetherrschaft erging.

Davon wird Erzpriester Wladimir Popow erzählen. Danach berichtet Dieter Bach über die theologischen Gesprächskreise zwischen der Orthodoxen und der Evangelischen Kirche Deutschlands zwischen 1955 und 1991, die so hoffnungsvoll begonnen hatten."

2. Mein Weg in die Orthodoxe Kirche und der Lagerkommunismus

„Von Vater Adelheim haben Sie schon vor drei Jahren gehört", begann Wladimir Popow seine Ausführungen. „Er ist ein Mann, dem die Wahrheit über alles geht. Deshalb führte sein Weg konsequent in den Gulag. Aus eben diesem Grund wird er auch heute angefeindet und ist oft sehr einsam in unserer Kirche.

Mir selbst war es nicht in die Wiege gelegt, dass ich einmal Priester würde. Ich wurde 1940 geboren, mitten in der Stalinzeit, kurz vor dem Ausbruch des Großen Vaterländischen Krieges. Meine Eltern waren gläubige Anhänger des Kommunismus. Wie bei vielen anderen ergriff meine Großmutter, die gute Babuschka, die Initiative. Sie trug mich heimlich zur Taufe.

So gehörte ich faktisch zur Orthodoxen Kirche. Das bedeutete freilich nicht viel. Einer Reihe der Großen im Sowjetstaat ist es so ergangen. Auch Boris Jelzin wurde heimlich getauft. Er soll dabei fast ertrunken sein. Dem betrunkenen Priester entglitt er beim Untertauchen im Taufbecken aus den Händen und musste im letzten Augenblick herausgefischt werden.

Ich nahm keine Verbindung zu meiner Kirche auf. Nach dem Abitur studierte ich Germanistik. Meine erste Stelle trat ich in Tarnau an, dem heutigen Estland. Damals gehörte das baltische Land zur großen UdSSR. Als Deutschlehrer fiel mir im Kreis der Lernenden eine sehr schöne Schülerin auf, gerade 20 Jahre alt geworden. Ich verliebte mich in sie. Sie erwiderte diese Liebe. Ich erschrak zunächst, als ich hörte, dass sie eine Tochter des Großfürsten Wladimir Schachowskoje war. Als sie mein fassungsloses Gesicht sah, sagte Elena lachend: ‚Großfürst ist er längst nicht mehr. Das hat die sowjetische Regierung vor vielen Jahren abgeschafft. Er ist jetzt Priester in dieser Stadt.' Diese Offenbarung war für mich nicht viel angenehmer. Außer in meiner Taufe hatte ich keinen Kontakt zur Kirche aufgenommen. Unter den Sowjets stand sie an der untersten Stelle der Verachteten, sie wurde angesehen als die vorgestrige, die es bald nicht mehr geben würde.

Elena nahm mich zum Antrittsbesuch mit in ihr Haus. Seitdem war ich für den Kommunismus verloren. Im Priester Wladimir lernte ich einen sehr aufrechten, bescheidenen Mann kennen.

Er versuchte nicht, mich zu bekehren. Aber er lebte seinen Glauben im Alltag. So kam, was kommen musste. Wladimir Schachowskoje wurde von den Schergen der Sowjetmacht verhaftet, ins Gefängnis geworfen und kurze Zeit später ermordet. Wladimirs Bekennermut machte mich zum gläubigen orthodoxen Christen. Ich heiratete Elena. Öffentlich bekannte ich mich zur Kirche.

Der Politkommissar lud mich vor. Ich sollte dem Glauben abschwören. Als ich mich weigerte, verlor ich meine Stellung als Lehrer der Germanistik. Jetzt machte ich erst recht ernst mit meinem Glauben. Ich ließ mich zum Priester weihen. An der geistlichen Akademie in Sagorsk nahm ich das Fernstudium der Theologie auf. Es geschah während der Zeit Leonid Breschnews, in der die Verfolgungen nachgelassen hatten, wenn sie auch noch nicht aufhörten. 1982 machte ich mein Examen. Seit ich in Pskow bin, leite ich die Nikolausgemeinde dieser Stadt.

Sie haben gefragt, wie ich zum sowjetischen Kommunismus stand. Seit meinem offenen Bekenntnis zur Orthodoxen Kirche habe ich diese Staatsideologie in ihrer Anmaßung und Verlogenheit immer mehr durchschaut. Mir wurde klar: Wir haben in dieser Form die schlechteste aller sozialistischen Varianten gewählt, die möglich waren. Wir haben in der UdSSR einem Sozialismus gefrönt, der mehr war als ein ‚Kasernensozialismus', das heißt, der aufgebaut war auf Befehl und Gehorsam. Wer nicht gehorchte, wurde zum Außenseiter und war schnell Anfeindungen ausgesetzt. In der Sowjetunion gingen wir sofort noch einen Schritt weiter und wählten den ‚Lagerkommunismus', das heißt: Wer sich nicht bedingungslos unterwarf, mehr noch, wer in irgendeiner Form verdächtig war, wurde sofort abgeschoben ins Lager, in den Gulag. Viele der Lagerinsassen konnten diese Schreckensorte nur im Sarg verlassen, wenn sie nicht wie mein Schwiegervater vorher schon ermordet wurden."

„Und ihr Verhältnis zu den Deutschen?", fragte Professor Jacobsen.

„Natürlich habe ich sie zuerst gehasst, nicht die Deutschen, aber das Deutschland, das die Nazis hervorgebracht hat. Das änderte sich schlagartig, als ich im Juni 1991 am Massengrab von 60.000 ermordeten Kriegsgefangenen in unserer Stadt stand. Zusammen stand ich dort mit einem protestantischen Pfarrer aus eurem Rheinland. Er rechnete nicht auf, tote deutsche Kriegsgefangene gegen tote russische Kriegsgefangene. Kein Gedanke des Hasses bestimmte ihn. Ich spürte es vielmehr deutlich: Er war beseelt von dem Wunsch nach Versöhnung, erfüllt von der Bitte, mit den Russen einen Neuanfang zu wagen nach allem, was geschehen war."[22]

Wladimir Popow setzte sich. Im Saal war es sehr still. Die Gesichter waren nachdenklich geworden. Erst nach einer langen Pause klatschten einige Beifall. Immer mehr schlossen sich an. Die 120 Gäste waren von des Priesters Worten tief bewegt.

„Wir setzen nun nach der Pause unsere Arbeit fort", eröffnete der Moderator den zweiten Teil des Vormittags. „Zunächst spricht Dieter Bach zu den Arnoldshainer und Sagorsker Gesprächen und was sie mit dem Versagen der Kirchen während der Sowjetzeit zu tun haben."

3. Die Arnoldshainer und Sagorsker Gespräche im Schatten der Sowjetmacht

„Fragt man einen Vertreter der russischen Kirche, wie ihre Stellung zum Staat vor der Wende gewesen ist, so erhält man die fast stereotype Antwort: ‚Sie stand immer auf der Seite des Volkes.' Nimmt man die Aussage der KPdSU, dass die Macht des Sowjetstaates die Macht des Volkes ist, so haben sie recht, aber auch nur so.

Als die Protestantische Kirche unter der Leitung des rheinischen Präses Heinrich Held 1955 mit einer Delegation in die Sowjetunion kam und anschließend Alexius I. mit Vertretern der Russisch-Orthodoxen Kirche Deutschland besuchte und auch in dieser Akademie zu Gast war, sah alles sehr gut aus. Beide Kirchen beschlossen, gemeinsam einen Arbeitskreis zu gründen, in dem theologische und ethische Fragen behandelt werden sollten. Schon 1956 wurde ein Fragenkatalog als Grundlage für die Arbeit erstellt.[23]

1959 fand die erste Konferenz in der Evangelischen Akademie Arnoldshain statt und erhielt deshalb den Namen ‚Arnoldshainer Gespräche'.

1974 verbot die Regierung der DDR, dass beide deutschen evangelischen Kirchen gemeinsam tagten. So wurde ein zweiter Kreis für die DDR ins Leben gerufen, die Sagorsker Gespräche. Beide Gremien tagten bis kurz vor der russischen Wende, bis 1990.

Beide Gesprächskreise sind den Herausforderungen nicht gerecht geworden. In deutschen Kreisen war man anscheinend blind dafür, wie stark die orthodoxen Delegationen von Spitzeln auch im Bischofsgewand unterwandert waren. Nur allzu willfährig beugte man sich der Forderung, streng bei theologischen Fragen zu bleiben. Wenn überhaupt eine politische Forderung einfloss, beschränkte sie sich darauf, die friedliebenden Absichten der Sowjetunion zu betonen. Man beugte sich der Bitte der russischen Priester, wenn solche Sätze nicht aufgenommen würden, dann wäre das Ende der Arnoldshainer bzw. Sagorsker Gespräche erreicht.[24]

Es geschah nicht, was ich bei einer polnischen Delegation des Instytut Slaski 1985, kurz nach Beendigung des Kriegsrechtes in Polen, einmal so erlebte: Wir hatten uns in diesem Hause zu einem bestimmten Thema getroffen. Die polnischen Referenten aber hielten zunächst stereotyp Referate zur Frage, warum Schlesien immer schon polnisch gewesen sei. Sie ließen sich nicht davon abbringen.

Als sie damit zum Ende gekommen waren, erklärten sie, das seien die durch Warschau vorgeschriebenen Pflichtreferate gewesen. Jetzt könne man sich der eigentlichen Sache zuwenden. Und das geschah.

Anders in Arnoldshain: Man blieb bei sehr engen theologischen Themen, bei der Erörterung kleinlichster Detailfragen zum Beispiel in der unterschiedlichen Tauflehre, um nur ein Beispiel zu nennen.

Nichts war zu hören vom diakonischen Auftrag der Kirche, ganz zu schweigen von Fragen der Demokratisierung innerhalb und außerhalb der Kirche, nichts von ihrer Verantwortung für Gesellschaft und Politik.

Ich behaupte, durch diesen im innersten wertlos bleibenden theologischen Zirkel und die dann natürlicherweise steril bleibenden Gespräche über diese Themen haben die deutschen Theologen zumindest im Westen es versäumt, ihre russischen Partner auf die Zeit nach 1991 vorzubereiten.

Wären dann die Gespräche durch die Sowjetmacht unterbunden worden? Möglicherweise, aber sie hätten Spuren hinterlassen. So aber erweckten sie den Anschein, auch in der Sowjetunion könne die Kirche frei sein.

Ich denke, hier hat die deutsche, die evangelische Seite Schuld auf sich geladen. Und sie hat das nach 1989 nicht einmal aufgearbeitet."

An dieser Stelle meldete sich der russische Erzpriester Joan zu Wort. „Sie haben recht", sagte der Priester. „Man soll die Arnoldshainer und Sagorsker Protokolle einmal daraufhin durcharbeiten, wie sehr sie in ihrer Denkstruktur und Sprache der Dialektik des Kalten Krieges verhaftet sind. Damit würde das Versagen sofort deutlich."

„Nichts ist geschehen", schloss ich mich an und fügte resignativ hinzu: „Diese Art zu denken ist auch eine Art ‚babylonischer Gefangenschaft' der Kirche.

Ummauerte Kirche
(Foto: Bertold Fernkorn)

1990 hörten die Gespräche auf. Die Evangelische Kirche Deutschlands gab sie weiter an den Ökumenischen Rat in Genf, in dem beide Kirchen Mitglied sind. Doch der setzte die Gespräche nicht fort.

Wie wenig die Konferenzen, die mehr als 30 Jahre stattfanden, der Orthodoxen Kirche nach 1991 geholfen haben, sich am ethischen und politischen Gespräch aktiv zu beteiligen, zeigen die Ergebnisse der letzten drei Jahre."

„Den vierten und letzten Teil des Vormittagskollegs wird Erzpriester Wladimir Popow noch einmal gestalten", gab Hans-Adolf Jacobsen bekannt. Er steht unter dem Thema:

4. 1991: Ein Neuaufbruch der Orthodoxen Kirche?

„Rein äußerlich gesehen konnte der Boden für das neue Wachstum der Kirche nicht besser bereitet sein", setzte Wladimir Popow ein. „Die Kirche erhielt Zug um Zug alle Freiheiten und Privilegien zurück. Eine Kirche, ein Kloster nach dem anderen wurden an sie zurückgegeben. Überall setzte eine rege Bautätigkeit ein, nicht selten mit großen staatlichen Mitteln unterstützt, obwohl nach der russischen Verfassung Kirche und Staat streng voneinander getrennt sind. Die Kirche galt als die Hüterin der Ethik, Kultur und Einheit der Nation. Vom Staat wurde ihr zugeschrieben, und sie nahm es sehr gerne an, dass nur durch sie das sozialistische System des Leninismus-Stalinismus überwunden werden konnte. Wie es schon gesagt wurde: Der Staat brauchte die ethische Überhöhung durch die Kirche, nachdem die marxistische Ideologie abgewirtschaftet hatte. Fortan gab es an hohen Feiertagen keinen Gottesdienst mehr, in dem nicht Boris Jelzin mit der Kerze in der Hand und frommem Gesicht zu sehen war.

Auch viele junge Leute nahmen wieder aktiv am gottesdienstlichen Leben teil. Fragte man sie nach dem Grund, erwiderten sie in der Regel: ‚An irgendetwas muss man doch glauben.' Heute, drei Jahre später, sind die meisten von ihnen aus dem gottesdienstlichen Leben wieder verschwunden.

Erneut nach der Begründung gefragt, erwidern sie gewöhnlich: ‚Die Kirche beharrt in ihren alten Strukturen. Kein Neuaufbruch, kein neues Leben sind zu spüren. Was soll ich da meine Zeit vergeuden?'

Die massenhafte Bekehrung, wie wir sie 1991 erhofften, ist ausgeblieben. Zwar kann die Kirche mit Recht behaupten, dass 80 oder gar 90 % der Menschen in Russland orthodoxe Christen sind. Aber das gründet nur darin, dass jeder orthodox Getaufte zur Kirche gezählt wird. Deshalb ist Jelzin seit vielen Jahren Kirchenmitglied und ich bin es seit meiner Taufe auch, ob ich es will oder nicht. Doch die Menschen forderten mehr. Sie wollten, dass die Kirche sich in politischen, gesellschaftlichen und sozialen Fragen engagiert. Sie erwarten zum Beispiel, dass sie bei unserer Schule für schwer mehrfach und geistig Behinderte, für das HPZ in Pskow, sich in der Mitarbeit und nicht nur in der seelsorgerlichen Betreuung engagiert.

Doch davon ist nichts zu sehen. Aber wenn es um scheinbar theologische Fragen oder genauer noch um ihr Dogma geht, dann ist sie auf dem Posten.

In ihrer Liturgie am Gründonnerstag singt sie immer noch ‚Ich danke Gott, dass ich kein Jude bin', von geistig Behinderten sagen nach wie vor viele Priester: Weil ihre Eltern gesündigt haben, wurde ein solches Kind geboren. Homosexuelle Männer und lesbische Frauen sind vom Teufel besessen.

Vor drei Tagen bin ich mit Dieter Bach zur Sozialakademie der Kirche nach Friedewald im Westerwald gefahren. Wir fuhren am Rhein entlang, sahen den Felsen der Loreley. Natürlich fiel mir gleich das Lied von Heinrich Heine ein ‚Ich weiß nicht, was soll es bedeuten, dass ich so traurig bin'. Ich summte es vor mich hin und bewunderte zugleich die herrlichen Burgen zu beiden Seiten des Flusses. Doch schon bald kehrte ich in die Wirklichkeit zurück.

‚Warum tut ihr das in der Protestantischen Kirche?', fragte ich. ‚Ihr haltet nicht nur Gottesdienst in sehr einfacher Form, längst nicht so schön und so feierlich wie in unserer Orthodoxen Kirche. Aber daneben macht ihr vieles andere. Ich habe an deiner Akademie erlebt, dass ihr die verschiedensten Themen aufgreift. Hätte es euch in Mülheim nicht gegeben, die Versöhnungsfahrt nach Pskow wäre nie zustandegekommen. Jetzt plant ihr für 1995 sogar eine Woche der russischen Kultur im Rheinland, und wieder ist es eure Protestantische Akademie, die dabei die Federführung hat. Und jetzt sind wir unterwegs zu einer Sozialakademie. Ich ahne, dass es dort um soziale Fragen, das Arbeitsleben, die soziale Gerechtigkeit unter den Bevölkerungsschichten geht. Warum tut ihr das alles als Kirche?'

Dieter Bach sagte mir sinngemäß, gebe ich es falsch wieder, kann er mir ja wiedersprechen:

‚Als Kirche das Heil Gottes zu verkündigen, kann keine Vertröstung auf ein besseres Jenseits sein. Das Heil Gottes beginnt hier, mitten in unserem Leben. So war unser Verhältnis zu euch Russen nicht heil, sondern von schwerer Schuld belastet, die wir durch unseren Überfall verschuldet haben.

Es entspricht nicht dem Willen Gottes, die Bibel sagt es an vielen Stellen, dass die einen in Reichtum schwelgen und die anderen ihr Leben in großer Armut fristen müssen, dass die einen gesund und anerkannt herumspazieren und die geistig Behinderten versteckt werden. Wo wir Unrecht und Ungerechtigkeit sehen, sollen wir uns einmischen. Das ist der Wille Gottes. Darum: Wehe der Kirche, die sich nicht einmischt in Politik und die brennenden gesellschaftlichen Fragen. Wo immer Unrecht geschieht, muss sie ihren Mund auftun für die Stummen.'

Ich wurde sehr still nach diesem Gespräch. In Friedewald konnte ich es noch einmal erleben, wie konkret Kirche zu gesellschaftlichen Fragen Stellung nimmt.

Davon sind wir noch weit entfernt. Ich hoffe, wir in der Russisch-Orthodoxen Kirche lernen von euch."

„Ich kenne Erzpriester Popow seit einigen Jahren", griff der Moderator Hans-Adolf Jacobsen den Schlusssatz auf. „Er engagiert sich längst im gesellschaftlichen Bereich. So eröffnete er in seiner Nikolausgemeinde eine Suppenküche für 40 Kinder, die sonst keine warme Mahlzeit am Tag bekämen.

Sein stimmgewaltiger Ljubjatowchor ist kein Selbstzweck.

Seit einem Jahr bereist er unter der Mitwirkung seines deutschen Managers Georg Linke, einem Presbyter aus Aachen, deutsche Städte. Alle Einnahmen sind für die Unterhaltung der Suppenküche und Menschen mit geistigen Behinderungen bestimmt. Georg Linke, der hier unter uns sitzt, sagte einmal von seinem Freund Wladimir Popow: ‚Er ist offen im Denken, von hohem Wissen, kennt die deutsche Kultur und Philosophie. Durch seine charismatische Ausstrahlung gewinnt er die Herzen vieler Menschen. Er tritt ein für die Glaubwürdigkeit seiner Kirche in der heutigen Welt und ist sensibel für Fragen der Diakonie und der Gesellschaft.'"

7. „Mit der Knute werde ich euch in die Gräben zurücktreiben“

5. August 1994: Tagung zum Warschauer Aufstand (1944)

Anflug

Wieder saßen wir im Flugzeug Richtung Osten. Hans-Adolf Jacobsen, Professor der Zeitgeschichte in Bonn, und ich wollten die beiden nächsten großen Tagungen der Rheinischen Akademie vorbereiten. So hatten wir einen kleinen Rundflug eingeplant: Moskau, Pskow, Warschau.

„Es ist so gut, dass du mitfliegst“, wandte ich mich an ihn. „Wir haben inzwischen zwar zwei hervorragende Teams der Mitarbeitenden, die MÜLHEIMER INITIATIVE unter deinem Vorsitz, speziell für die Zusammenarbeit mit Russland, und den Osteuropaarbeitskreis für die gesamte nach Osten gerichtete Arbeit der Akademie. Professoren aus ganz Deutschland, Experten aus Brüssel gehören ebenso dazu wie Journalisten und Frauen sowie Männer aus Städten und Kirchengemeinden, die mit ihren gediegenen Kenntnissen für die notwendige Bodenhaftung sorgen.“ Ich sehe eine gerunzelte Stirn, hochgezogene Augenbraue und einen skeptischen Blick im Gesicht meines Nachbarn. „Warum ich gerade dir das sage? Dein Name wirkt wie ein Magnet, um gute Leute ins Boot zu holen.“ – „Ich weiß nicht, wie weit das stimmt“, erwiderte Hans-Adolf Jacobsen. „Eure Akademie hat seit Jahren einen sehr guten Ruf nicht nur auf diesem nach Osten ausgerichteten Arbeitsfeld. Ich muss sagen, die Arbeit mit euch macht mir Spaß.“

„Das war ja nicht immer so“, erwiderte ich lächelnd. „Du kamst mir zunächst sehr eingebildet und unnahbar vor.“ Noch einmal zog der Professor seine Augenbrauen hoch. „Ja, das war so. 1984 haben wir begonnen, Tagungen mit Russland zu planen. Ich war auf dich aufmerksam geworden durch deine Veröffentlichungen, als Erstes durch die hervorragenden Bildbände zum Zweiten Weltkrieg.[25] Ich wollte dich als Experten. Drei Jahre lud ich dich zu Tagungen ein. Du bemühtest deine Sekretärin oder sagtest selbst mit nichtssagenden, dürren Entschuldigungen ab.“ – „Stimmt“, gab Hans-Adolf Jacobsen jetzt zu. „Ich bin zwar selbst ein überzeugter evangelischer Christ. Aber eure Akademie kam mir lange Zeit so vor wie ein Allerweltsladen, in dem es alles und deshalb eben nichts zu kaufen gibt. Das wurde allerdings schlagartig anders, als du mit der Osteuropaarbeit und dein Kollege Just mit der Flüchtlingsarbeit begannen.“ – „Ich wollte dich unbedingt gewinnen“, setzte ich das Gespräch fort. „Deshalb suchte ich dich in deiner Sprechstunde auf. Brav saß ich unter den wartenden Studenten, bis ich an die Reihe kam. Erstaunt blicktest du auf." – „Ja, daran erinnere ich mich auch", warf der Professor ein. „Ein älterer Herr, Mitte fünfzig, hatte er vor, bei mir zu promovieren? Es war kein besonders erfreulicher Gedanke. Doch dann stelltest du dich und die Arbeit der Akademie kurz vor. Und ich war sofort davon angetan." – „Was hat dich besonders überzeugt?" – „Es waren zwei Dinge: Das eine war der ernsthafte Versuch der Evangelischen Kirche im Rheinland, Versöhnung mit den Menschen der Sowjetunion zu suchen, ein Gedanke, der mich seit meiner Kriegsgefangenschaft in Russland bestimmt. Und das Zweite: Ihr arbeitetet nicht einfach ins Blaue hinein, sondern ihr suchtet und fandet stets Experten auf der anderen Seite, der östlichen, die mit euch gemeinsam die Problematik angingen."

„Ja, du bist in die Arbeit eingestiegen, hast wesentlich die Abfassung der 16 Thesen beeinflusst, hast sie nach Moskau getragen und damit die Tür zu russischen Kreisen geöffnet. Darüber sind wir zu persönlichen Freunden geworden."

„Lass uns jetzt noch einmal auf die Aufgaben blicken, die vor uns liegen", sagte Hans-Adolf Jacobsen.

„Das eine ist das Verhältnis der Deutschen und der Russen zu Polen. Im August jährt sich zum 50. Mal die Erinnerung an den Warschauer Aufstand. Die Frage ist, gibt es hier endlich eine, den historischen Tatsachen gerecht werdende gemeinsame Deutung?"

„Lass uns kurz dabei bleiben. Die Akademie arbeitet seit 20 Jahren mit polnischen Einrichtungen in Warschau und Opole zusammen. Ihr habt gemeinsam schon den 40. Jahrestag des Aufstandes erlebt. Habt ihr dabei nie die Frage nach dem Verhalten der Russen gestellt?"

„O doch, mehrmals haben wir das getan. Aber es waren immer Tagungen, bei denen Polen und Deutsche unter sich waren ohne russische Beteiligung. Es war in Warschau, in Opole und bei uns in Mülheim. Aber wir kamen nicht weiter. An einer Stelle erhielten wir immer die gleiche stereotype Antwort." – „Ich kann mir schon denken, worum es ging", entgegnete der Professor: „Warum haben die Russen den Aufstand nicht unterstützt?" – „Genau, das war es. Als die polnische Heimatarmee im August 1944 gegen die Deutschen losschlug, lagen die russischen Truppen schon am anderen Ufer der Weichsel. Aber sie haben sich nicht gerührt. Sie haben den Aufstand nicht unterstützt. Wenn wir dann fragten, warum ist das geschehen, gaben die Polen – ich betone noch einmal: obwohl kein Russe bei den Tagungen anwesend war – immer die gleiche Antwort: ‚Die Sowjetarmee war von dem schnellen Vorstoß von Weißrussland bis vor Warschau zu erschöpft. Sie musste sich erst erholen. Der Nachschub musste die Ausfälle an Menschen und Material erst ergänzen. Ein Eingreifen war deshalb nicht möglich.' In den Pausen, unter vier Augen, gaben die Polen ganz andere Erklärungen ab. Aber in der Öffentlichkeit war ihre Angst vor den Sowjets viel zu groß."

„Ich glaube, hier kann ich weiterhelfen. Du und ich kennen in Moskau einen Mann, einen guten Freund, Daniel Proektor. Er hat als Soldat selbst am anderen Ufer der Weichsel gelegen. Nun das zweite Thema."

„Du kennst es", fuhr ich fort. „Wir haben in der MÜLHEIMER INITIATIVE schon darüber gesprochen. Im nächsten Jahr, 1995, denken wir in besonderer Weise an das Kriegsende vor 50 Jahren. In deutschen Köpfen ist immer noch, was uns die Russen damals, besonders in den letzten Monaten des Krieges angetan haben. Wir sehen nicht, dass wir selbst der Auslöser für all das waren. Noch wichtiger ist uns aber, wir wissen kaum noch, was russische Kultur ist, was russische Menschen geleistet haben auf den Gebieten der Literatur, der Malerei, der Musik. Deshalb soll das das Thema 1995 sein: *Russische Kultur an Rhein und Ruhr.*"

„Wie werden wir in den nächsten Tagen vorgehen?", fragte Hans-Adolf.
„In Moskau treffen wir unseren Partner in der MÜLHEIMER INITIATIVE, den Chefredakteur der *Literaturnaja Gazeta*, Arkadij Udalzov, und natürlich den Exekutivsekretär unseres Kreises, Oleg Prudkov. Mit ihnen besprechen wir die Grundsatzfragen und überlegen, wen wir aus Moskau einbeziehen sollen. Dann sollte ein Besuch bei deinem Freund Daniel Proektor möglich sein.

In Pskow werden wir uns besonders mit der *Woche russischer Kultur an Rhein und Ruhr* beschäftigen und nach Künstlerinnen und Künstlern für die Auftritte in Deutschland fragen.

In Warschau schließlich besuchen wir das Denkmal für den Aufstand 1944 und besprechen das Tagungsprogramm für den August dieses Jahres zum gescheiterten Aufstand und warum er aus russischer Sicht scheitern sollte."

In Moskau

Als ich im August 1991 zur *Literaturnaja Gazeta* unterwegs war, versperrten die aufgefahrenen Panzer den Weg. Im Februar 1994 waren es die anderen Autos, die wie wir sich mühsam den Weg durch den frisch gefallenen Schnee bahnten.

Seit dem Putsch vor drei Jahren war Arkadij Udalzow der Chefredakteur, zugleich der russische Vorsitzende der MÜLHEIMER INITIATIVE. Er hat den Putschisten mannhaft Widerstand geleistet, während der eigentliche Chef sich unsichtbar machte. Kaum im Amt, hatte Arkadij ein geschicktes Gehaltssystem eingeführt. Die Angestellten bestimmten scheinbar demokratisch das Gehalt des Chefs. Prozentual von ihm abgeleitet, bekam jeder Beschäftigte seinen Lohn. Kein Wunder, dass jeder bereit war, der Spitze möglichst viel zuzugestehen, denn letztlich hatte auch er etwas davon.

Als unser Partner war Arkadij Udalzov von großem Wert. Die Zeitung hatte zwar nach 1991 die Auflagenhöhe von über einer Million Exemplaren nicht halten können. Mit dem Zerfall der Sowjetunion fielen viele Bezieher weg. Der Preisverfall brachte es mit sich, dass sich nur wenige noch ein Blatt halten konnten. Ihr einziges Informationszentrum wurde das Fernsehen. So war die Auflage auf weniger als 250.000 Exemplare gesunken. Aber Udalzov stellte die Zeitung uneingeschränkt für unsere Arbeit zur Verfügung. Das brachte es zum Beispiel mit sich, dass man unsere Tätigkeit in Pskow kannte, lange bevor wir uns dort gemeldet hatten. Außerdem war der Chefredakteur ein geschickter Organisator und hatte Zugang zu vielen Stellen in der Hauptstadt.

Nach fünfundvierzigminütiger Fahrt erreichten wir endlich das Zeitungsgebäude. Chefredakteur und Exekutivsekretär empfingen uns am Eingang. Es blieb uns nur eine kurze Pause bis zum Abendessen. Dort sprachen wir über die politische Lage in Russland, die seit Boris Jelzins Amtsantritt immer undurchsichtiger geworden war.

Er neigte wohl immer stärker dem Alkohol zu. Demokratie schien nach seinem Verständnis zu heißen: Jeder kann sich nehmen, was er will. So waren die meisten Oligarchen in dieser Zeit reich geworden. Durchtrieben, fast schlitzohrig verschafften sie sich die Aktienmehrheit in den Staatsbetrieben, die privatisiert worden waren. Sie hinterzogen skrupellos die Steuern und bereicherten sich an der Wirtschaftshilfe der Weltbank.

„Ich habe in einer deutschen Zeitung gelesen, Jelzin selbst habe eine Million Dollar von dieser Wirtschaftshilfe für sich abgezweigt", warf ich in das Gespräch ein. Die erstaunte Rückfrage: „Nur eine Million?" Man traute ihm immer weniger. „Dabei steigt das Verbrechen sprunghaft an", fügte Oleg Prudkov hinzu. „Die Straßen, besonders die Überlandstraßen, werden immer stärker von der Polizei überwacht. Da aber die Miliz so schlecht bezahlt wird, sind viele von ihnen selbst Opfer der Bestechlichkeit."

Am nächsten Morgen um 10.00 Uhr waren alle in Arkadijs Büro versammelt, ein heller Raum mit hohen Fenstern, einem breiten Schreibtisch mit vielen Telefonen, darunter natürlich auch ein rotes, ein großer Konferenztisch mit bequemen Stühlen.

Zur Vierer-Gruppe war noch Valentin Zapevalov hinzugestoßen, ein charmanter junger Mann, etwa 40 Jahre alt, groß, mit dunklem dichtem Haar. Er beherrschte als Journalist vorzüglich die russische und die deutsche Sprache. Oft war er Gast in der Rheinischen Akademie. Dabei tat er sich nebenbei besonders beim Fußballspiel hervor. Mitte der Neunzigerjahre stellte sich heraus, dass Valentin ein Offizier des sowjetischen Geheimdienstes, des KGB, war, der nahtlos in den Inlandsgeheimdienst der russischen Föderation, den FSB überging. Er wurde vom Bundesnachrichtendienst enttarnt und musste Deutschland verlassen. Er wurde daraufhin Pressesprecher einer großen russischen Rüstungsfirma.

An diesem Vormittag nahm er die Aufgabe des Dolmetschers wahr. Arkadij begrüßte uns kurz und teilte mit, dass er bereits mit dem Büro des Kultusministers telefoniert habe. Jewgenij Sidorow erwarte uns um 15.00 Uhr in seinem Ministerium.

Im Mittelpunkt der Planung stand die Woche russischer Kultur im März 1995. Hans-Adolf Jacobsen führte in das Gespräch ein. Er erklärte, dass sich mehrere Städte und Akademien zusammengeschlossen hätten, um an Rhein und Ruhr russische Kultur lebendig werden zu lassen.

Die Federführung lag bei der MÜLHEIMER INITIATIVE. Die Schirmherrschaft hatte der Ministerpräsident von Nordrhein-Westfalen, Johannes Rau, übernommen. Er sollte auch an mehreren Veranstaltungen teilnehmen.

Er schloss seine Zeitanalyse mit folgende Worten, wie sie später die Zeitschrift *Liberal* prägnant formuliert: *Es geht um eine Verpflichtung für beide Völker: Nach den leidvollen Phasen der jüngsten Geschichte den Weg aufrichtiger Versöhnung und Verständigung zu beschreiten, Vorurteile abzubauen und unter Wahrung der eigenen Interessen auf allen Teilgebieten zu kooperieren.*[26] Dieses Ziel verfolge auch die Woche in Deutschland.

Eine lebhafte Diskussion setzte ein. Zu einzelnen Maßnahmen und gemeinsamen Veranstaltungen wurden viele Vorschläge gemacht. Besonders starkes Interesse fanden die geplante Ausstellung zur Zwangsarbeit in Deutschland und die Verleihung des Literaturpreises des rheinischen Präses. Peter Beier wollte ihn im Folgejahr an die Verantwortlichen der Ostarbeiterausstellung verleihen.

Die Exekutivsekretäre notierten sich alle Vorschläge und sagten zu, die Ergebnisse bis zum Mai 1994 auszutauschen.

Wir betraten am Nachmittag das stark bewachte Gebäude. Schon an der Eingangspforte empfing uns die Sekretärin des Ministers. So gelangten wir ohne große Kontrollen in den Flügel, der das Kultusministerium beherbergte. Wir wurden sofort in das Zimmer von Jewgenij Sidorow geleitet. Der Minister empfing uns sehr freundlich. Über die Arbeit der MÜLHEIMER INITIATIVE war er erstaunlich gut informiert. Er beglückwünschte uns zu unserer intensiven Versöhnungsarbeit.

Hans-Adolf Jacobsen trug unser Projekt zur Erinnerung an das Kriegsende 1995 vor. Er unterstrich besonders, dass sich eine Reihe von Ruhrgebietsstädten mit ihren Oberbürgermeistern beteiligen und der Ministerpräsident von Nordrhein-Westfalen, Johannes Rau, die Schirmherrschaft übernommen habe.

„Ich bin grundsätzlich bereit zu kommen“, erklärte der Minister, „und werde mir den Termin vormerken. Sie werden verstehen, dass in einem Jahr viel passieren kann. Im Januar 1995 werde ich Ihnen die endgültige Antwort geben. Da ich für die Frage der Beutekunst verantwortlich bin, passt mir der Termin 50 Jahre nach dem Kriegsende sehr gut.“

Wir fuhren zum Verlagshaus und zogen uns in unsere Zimmer zurück. So konnten wir uns vor dem Zusammentreffen mit Daniel Porektor noch ein wenig ausruhen.

Ich kannte den ehemaligen russischen Oberst sehr gut, ein großer, hagerer Mann mit schütterem grauem Haar, von hoher Intelligenz und wachem Geist. Er war russisches Mitglied der MÜLHEIMER INITIATIVE und arbeitete als Professor am militärhistorischen Institut.

1965 hatte Hans-Adolf Jacobsen eine denkwürdige Begegnung mit ihm. Als junger Professor für Zeitgeschichte hielt er in Moskau einen Vortrag zur Beurteilung des Zweiten Weltkriegs aus russischer Sicht. Er stieß damals auf heftigen Widerstand begründet durch die marxistisch-sozialistische Doktrin. Nach 1989 änderte sich das grundlegend. 1965 zog Hans-Adolf Jacobsen eine Karte aus seiner Aktentasche. Rot eingezeichnet waren alle Staaten, durch die sich Westeuropa und die USA bedroht sahen. Daraufhin legte Daniel Proektor seinerseits eine Karte vor, in der alle Staaten blau markiert waren, durch die sich Russland bedroht fühlte. Das war der Anfang einer tief greifenden Freundschaft. Seit 1990 war Daniel Proektor häufig Gast in unserer Akademie und legte stets saubere Analysen zum deutsch-russischen Verhältnis vor.

Ich freute mich auf das Wiedersehen mit ihm. Um 20.00 Uhr trafen wir uns in einem kleinen Restaurant in der Nähe des Verlages. Die Begrüßung war herzlich. Nach dem Essen berichtete ich von der geplanten Tagung zum Warschauer Aufstand gegen die deutsche Besatzungsmacht 1944. Teilnehmende sollten Polen, Russen und Deutsche sein. Alle Versuche, den wirklichen Sachverhalt herauszuarbeiten, waren in bilateralen deutsch-polnischen Tagungen bisher fehlgeschlagen.

Von polnischer Seite hieß es fast stereotyp immer nur: „Der gewaltige Vormarsch der sowjetischen Truppen ließ zu dem Zeitpunkt eine Entlastung der polnischen Heimatarmee in der besetzten Stadt nicht zu." „Das weiß ich besser", erwiderte Daniel Proektor.

„Ich lag als junger Offizier am andern Ufer der Weichsel. Ich habe das Sterben der Heimatarmee mit ansehen müssen." „Bist du bereit, das auch öffentlich in einer Tagung zu sagen?" „Dazu bin ich bereit", war die knappe Antwort. „Danke", sagte ich nur, bevor Professor Jacobsen das Wort ergriff. „Dann stehen die Hauptreferenten der Tagung fest: Wieslaw Lesiuk, Professor an der Universität Opole und Direktor des Schlesischen Instituts spricht für die polnische Seite, Daniel Proektor übernimmt den russischen Part, ich spreche aus deutscher Sicht und Dieter Bach wird moderieren. Wir sind in drei Tagen in Warschau und werden die einzelnen Schritte der Tagung festlegen."

In Pskow

12 Stunden brauchte der Zug für die 500 km von Moskau nach Pskow. Der Gleisunterbau war inzwischen so schlecht, dass der Zug mehr als 50 km in der Stunde nicht fahren konnte. Um 20.00 Uhr war das Ziel endlich erreicht. Alexandra Pyshowa holte uns mit einem städtischen Auto am heruntergekommenen Bahnhof ab. Sie brachte uns ins Hotel Riga, ein achtstöckiger Bau aus der Zeit des Sozialismus. Die neue Besitzerin war dabei, Zimmer für Zimmer und Etage für Etage zu renovieren. Es musste in kleinen Schritten geschehen, soweit das Geld gerade reichte. Kredite waren viel zu teuer. Sie betrugen 30–40 Prozent an Zinsen.

Alexandra berichtete von den neuesten Ereignissen in der Stadt. Hauptthema war die hohe Verschuldung. Fast alle Steuereinnahmen gingen zuerst zur Zentrale in Moskau und wurden von dort aus neu verteilt. Entsprechend dünn war das Rinnsal der zurückfließenden Mittel. Denn das Wesentliche der Steuereinnahmen verbrauchte der Staat für sich selbst. „Morgen ist euer Theatertag“, schloss Alexandra Pyshowa ihren Bericht. Wir blickten sie erstaunt an. „Iwan Kalinin hat an die 30 Gruppen und Einzelpersonen aus dem kulturellen Bereich bestellt. Ihr müsst entscheiden, welche von ihnen zur *Woche russischer Kultur an Rhein und Ruhr* eingeladen werden sollen.“

Am nächsten Morgen saßen wir brav in der Philharmonie in der vierten Reihe, wie es sich für Kunstkritiker gehört. Außer uns waren nur noch der Bürgermeister für Kultur und Soziales, Iwan Kalinin, anwesend und die Dolmetscherin Alexandra Pyshowa.

Auf der Bühne aber lief ein Feuerwerk an hochkarätiger Kunst ab. Alle 15 Minuten trat eine Gruppe oder ein Einzelkünstler auf.

In Nebenräumen hatten Maler und Fotografen ihre Ausstellungen vorbereitet. Hans-Adolf Jacobsen und ich brachten immer wieder unsere Bewunderung zum Ausdruck, welche vorzüglichen Künstler in einer Stadt mit 200.000 Einwohnern vorhanden waren. Die Auswahl fiel schließlich darum so schwer, weil wir so vielen hervorragenden Leuten absagen mussten.

Mit Iwan Kalinins und Alexandras Hilfe, die Kunstgeschichte studiert hatte, einigten wir uns schließlich auf mehr als 70 Personen und Gruppen.

Künstler, das Kammerorchester mit etwa 30 Musikerinnen und Musikern, der Vokalchor der Alexandr-Newskij-Kathedrale mit acht Sängerinnen und Sängern, ein Maler, der eine Vernissage durchführen sollte, sechs weiteren Künstler, die zusammen mit deutschen und niederländischen Partnern eine Werkwoche in der Akademie in Mülheim und in Neuss veranstalten wollten, zwei Feuerkünstler, die später beinahe die russische Botschaft in Bonn in Brand gesetzt hätten, sowie eine Kunstfotografin, die in Deutschland Aufnahmen für Deutschland erstellen sollte. Hinzu kamen Offizielle der Stadt, die jeweils in die Veranstaltungen eingebunden wurden.

Wir dankten allen Künstlern, dass sie gekommen waren, und waren froh, hinzufügen zu können: „In den nächsten Tagen bekommen Sie durch das Bürgermeisteramt Bescheid, wer nach Deutschland zu den Kulturtagen eingeladen wird."

In Warschau

Große Felsbrocken sind übereinandergetürmt. Mauerreste schieben sich dazwischen. Sie geben immer wieder schmale Durchgänge frei. Aus ihnen strömen Bewaffnete hervor mit Stahlhelmen und Mützen, in schlechter Kleidung. Bewaffnet sind sie mit Maschinenpistolen und alten Gewehren, was sie eben auftreiben konnten. Die Gesichter von allen sind entschlossen, zum letzten bereit. Die Heimatarmee der Polen versucht, aus den Kellergewölben heraus das von den Deutschen besetzte Warschau zurückzuerobern. Unter ihnen bewegt sich ein Junge, vielleicht 12 oder 14 Jahre alt, mit zu großem Stahlhelm und kurzer Hose, die Meldegänger zwischen den einzelnen unsichtbaren Frontabschnitten. Im Hintergrund erhebt sich die imposante Wand des Gebäudes des Obersten Polnischen Gerichtshofes.[27]

Das Denkmal, das an den Aufstand vom August 1944 erinnert, wurde am 1. August 1989 eingeweiht. Man spürt ihm noch an, dass es in der sozialistischen Zeit entworfen wurde.

Wir standen lange schweigend davor, Polen und Deutsche. Neben Hans-Adolf Jacobsen und mir waren es Wieslaw Lesiuk, er war für das Planungsgespräch aus Opole angereist, und Andrzej Wojtowicz, der Geschäftsführer des Polnischen Ökumenischen Rates, in dem ca. 750.000 Christen aus nicht katholischen Kirchen zusammengefasst sind.[28]

Wir gaben uns die Hände und dachten zurück an die schrecklichen Gräueltaten, die im deutschen Namen in Polen begangen wurden, und an das Blutbad des gescheiterten Aufstandes.

Ich dachte an meinen Onkel Walter. Als junger Pfarrer wurde er zur Wehrmacht eingezogen. Er gehörte zu den Besatzungstruppen in Warschau. „Täglich wurden von meiner Kompagnie Männer zur Erschießung von Polen abkommandiert", erzählte er einmal im Familienkreis.

„An mir ging Gott sei Dank der Kelch immer vorüber. Ich weiß nicht, ob ich den Befehl verweigert hätte. Ich hatte schließlich eine Frau und sieben Kinder zu Hause."

Später fiel mir ein, dass sie ihn wohl absichtlich übergangen haben, weil sie nicht sicher waren, wie er sich als evangelischer Theologe verhielte.

Nach dem Abendessen trafen wir uns im Gebäude des Ökumenischen Rates im Dienstzimmer von Andrej Wojtowicz. Beide Polen sprachen Deutsch. Das machte die Unterhaltung einfach.

Ich führte in das Gespräch ein: „Am 1. August sind genau 50 Jahre seit dem Warschauer Aufstand vergangen. Wir wollen erneut in unserer Akademie eine Tagung dazu durchführen. Vom 5.–7. August wird sie stattfinden. Es ist die dritte Tagung zu diesem Thema, doch sie hat eine Besonderheit, diesmal werden die Russen selbst teilnehmen."

„Wir kommen gerade aus Pskow und Moskau", setzte Professor Jacobsen das Gespräch fort. „Die Russen sind mit einer größeren Delegation zur Teilnahme bereit. Unter ihnen befindet sich Daniel Proektor. Er hat vom anderen Weichselufer aus das Blutbad der Polen miterlebt. Er kann aus erster Quelle sagen, warum die Russen damals nicht eingegriffen haben." – „Unter dieser Voraussetzung ist eine weitere Tagung sinnvoll", nahm Andrzej Wojtowicz den Faden auf. „Zwischen Polen und Deutschen ist alles gesagt außer eben dem einen wunden Punkt, an dem wir nicht weitergekommen sind. Mit einem ehrlichen Russen bekommt es einen ganz neuen Akzent." – „Unter meinen Doktoranden", ergänzte Wieslaw Lesiuk, „befinden sich eine Reihe junger Offiziere. Ich werde sie bitten, an der Tagung teilzunehmen."

Am nächsten Tag flogen Hans-Adolf Jacobsen und ich nach Düsseldorf zurück.

Mit der Knute werde ich euch in die Gräben zurücktreiben

Wieder waren es über 100 Personen, die sich am 5. August 1994 im großen Saal der Rheinischen Akademie versammelten, darunter zwei Delegationen mit je 20 Teilnehmenden aus Russland und Polen. Auffällig stark waren aus allen drei Staaten Offiziere vertreten.

Hans-Adolf Jacobsen war der erste Referent. Er schilderte erneut das schreckliche Unrecht, das den Polen angetan wurde.

Das Ziel Nazideutschlands war ganz eindeutig, die Intelligenz Polens auszurotten. „Auf niedrigem Bildungsstand sollten die restlichen Polen versklavt werden, um den deutschen Herrenmenschen auf ihren großen Gütern und in ihren Fabriken zu dienen." Das war der Zielpunkt seiner Ausführungen.

Wieslaw Lesiuk schloss sich unmittelbar an. Er ging kurz auf den Willen zum Widerstand der Polen seit 1792 ein. „Alle 30 Jahre haben sie einen Aufstand gemacht, um das Joch der Fremdherrschaft abzuschütteln. In diesem Zusammenhang ist auch der Warschauer Aufstand zu sehen. Es gab damals zwei Exilregierungen der Polen. Die eine saß in London und vertrat das konservative, rechts gerichtete Polen, die andere saß in Moskau und war kommunistisch bestimmt.

Als die russischen Panzerverbände die Warschauer Vorstadt Praga auf dem anderen Weichselufer erreicht hatten, hielt die Londoner Exilregierung ihre Stunde für gekommen. Sie wollte die Hauptstadt vor den Russen befreien. So gab sie der Heimatarmee, die im Untergrund von Warschau auf den Angriffsbefehl wartete, die Order loszuschlagen. Am 1. August begann der Aufstand. Er währte 63 Tage. Nach anfänglichen Erfolgen wurde die polnische Armee immer weiter zurückgedrängt. Ihre letzte Hoffnung waren schließlich die Russen, denen sie eigentlich zuvorkommen wollten. Die russischen Truppen aber blieben in ihren Gräben am anderen Weichselufer liegen. Nur zwei polnischen Bataillonen, die auf russischer Seite mitkämpften, gaben sie die Erlaubnis überzusetzen. Sie sind im deutschen Feuer vernichtet worden."

„Das ist nicht wahr", meldete sich ein russischer Offizier zu Wort. „Unsere Soldaten haben nicht ungerührt zugesehen. Sie waren von dem schnellen Vormarsch zu erschöpft, um einzugreifen."

„Doch, es ist wahr", meldete sich jetzt Daniel Proektor zu Wort. Er ging zum Rednerpult. „Ich gehörte als junger russischer Offizier zu den ersten Truppen, die die Weichsel erreichten. Wir gruben uns ein und beobachteten das andere Ufer. Am 1. August erlebte ich es mit, wie die Heimatarmee auf der anderen Seite losschlug. Wir waren zwar sehr schnell vorgestoßen. Aber unsere Reserven waren nicht erschöpft. Die Sturmboote lagen bereit. Die Brückenteile für einen Pontonübergang, auch von Panzern befahrbar, konnten in wenigen Tagen herangeschafft werden. Ungeduldig erwarteten wir den Angriffsbefehl.

Gegen Abend kam Marschall Schukow persönlich in unsere Stellung. In knappen Worten teilte er uns mit, dass ein Angriffsbefehl nicht erteilt würde.

‚Mit der Knute werde ich euch in die Gräben zurücktreiben, wenn es einer wagt, überzusetzen und den polnischen Aufstand zu unterstützen. Er ist allein Sache der Polen. Sie haben uns vor ihrem Aufstand nicht gefragt, ob er mit unserer Strategie übereinstimmt.'

Mit der Knute werde ich euch in die Gräben zurücktreiben. Dieser Satz gellt bis zum heutigen Tag in meinen Ohren. Später als Professor am militärhistorischen Institut habe ich die Hintergründe dieses Befehls noch einmal recherchiert. Mir wurde klar: Die russische Seite hatte kein Interesse daran, den Aufstand der Heimatarmee, gesteuert von der konservativ bestimmten Exilregierung in London, zu unterstützen. Für sie war von Anfang an klar, dass Polen zum kommunistisch bestimmten Machtbereich gehören sollte. So ist es dann auch gekommen und bis 1989 geblieben."

Der Oberst a.D. Daniel Proektor schwieg für einen Augenblick. Ihm fielen die nächsten Worte sichtlich nicht leicht. Gespannt waren alle Augen auf ihn gerichtet.

„Ich weiß", fuhr er stockend fort, „hätten wir eingegriffen, und ich betone noch einmal, die Kräfte dafür waren durchaus vorhanden, hätten wir rechtzeitig eingegriffen, die polnische Heimatarmee wäre nicht verblutet, die Zivilbevölkerung hätte nicht so unendlich leiden müssen, das Massaker der Deutschen an den Polen nach der Schlacht hätte nicht stattgefunden. Warschau wäre von den Besatzern nicht zu fast 100 % in die Luft gesprengt worden."

Wieder schwieg Daniel Proektor. Doch dann erklärte er mit leiser, aber fester Stimme: „Als russischer Oberst bitte ich das polnische Volk um Verzeihung, dass wir es im Verzweiflungskampf um Warschau im Stich gelassen haben."

Eine große Ergriffenheit war im Saal zu spüren. Andrzej Wojtowicz und ich verständigten uns kurz.

Wir unterbrachen die Sitzung für eine halbe Stunde. Polen kamen auf Daniel Proektor zu, drückten ihm die Hand, umarmten den großen Mann. Er lächelte still. Dann ging er auf die russischen Offiziere zu, die in einem Kreis zusammenstanden und heftig diskutierten. Gefasst und konzentriert ließ er sich auf ein Gespräch mit ihnen ein, die ihr Geschichtsbild neu ausrichten mussten.

8. Den Anderen entdecken – nicht erobern

März 1995: Russische Kultur an Rhein und Ruhr

Seit Februar 1994 traf die MÜLHEIMER INITIATIVE umfangreiche Vorbereitungsarbeiten für die Erinnerung an das Kriegsende vor 50 Jahren. Die Rheinische Kirche unterstützte die Maßnahme mit allen Kräften. Besonders Präses Peter Beier stand voll dahinter.

So war es nur folgerichtig, dass das Kirchenparlament bei seiner jährlichen Sitzung im Januar 1995 beschloss:

„Unser Volk ist wegen der leidvollen und schuldbeladenen gemeinsamen Geschichte den Menschen in den Ländern der ehemaligen Sowjetunion in besonderer Weise verpflichtet.

Die Landessynode sieht die überaus großen politischen, gesellschaftlichen und wirtschaftlichen Schwierigkeiten, in denen sich diese Länder gegenwärtig befinden. Sie vernimmt die Bitte, Kontakte und Partnerschaften aufrechtzuerhalten und auszubauen. …

Die Kirchenleitung wird beauftragt, einen Arbeitskreis zu berufen, in dem alle Initiativen und Projekte zusammengestellt werden, um Überschneidungen zu vermeiden, gezielt neue Aufgaben aufgreifen zu können und für entstehende Finanzierungsprobleme gemeinsam Lösungen zu finden.

Die Arbeit in der Evangelischen Kirche im Rheinland sollte sich konzentrieren auf die kirchlichen und gesellschaftlichen Einrichtungen in Moskau und Sankt Petersburg und wegen der schon bestehenden vielfältigen Verbindungen auf den Oblast Pskow.“[29]

Inzwischen waren die Vorarbeiten der *Woche russischer Kultur an Rhein und Ruhr* weit fortgeschritten. Sechs Städte beteiligten sich intensiv an der Vorbereitung und Durchführung. Zwei evangelische und eine katholische Akademie waren aktiv mit dabei. Weitere Städte kamen mit Einzelveranstaltungen hinzu. Etwa 250 Künstler, Literaten, Historiker und Verantwortliche in Politik und Gesellschaft in Russland aus vielen Städten reisten an und gestalteten die 150 Veranstaltungen.

Puschkin und seine Amme
Denkmal in Pskow
(Foto: Volker Raettig)

Puschkinmuseum
in Michailowskoje
(Foto: Volker Raettig)

Vom 3.–12. März fand das Ereignis statt. Unerwartet groß war das Echo in den Medien, sei es in Zeitungen aus ganz Deutschland, im Rundfunk und im Fernsehen. Aus ihren Berichten waren Inhalte und Wirkung sehr deutlich abzulesen. Deshalb greife ich auf diese Darstellungen zurück.[30]

Ein Jetzt ohne ein Vorher kann es nicht geben

Im Januar, parallel zur Tagung des Kirchenparlaments, trat der Vorbereitungskreis an die Öffentlichkeit. Verantwortlich zeichnet die Leiterin des Medienbüros, Martina Plum.

2. Januar 1995 **Vorankündigung**

Wir möchten Sie bereits heute auf eine Veranstaltung im März 1995 aufmerksam machen.

50 Jahre danach
Russische Kultur an Rhein und Ruhr

ist ein Gemeinschaftsprogramm der Städte Bochum, Essen, Dortmund, Duisburg, Mülheim an der Ruhr und Neuss sowie der Evangelischen und Katholischen Akademie in Mülheim an der Ruhr und der Evangelischen Akademie in Iserlohn.

50 Jahre nachdem die Rote Armee Berlin befreit hat, haben die Veranstalter ein Programm entwickelt, das die Aufmerksamkeit auf die historischen, aktuellen und zukünftigen Beziehungen zwischen Deutschland und Russland lenkt. Daher wurde vornehmlich mit **russischen Partnerstädten** kooperiert.

Martina Plum[31]

11. Januar 1995 **„Ihr Vorhaben schöpft aus dem lebendigen Geist der Städtepartnerschaften"**

„50 Jahre danach" – waren Anlass für den Leiter der Evangelischen Akademie Mülheim an der Ruhr, Dr. Dieter Bach, das Projekt RUSSISCHE KULTUR an Rhein und Ruhr dem Ministerpräsidenten des Landes NRW, Johannes Rau, nahezubringen.

Johannes Rau war von der Idee spontan begeistert und übernahm die Schirmherrschaft. „Ihr Vorhaben schöpft aus dem lebendigen Geist der Städtepartnerschaften zwischen nordrhein-westfälischen Kommunen und russischen Städten; es baut dadurch Brücken nicht nur zwischen Nationen, sondern zwischen den Regionen und ihren Menschen, und es belegt, dass ‚50 Jahre danach' aus ehemaligen Feinden Freunde, zumindest gute Bekannte geworden sind, die offen sind füreinander und für die Kultur des anderen."

„1995 ist getragen vom Versöhnungsgedanken. Das Gemeinschaftsprogramm RUSSISCHE KULTUR will den künstlerischen Austausch als Brücke der Begegnung nicht nur im Rückblick, sondern auch im Ausblick begreifen. Künstler und Künstlerinnen sind die eindrucksvollsten und lebendigsten Botschafter ihres Landes."

Martina Plum

16. Januar 1995 **ERINNERUNG UND ZUKUFT**

1995 – das Jahr, in dem sich auch zum 50. Mal die Befreiung der KZ-Häftlinge und das Ende des Zweiten Weltkriegs am 8. Mai 1945 jährt, darf kein Jahr mit Gedenkfeiern werden, die die Gewöhnung an große Worte ohne jeglichen Effekt noch verstärken. Die Erinnerung an das Gewesene bietet die Chance, den Rufern nach Relativierung entschlossen entgegenzutreten. Auschwitz ist keine Lüge, war einmal mörderische deutsche Realität.

Die Jahrestage in diesem Jahr rufen die Zeit vor der „Stunde null" wach und verdeutlichen vor allem eins: Ein Jetzt kann es ohne das Vorher nicht geben.

Die Erinnerungen an die deutsch-sowjetischen Beziehungen vor 50 Jahren sowie die heutigen Kontakte zwischen Russland und Deutschland stehen im Mittelpunkt des Gemeinschaftsprogramms ‚50 Jahre danach – Russische Kultur an Rhein und Ruhr'. Dem Dialogbereich wird ein breiter Raum eingeräumt."

Martina Plum[32]

Veranstaltungen

1. Zentrale Veranstaltungen in Mülheim an der Ruhr, Essen und Duisburg

Raus Sohn soll nichts vom Krieg erzählen können

Eröffnung der russischen Kulturwoche in der Stadthalle in Mülheim an der Ruhr am Samstag, dem 4. März 1995

Die Stadthalle war bis auf den letzten Platz besetzt. Das Pskower Kammerorchester schuf einen stimmungsvollen Rahmen. Die „Westdeutsche Allgemeine Zeitung" berichtete:

Die Hoffnung, mit der russischen Kulturwoche zum friedlichen Zusammenleben von Russen und Deutschen 50 Jahre nach Kriegsende beitragen zu können, prägte am Samstag die Reden bei der Eröffnung der Veranstaltungsreihe in der Stadthalle.

Auch die erste Frau im Weltall trug sich mit Jewgenij Sidorow und Ministerpräsident Johannes Rau, Schirmherren der Kulturwoche, ins Goldene Buch der Stadt ein. Valentina Tereschkova flog 1963 als Kosmonautin gen Himmel …

„Es bereitet mir Genugtuung, dass wir diese Woche in unserer Stadt beginnen", meinte OB Specht (Oberbürgermeister der Stadt Mülheim, Anm. der Redaktion), „Wir sind stolz darauf, dass die Evangelische Akademie großen Anteil an der Versöhnung zwischen Russen und Deutschen hat."[33]

Die Akademie war 1989 Mitbegründer der „Mülheimer Initiative", die sich für das Miteinander der Völker einsetzt. Leiter Dieter Bach initiierte die Kulturwoche.

Bach wählte sehr persönliche Worte. Eine Kindheitserinnerung habe ihm den Anstoß dazu gegeben. „1942, ich war zehn, zeigte mir ein von der Front zurückgekehrter Soldat ein Foto: Junge Menschen am Galgen. 40 Jahre später sah ich in Moskau singende und tanzende junge Leute. Es traf mich wie ein Schlag: So waren auch die, die wir als ‚Untermenschen' vernichtet haben. Welch ein Wandel, erleben zu dürfen, was Menschen aus Russland uns mit ihrer Kultur geben können."[34]

Johannes Rau knüpfte an: „Mein zehnjähriger Sohn ist heute auf dem Fußballplatz. Als ich zehn war, hat die Wehrmacht Russland überfallen. Wenn mein Sohn 64 ist, muss er dann auch von Kriegen erzählen? Mit eindringlichen Worten mahnte er zum friedvollen Zusammenleben der Völker und rief dazu auf, Verantwortung zu übernehmen. Die Kulturwoche mehre die Chance, ‚uns zu entdecken, ohne uns zu erobern'."[35]

„Ihre Ansprachen haben mich sehr berührt", entgegnete Sidorow. „Diese Offenheit war vor einigen Jahren undenkbar. Politische Verhandlungen sind wichtig, aber wir dürfen nicht vergessen, dass wir eine gemeinsame Seele haben." Er hoffe, dass sich die Beziehung von Russen und Deutschen durch das vielfältige Kulturprogramm weiterentwickle. Der Kultusminister richtete Grüße aus von Präsident Jelzin und Ministerpräsident Tschernomyrdin.[36]

„Gefangen und gezwungen"

Eröffnungsgottesdienst durch Präses Peter Beier in Essen-Katernberg

In der Kirche am Katernberger Markt wurde am 5. März 1995 der zentrale Eröffnungsgottesdienst gehalten, mit Präses Dr. Peter Beier und Archimandrid Feofa. Der Gottesdienst, musikalisch bereichert durch den russisch orthodoxen Chor der Alexandr-Newskij-Kathedrale aus Pskow, stand unter dem Motto „Gefangen und gezwungen". Präses Peter Beier und der russische Metropolit erinnerten in ihrer Predigt, die auf Deutsch und auf Russisch vorgetragen wurde, an die Kriegsgefangenen und Zwangsarbeiter in Deutschland. Beier ermahnte die Besucher, sich ihrer Mitschuld an den Kriegsverbrechen bewusst zu werden, und forderte im Hinblick auf die „alte Ignoranz und Gleichgültigkeit des Westens gegenüber dem Osten" eine Mitverantwortlichkeit für die „Geschichte unserer Völker".[37]

Präses Beier, der in seiner Predigt eine neue deutsche Geo-Politik – die europäische Politik dürfe nicht westorientiert bleiben – gefordert hatte, bezeichnete die Ausstellung „OST – Gefangen und gezwungen" als ein Signal für die Jugend, die Erinnerung … könne mit dazu beitragen, die Gegenwart zu gestalten und eine gemeinsame friedliche und partnerschaftliche Zukunft zwischen Deutschen und Russen zu ermöglichen.

Beier sparte in seiner Predigt … nicht mit Kritik. Er forderte Stützung durch die Europäische Gemeinschaft. Man dürfe *nicht nur labern, wie hier in Essen während des Gipfels,* sondern man müsse Hilfe praktizieren.[38]

Zwangsarbeit bei Wasser und Brot

Eröffnung der Ausstellung „OST – Gefangen und gezwungen“ am 5.3.1995

Die Organisation „Geschichtsprojektgruppe der Fraueninitiative Krupp-Stahl Rheinhausen“ hatte sie eingeladen, aus den Partnerstädten waren sie angereist, in Pskow hatten wir ein eigenes Projekt gestartet, und so waren viele gekommen, vorwiegend Frauen, aber auch einige Männer, die als Kriegsgefangene oder Zwangsarbeiterinnen im Ruhrgebiet wie Sklaven geschuftet hatten.

Sieben Millionen Kriegsgefangene und Zwangsarbeiter gab es 1944 in Deutschland, die Hälfte von ihnen kam aus der Sowjetunion. Im Ruhrgebiet waren es eben in diesem Jahr allein 220.000, darunter 75.000 Kriegsgefangene. Die Hälfte von ihnen ist durch Arbeit vernichtet worden.

Schrecklich war das Schicksal besonders der Frauen. Wie streunende Hunde waren sie eingefangen und wie Vieh nach Westen transportiert worden. Viele Zeitungsberichte in der Kulturwoche legen davon Zeugnis ab.

Hier einige Aussagen von Betroffenen:

Ich war 18 Jahre alt. Aus dem Kino heraus wurde ich verhaftet …

Ich stand mit 14 als Hirtin bei meinen Kühen, da kamen deutsche Soldaten und nahmen mich mit …

Ich lebte als siebzehnjähriges Mädchen auf der Krim. Wie Vieh wurden wir zusammengetrieben und in Güterwaggons verfrachtet …

Als Fünfzehnjährigen nahmen sie mich auf der Straße mit und zwangen mich, in Essen Fronarbeit zu leisten.

Und die Behandlung in den deutschen Rüstungsbetrieben?

Schutzkleidung war für Zwangsarbeiter und Kriegsgefangene verboten.

So traten Verbrennungen, zerschnittene Hände in der Glasfabrik, Schädelverletzungen täglich neu auf und waren nichts Besonderes. Verletzte wurden nur behandelt, wenn die Hoffnung bestand, sie als Arbeitskraft zurückzugewinnen. Sonst wurden sie zur Tötung ins Konzentrationslager abtransportiert.

Das Essen war miserabel. Die Deutschen machten sich lustig über die Hungernden und lasen daran ab, dass diese ausgemergelten Körper wirklich „Untermenschen“ seien, weil sie Mäuse grillten und das Spülwasser tranken.

„Ich schäme mich so“, sagte eine Frau aus Pskow unter Tränen, „aber aus lauter Verzweiflung habe ich die Läuse gegessen, die ich von meinem Kopf und meinem Körper abgelesen habe.“[39]

Es gab Ausnahmen, gewiss. Margot Nohr, Oberstudiendirektorin, aktive Mitarbeiterin im Osteuropakreis der Evangelischen Akademie, erzählt:

„Mein Vater Adolf Härtl, Jahrgang 1900, war Bergmann auf der Schachtanlage Prosper II in Bottrop. Er wollte dazu beitragen, die soziale Situation der Arbeiter zu verbessern. Daher engagierte er sich in der Gewerkschaft und in der KPD. Bereits am 1. März 1933 wurde er inhaftiert. Nach 1½ Jahren Lagerhaft in Brauweiler und Esterwegen wurde er entlassen. Erst 1937 wurde er wieder als Bergmann unter Tage eingestellt. Als Soldat wurde er nicht eingezogen. Er galt als ‚wehrunwürdig‘ und war daher kein vollwertiges Mitglied der ‚Volksgemeinschaft‘ mehr.

Zur Sowjetunion und den Menschen dort hatte er ein sehr emotionales Verhältnis. Im Jahr 1929 war er Mitglied der 1. Deutschen Bergarbeiterdelegation in Moskau. Dort hat er die Errungenschaften der Revolution für die Menschen und viele Einrichtungen zur Gesundheitsfürsorge und Erholung für die Arbeiter besichtigt. Für meinen Vater war die Sowjetunion das ‚Vaterland aller Werktätigen'. Das hat sicher seine Einstellung und Solidarität geprägt, als 1942 sowjetische Kriegsgefangene seine neuen Arbeitskollegen wurden.

Er sah ihre Not und Verzweiflung, er sah ihren Hunger. Mein Vater hatte insbesondere von zwei Gefangenen erzählt, mit denen er oft sein Butterbrot unter Tage geteilt hat. Einer von den beiden war Ivan Sasnew, ein Lehrer, ca. 20–25 Jahre alt, so erinnert sich meine ältere Schwester Anneliese. Die Gefangenen wussten, dass mein Vater auf ihrer Seite war.

Meine Eltern hatten einen großen Garten bei der Wohnung, außerdem einen großen Schrebergarten. Kartoffeln, Obst und Gemüse gab es reichlich, und meine Mutter weckte und konservierte die Ernte. Der Vorratskeller war gut gefüllt. Das Teilen fiel nicht schwer. Und unter Tage war die Aufsicht und Kontrolle nicht so groß: Die Gefahr der Entdeckung war geringer.

Nach Kriegsende waren die beiden Gefangenen mehrfach sonntags bei meinen Eltern zum Essen eingeladen. Es gab entweder Knödel oder Spätzle, wahrscheinlich mit Schweinebraten, meint meine Schwester.

Sie erinnert sich noch, dass Ivan sie so manches Mal spielerisch an ihren langen blonden Zöpfe gezogen hat. Als er einmal hohes Fieber hatte, hat ihm meine Mutter ein Glas Rhabarberkompott mitgegeben. Rhabarber soll das Fieber senken, dachte sie.

Als die beiden jungen Kriegsgefangenen von der baldigen Rückfahrt in die Sowjetunion berichteten, hat mein Vater gesagt: Bleibt hier. Aber die beiden wollten unbedingt nach Hause zurück zu ihren Familien. Zur Abfahrt des Zuges am Bottroper Hauptbahnhof sind meine Eltern mit meiner Schwester gegangen. Lange haben sie dem abfahrenden Zug nachgewinkt. Wir haben nie wieder etwas von Ivan Sasnew und seinem Kollegen gehört.

Etwas ist in meiner Familie aus diesen Jahren geblieben: ein Nähkästchen. Die beiden Kriegsgefangenen haben es nach dem Krieg für meine Mutter gebastelt, als Dank für die Zuwendung und Solidarität in diesen schweren Jahren."

Die Ausstellung im Kunstschacht Katernberg der Zeche Zollverein legte von all diesen Begebenheiten ein intensives Zeugnis ab. Initiiert und in die Realität umgesetzt worden war sie durch den freien Journalisten und Künstler Thomas Rother. Eröffnet wurde sie durch den Vorsitzenden des Kunstschachtvereins Günter Streich.

Die Westdeutsche Allgemeine Zeitung berichtet:

„Für seine Ausstellung OST – gefangen und gezwungen – Zwangsarbeit für Deutschland 1939–1945" erhielt der Kunstschacht Katernberg e.V. den Kulturpreis 1995 der Evangelischen Kirche.

Die Fenster im Kunstschacht, dem ältesten Teil der Zeche Zollverein, sind eigens für die Ausstellung vergittert worden. Das geschah nicht, um einen passenden Rahmen zu schaffen, wie der Vorsitzende Günter Streich erklärt. Vielmehr seien 270 Scheiben von Unbekannten eingeworfen worden, als bekannt wurde, dass hier im Zusammenhang mit der russischen Woche ein Stück Vergangenheit bewältigt werden sollte.

„Es begann schon einmal mit zertrümmerten Scheiben", sagte Streich zur Ausstellungseröffnung, „heute wollen wir die Grausamkeit, aber auch das Zusammenwachsen von Menschen in diesen düsteren Zeiten in Erinnerung rufen.[40]

Silvia Pauli schilderte in treffenden Worten über die Ausstellung in den Ruhr-Nachrichten:

„Die russische Arbeitskraft stellt die wertvollste Beute dar, die der Russland-Feldzug der deutschen Wirtschaft gebracht hat" (Wirtschaftsrüstungsamt Frühjahr 1942).

Die sogenannte Kriegsbeute waren Menschen – Frauen, Männer und Kinder. Ihre meist schmalen, grauen Gesichter begegnen einem seit Sonntag im Kunstschacht Katernberg der Essener Zeche Zollverein. Dort zeigt die Ausstellung … die Leiden der Menschen aus der Sowjetunion, aus Polen und aus der Tschechoslowakei.

Schätzungsweise acht Millionen „Dienstverpflichtete und Kriegsgefangene" hielt sich die deutsche Kriegswirtschaft 1944 als Arbeitssklaven. Ein Großteil kam in den Bergwerken und Industriebetrieben des Ruhrgebiets zum Einsatz. Hier hat die Ausstellung ihren Schwerpunkt. Allein in Essen gab es über 300 Zwangsarbeiterlager, teils in Baracken, aber auch in Schulen und anderen öffentlichen Gebäuden. Elend in direkter Nachbarschaft zur deutschen Bevölkerung.

Die große Halle, zuletzt die Schreinerei der Zeche, mit den alten Werkbänken ist gut gewählt. Selbst die Kälte und der Wind, der durch die Ritzen pfeift, unterstützen die Konzeption.

Hier eine alte Drehbank, dort ein Seil, an dem drei Schaufeln und eine verdreckte Joppe baumeln – Symbole für den Bergbau. Mehrere Kojen aus verwittertem Holz (Bretter alter Viehwaggons) fügen sich ein, assoziieren Baracken. In der Welt der Zwangsarbeiter und -arbeiterinnen lag auch alles dicht beieinander – schlafen, essen, schuften und sterben. Kopien alter Dokumente und die Texte mit Aussagen von Zeitzeugen. Arbeitsanweisungen der Fabrikherren und Nazi-Richtlinien an den Wänden erzählen davon. Es gibt keinen Anfang und kein Ende. Braucht es auch nicht.

Der Besucher kann in jeder beliebigen Ecke eintauchen, vor allem in die Bilder. Die Objekte sprechen für sich. Den Kommentar spricht die Nazi-Bürokratie.

Ein Foto zeigt eine Gruppe junger Mädchen, alle haben die Hände verbunden, zerschnitten in den Essener Glaswerken Ruhr. Zwangsarbeiter durften keine Arbeitsschutzkleidung tragen. In der Notiz eines Krupp-Vertreters ist zu lesen: „Bei dem letzten Ostarbeiter-Transport wurde eine große Anzahl Kinder im Alter von 3–14 Jahren zugewiesen. Nach einer dem Arbeitseinsatz I gemachten Mitteilung sollen bereits Kinder ab 6 Jahren zum Arbeitseinsatz kommen." Auf einem Bild inspizieren Männer den ausgemergelten Körper eines nackten russischen Kriegsgefangenen auf Tauglichkeit.

Und immer wieder: „Das Schlimmste war der Hunger. Ein Stück Ersatz-Brot mit Mohrrüben – Kaffee zum Frühstück und eine Wassersuppe zum Abendessen – das war unsere Tagesration." (Dr. Boris Poltjew, russischer Kriegsgefangener als Bergmann in Duisburg)[41]

Als im Anschluss an den Gottesdienst Präses Peter Beier den mit 10.000 Mark dotierten Preis der Evangelischen Kirche im Rheinland an Günter Streich und Thomas Rother überreichte, erinnerte er an die Nazi-Vergangenheit und geißelte den Krieg, der gegen alle Hoffnungen stets neue, irrsinnige Kriege zeuge: „Grosny ist zerstört, neuer Hass mit fürchterlichen Wirkungen gesät. Der alte Krieg zeugt neue Kriege."

Und seine eindringliche Mahnung, die Versöhnung zu betreiben: „Wir vergessen, dass sie Voraussetzungen und Folgen hat. Die Einsicht in die persönliche und kollektive Schuld etwa, die alte Ignoranz des Westens abzubauen, wirtschaftliche Hilfe zu leisten, die Verknüpfungen russischer und deutscher Kultur immer wieder zu betonen und zur Kenntnis zu nehmen, dass der feige Mord an einem beliebten Moskauer Journalisten ein Anschlag auf uns alle ist.“[42]

Die Toten klagen an

Eine ökumenische Gedenkfeier für die russischen Opfer am 10. März 1995

In einer bewegenden Feierstunde wurde gestern auf dem Waldfriedhof in Duisburg der russischen und polnischen Zwangsarbeiter, Kriegsgefangenen und deren Kinder gedacht, die während der Nazi-Diktatur in Duisburg ums Leben kamen.

An der ökumenischen Veranstaltung nahmen neben einer Gruppe ehemaliger Zwangsarbeiterinnen aus der Ukraine auch der rheinische Präses Peter Beier, Bischof Dr. Herbert Luthe, Kultusminister Hans Schwier und Rabbiner Dr. David Pollnauer von der Jüdischen Gemeinde teil.

Auf dem Waldfriedhof befindet sich das größte Gräberfeld von ausländischen Nazi-Opfern in Deutschland: Über 2.000 Tote, darunter 250 polnische und russische Kleinkinder. Allein 545 Zwangsarbeiter und Kriegsgefangene aus der ehemaligen Sowjetunion haben hier ihre letzte Ruhestätte gefunden. Die Gedenkfeier wurde im Rahmen der Woche „Russische Kultur an Rhein und Ruhr“ veranstaltet …

Alle Redner warnten davor, die schreckliche deutsche Vergangenheit zu vergessen. Sie plädierten vor den über 300 Gästen für Versöhnung und Vergebung. „Auch 50 Jahre mildern nichts von den Verbrechen“, sagte Präses Peter Beier.

„Diese Toten mahnen uns nicht nur, sie klagen auch an, und sie klagen verlorenes Leben ein von uns der Generation der Nachfahren.“ Um die Toten gehe es auch nach wie vor: „Da täusche sich niemand.“ Die Worte „nie wieder“ hätten sich noch nicht einmal in Europa bewahrheitet, sagte Beier mit Blick auf den Krieg im ehemaligen Jugoslawien.

Oberbürgermeister Josef Krings, Jahrgang 1926, erinnerte sich gestern „mit Scham“ an die „Fanfaren nach jeder Siegesmeldung“, aber auch an die ausgestreckten Hände halb verhungerter Zwangsarbeiter, die am Zaun eines Lagers seiner Vaterstadt Düsseldorf um Brot bettelten. Krings: „Deshalb gehört für mich der Besuch ehemaliger Zwangsarbeiter hier in Duisburg zu den bewegendsten Ereignissen meiner kommunalen Arbeit.“ In einer Welt, die täglich bewaffnete Fäuste sehe, sei es ein wundervolles Symbol, wenn heute die Frauen aus Rheinhausen die Hände ausstreckten und die Ukrainerinnen sie annehmen.

Der Namenszug Jura Schidowa ist in lateinischen Buchstaben in den neuen Stein eingehauen. Nur die Jahreszahlen verraten das Alter des Grabes: 1941 bis 1944. Jura, das Kind russischer Verschleppter, ist gerade einmal drei Jahre alt geworden. Vielleicht gestorben an Hunger oder an einer Krankheit, niemand weiß es mehr. In der hintersten Ecke des Waldfriedhofes wurden die kleinen Leiber damals verscharrt. Heute führen Stadtautobahn und Bahnschienen lärmend am Gräberfeld vorbei. Eigens für die Gedenkfeier, die hier mit Gebeten und Kranzniederlegungen fortgesetzt wurde, sind die kleinen grauen Steine ersetzt worden.[43]

„Die entsetzlichen Gräuel des Zweiten Weltkrieges liegen 50 Jahre hinter uns, aber die Geschehnisse sind nicht vergessen“, sagte Bischof Dr. Herbert Luthe. Angesichts des „unnennbar Furchtbaren“ des Krieges seien Worte oft ohnmächtig und hilflos: „Menschen schmieden Waffen und töten einander.“ Dennoch: Kriege mit ihrer unvorstellbaren Zerstörung seien kein unabwendbares Schicksal. Und: Die Erinnerung an die Vergangenheit und an vergangene Schuld mahne die Lebenden, alles zu tun, damit Gleiches niemals wieder geschehe. Auch wenn die heutige Generation keine direkte Schuld an den Verbrechen von damals habe, könne sie sich nicht aus der Mitverantwortung und „Mithaftung" herauslösen, betonte Bischof Luthe: „Darum stehen wir hier trauernd und klagend – auch in Anbetracht unserer Gedankenlosigkeit, die mit den furchtbaren Verbrechen der Vergangenheit nicht befasst und belastet werden möchte."

Der nordrhein-westfälische Kultusminister Hans Schwier forderte, die Schrecken des Zweiten Weltkrieges nicht in Vergessenheit geraten zu lassen. Der Krieg und seine Folge mache fassungslos angesichts der unvorstellbaren Leiden, die er hinterlassen habe. Sie verpflichteten, gegen Rassismus und Ausländerfeindlichkeit aufzubegehren. Schwier: „Wenn wir das heute nicht leisten, hat der qualvolle, millionenfache Tod nicht einmal einen historischen Sinn."

Als sie die Kränze und Blumen niederlegen, brechen einige ältere russische und ukrainische Frauen in Tränen aus: „Wir weinen, weil es unmöglich ist, die Erinnerung auszuhalten – obwohl 50 Jahre vergangen sind."[44]

2. Eine kleine Auswahl dezentraler Veranstaltungen in Städten und Akademien

Das Land befindet sich an einem Scheideweg
Daniel Proektor über Russland gestern und heute

Daniel Proektor ist nur wenige Tage älter als die russische Oktoberrevolution. Als Historiker, Militärfachmann und ehemaliger Leiter der Abteilung Sicherheitspolitik bei der Akademie der Wissenschaften erwarb er sich einen Ruf weit über Moskau hinaus.

Einen Dolmetscher brauchte der 78-jährige nicht, denn Deutsch spricht er, als wäre es seine Muttersprache. Den Zweiten Weltkrieg hat er als Historiker, der sechs Diplome vorweisen kann, als Leutnant an zahlreichen Fronten erlebt. „Heute", so sagt er, „ist das nur noch Geschichte. Und nach den Feiern zum 50. Jahrestag werden wir wieder zur Tagesordnung übergehen."

In Moskau wird es am 9. Mai, dem Tag des Sieges, die traditionelle Militärparade geben. Doch das Verhältnis zu diesem Tage sei eher ein gespaltenes, betont der Historiker. „Für die Kriegsveteranen und Überlebenden ist es immer noch ein Tag des Triumphes. Sie werden ihn als solchen feiern. Aber vielen Vertretern der Intelligenz sind die Worte vom heroischen Sieg suspekt. Sie wollen zwar nicht vergessen, stellen aber den Gedanken der Versöhnung in den Mittelpunkt."

Völlig desinteressiert sind nach Beobachtungen Proektors große Teile der Jugend.

Mit Kopfschütteln kommentiert Proektor die Meinung einer kleinen Minderheit, dass es den Russen heute besser ginge, wenn die Deutschen den Krieg gewonnen hätten. …

Skeptisch blickt der Historiker auf die gegenwärtige Entwicklung der Politik Jelzins. „Das Land ist an einem Scheideweg. Im Mittelpunkt steht die Frage, ob Jelzin auf die Geheim- und Machtpolitik des Sicherheitsrates setzt oder wieder mit den demokratischen Kräften zusammenarbeitet." Den Krieg gegen Tschetschenien deutet er ebenso als Gefahr für die junge Demokratie wie den Mord am Fernsehchef Wladislaw Listjew.

Aber auch in seinem 78. Lebensjahr gibt das Ehrenmitglied der Akademie der Wissenschaften seine Hoffnung nicht auf: „Russland wird sich letztendlich zu einer guten Demokratie entwickeln. Aber ob ich es noch erleben werde, daran glaube ich nicht.“[45]

Zauberhafter Frosch

Puppentheater Nishnij Nowgorod in Essen

Märchenstunde auf Russisch: Mit der Geschichte von der „Zarentochter Frosch“ gastierte des Puppentheater Nishnij Nowgorod jetzt im Rahmen der „Woche der russischen Kultur“ auf Zeche Zollverein. Und insgesamt neun „verdiente Schauspieler“ Russlands stellten dabei unter Beweis, dass es nicht unbedingt der sprachlichen Verständigung bedarf, um eine Parabel zu erzählen. Wie die vom hässlichen Frosch, der in der russischen Version Kraft der Liebe kein edler Prinz, sondern eine bildschöne Prinzessin wird.

Nur ist der glückliche Gatte zu eilig mit der Vernichtung der Froschhaut – und muss seine Holde zur Strafe aus den Fängen des Unsterblichen, des Zauberers Katschtschey, befreien. Bis zum Happy End kommen da noch garstige Hexen geflogen, müssen Vampire in Schach gehalten und verwunschene Eier gefunden werden. Fantasievoll gestaltete und perfekt „bespielte“ Puppen sowie die Liebe zum Ausstattungs-Detail zeichnen die Aufführung der Nishnij-Nowgoroder Märchenspieler dabei aus, die auf Zollverein Kinder und Erwachsene gleichermaßen mit ihrer zauberhaften Inszenierung begeisterten.[46]

Kultur verhindert Kriege

Kunstwerkstatt in der Rheinischen Akademie

„Vor zehn Jahren war diese Veranstaltung undenkbar. Den heutigen Tag möchte ich als politisches Wunder, nicht als kulturelles sehen“. So wertete Johannes Brands, CDU-Fraktionschef, die Ausstellungseröffnung von 13 Künstlern aus Pskow, Nimwegen und Mülheim am Samstag in der Ev. Akademie.

Im Rahmen der russischen Kulturwoche arbeiteten Maler, Fotografen und Bildhauer unter dem Thema „Fremdheit verlieren durch gemeinsame Lebens- und Arbeitsräume“ sieben Tage zusammen. „Ich hoffe, man kann in den Bildern sehen, was wir erlebt haben.“ – „Wir haben Spaß gehabt, viel Arbeit und wenig Schlaf“, erinnert sich die niederländische Grafikerin Caroline Koenders.

Die „Kraft der Kultur“ beschwörten bei der Eröffnung sämtliche Redner. „Kultur kann Kriege verhindern“, wertete Chefredakteur Arkadij Udalzov von „Literaturnaja Gaseta“. Gegen Nationalismus hätten die Workshop-Teilnehmer im kleinen Kreis gewirkt, meinte Jos Compen, Vorsitzender der „Stichting Stedenband“. Mit nach Hause nehmen die Workshop-Teilnehmer neben künstlerischen Impulsen auch Hoffnung: „Die entstandenen freundschaftlichen Beziehungen sollen weitergegeben werden an die nächste Generation. Sie wird keine belastenden Erinnerungen mehr haben“, so Alexandr Prokofjew, Oberbürgermeister von Pskow.

Sprachschwierigkeiten habe man schnell überwunden. Fragen der Kunsttechnik seien ebenso diskutiert worden wie aktuelle politische Themen. Vom Alltag zu Hause erzählte man sich schließlich auch, berichtete Bildhauer Jochen Leyendecker.[47]

Das Resümee

Sidorows Urlaub
Minister fühlte sich wohl in Mülheim

„Fast wie Urlaub“, habe er seinen Aufenthalt in Mülheim empfunden, sagte gestern der russische Kulturminister Jewgenij Sidorow. Warmherzig sei er aufgenommen worden, schnell mit vielen Menschen ins Gespräch gekommen.

„Ich habe viel über die MÜLHEIMER INITIATIVE erfahren, eine gute Ahnung bekommen, was das für Leute sind“, so der Minister gestern beim Abschied.

Erstaunlich großes Interesse an deutsch-russischen Beziehungen stellte er fest. Besonders beeindruckt habe ihn die Rede von Johannes Rau zur Eröffnung der russischen Woche: „Das war aufrichtig.“

Weniger beeindruckend findet der Kulturminister die Romane von Viktor Jerofejews, der im Rahmen der Kulturwoche in Mülheim las. „Als Literaturwissenschaftler schätze ich seine Arbeit sehr. Seine Prosa ruft keine großen Gefühle in mir hervor. Kalte Erotik, ohne Gefühl – das ist eher für den westlichen Buchmarkt bestimmt.“

Gestern Morgen gönnte er sich noch einen kurzen Bummel durch die Stadt. Viel Zeit blieb ihm in den vier Tagen nicht. Meistens war sein Terminkalender voll. Gespräch bei NRW-Kollegen Hans Schwier über Austauschmöglichkeiten im Bereich Kultur. Und vor allem: Besuch bei Außenminister Kinkel wegen der „Beutekunst“. Als „belastet“ empfindet er deshalb die deutsch-russischen Beziehungen nicht: „Es ist eher ein leichter Schatten.“[48]

9. „Führst du einmal mit mir an den Rand der Stadt?“

1991–2011: Wir bauen die sozialste Stadt Russlands

Montag, 28. April 2014. Zusammen mit Iwan Kalinin überschritt ich den Leninplatz in Pskow. Wir gingen auf das Haus der Familie zu. Hier hatte Alexandra Pyshowa, die Seele der russisch-deutschen Zusammenarbeit, ihr Büro. Den kleinen Sitzungssaal hatte sie für unsere Besprechung liebevoll vorbereitet.

„Insgesamt haben wir für 10.00 Uhr fünfzehn Personen eingeladen“, erklärte Frau Pyshowa, „die Leiterinnen oder Leiter der Häuser, die in den letzten 20 Jahren in gemeinsamer Arbeit errichtet wurden, sowie von deutscher Seite die Mitverantwortlichen, Martha Vahrenkamp, Reimar Kirchhoff und Hans Paskert. Alle haben ihr Kommen zugesagt.“

„Gut, dass die deutsche Seite durch ihre Experten mit vertreten ist“, bemerkte Iwan Kalinin. „Martha Vahrenkamp kenne ich von Anfang an. Sie ist Schatzmeisterin der Initiative, war schon 1991 bei der ersten Fahrt mit in der Stadt. In der Zeit, als die Akademie in Osteuropa noch das Sagen hatte, war sie des Öfteren mit Jugendlichen hier.

Zur Zeit bereitet sie das große Treffen mit vor zur Befreiung der Stadt vor 70 Jahren.

Reimar Kirchhoff ist 87 Jahre alt. Doch seine geistige Frische und seine Beweglichkeit hat er immer noch erhalten. Mit Hans Paskert zusammen ist er der Bauvater der Werkstatt für Menschen mit Behinderungen geworden. Ohne ihn wäre das Gebäude, das inzwischen als ein Muster für ganz Russland gilt, nicht zustande gekommen. Und bei vielen anderen Baumaßnahmen hat er uns mit beraten.“

„Ich kenne Reimar seit Langem. Zusammen mit seinem Bruder Wolf, der leider zu früh verstarb, hat er die Jugendstil-Villa der Rheinischen Akademie mit sehr viel Gefühl für den Baustil von Grund auf renoviert und weitere Gebäude hinzugefügt. Später, als Rentner, half er mir, die Bauruine der Akademie in der Görlitzer Kirche in einen brauchbaren Zustand zu versetzen.

1998 wurde uns immer bewusster, dass die Werkstatt in Pskow errichtet werden musste. Als wir an einem Abend in Görlitz bei einer Flasche Rotwein zusammen saßen, fragte ich Reimar, ob er nicht auch bei diesem Bau helfen könne. ‚Im Mai 1949‘, antwortete er, ‚nach 4 Jahren russischer Kriegsgefangenschaft, fuhr ich in einem Bummelzug vom Lager

Friedland endlich nach Hause und freute mich unbändig über die schöne Maienlandschaft. Da habe ich mir geschworen: keinen Schritt mehr nach Osten! Als ich aber das d u r c h u n s zerstörte Land, die verarmten Menschen, Kinder und Alte, die verrohte Männergesellschaft des Militärs vor unseren Lagertoren und bei der Arbeit gesehen hatte, wünschte ich mir, dieses Land und seine Menschen noch einmal in guten, friedlichen Zeiten kennenzulernen! Ich komme mit. Als sechzehnjähriger Luftwaffenhelfer stand ich im Bombenhagel auf Dächern in Berlin, um die Stadt zu verteidigen. Als 18-jähriger Soldat erwachte ich in meinem Erdloch nach dem *größten Trommelfeuer aller Zeiten* (Wehrmachtsbericht) vom Kettengeräusch einer Armada von T 34, die über die Oder gekommen war. Als ich wieder auf Lkws steigen musste, um das schon besetzte Berlin zu entsetzen, geriet ich in direkten Artilleriebeschuss und unter den wenigen Überlebenden schließlich in Gefangenschaft. Ich habe gehungert und bin geschlagen worden. Schließlich habe ich von Januar bis Mai mein Essen heimlich verweigert, um endlich herauszukommen. Nach alledem zittern mir die Hände so, dass ich als Architekt freihändig keine gerade Linie mehr ziehen kann. Aber die gute Gelegenheit, im Alter noch etwas zu eurer hervorragenden Arbeit beitragen zu können, will ich unbedingt wahrnehmen.' In dem Bewusstsein, welch wichtige Arbeit er hier tat, ist er bis heute geblieben." – „Und hat mit 82 Jahren eine Russin geheiratet", sagte Iwan Kalinin lachend, „die kluge und sachkundige Swetlana Fedorowa, die ihn sehr bald in der Arbeit hier unterstützt hat."

Ich setzte noch einmal an: „Darüber dürfen wir natürlich Hans Paskert nicht vergessen. Auch er ist inzwischen 76 Jahre alt. Ich lernte ihn als Dezernenten für die Arbeit mit Menschen mit Behinderungen bei der Theodor-Fliedner-Stiftung in Mülheim kennen. Sehr bald wurde mir seine hohe Sachkompetenz bewusst. Mir war sehr schnell klar, dass wir auch auf ihn nicht verzichten konnten. Er fuhr mit, um sich die Sache einmal anzusehen, verliebte sich in Pskow und blieb. Heute ist er mein Nachfolger als Geschäftsführer der Initiative Pskow. Zusammen mit Reimar Kirchhoff hat er die Werkstatt bis ins Detail geplant und sie bis zur Fertigstellung begleitet."

„Wenn man vom Teufel spricht, dann kommt er", sagte Iwan Kalinin erneut lachend. Martha Vahrenkamp, Hans Paskert und Reimar Kirchhoff betraten gemeinsam den Raum.

Wir begrüßten sie herzlich.

Auch die Leiterinnen und Leiter der infrage kommenden Häuser waren inzwischen eingetroffen.

Die Arbeit konnte beginnen.

Reimar Kirchhoff

Hans Paskert

Martha Vahrenkamp

Iwan Kalinin (1. v. l.)

(alle Fotos: Volker Raettig)

„Die sozialste Stadt Russlands“

Iwan Kalinin begrüßte die russischen und deutschen Vertreter und eröffnete das Gespräch.

„Bis 2005 war ich als Bürgermeister der Stadt zuständig für den sozialen und kulturellen Bereich.

Fünf weitere Jahre habe ich als Beauftragter der Initiative Pskow und der Werner Peter Schmitz-Stiftung dieses Tätigkeitsfeld weiter bearbeitet. Ich bin sehr stolz darauf, was Deutsche und Russen in dieser Zeit geleistet haben.

Es kommt nicht von mir, sondern ist eine Feststellung aus der Kanzlei des Staatspräsidenten in Moskau: Pskow wurde in dieser Zeit zur sozialsten Stadt Russlands, ein Modell für viele andere Städte und Regionen unseres Landes.

Sie, die Sie heute zu unserer Gesprächsrunde gekommen sind, legen Zeugnis dafür ab. Die Vertreterinnen aller Häuser, die wir in deutsch-russischer Zusammenarbeit in mehr als 20 Jahren gebaut oder von Grund auf saniert haben, sind anwesend. Noch wichtiger aber ist, dass wir sie pädagogisch, psychologisch und sozial nach westlichen Standards gefördert haben. Ich nenne die Häuser kurz, damit der Umfang von vornherein deutlich wird:

Der **integrierte Kindergarten** mit behinderten und nicht behinderten Kindern, der erste Ansatz der Inklusion in unserer Stadt, das **Frühförderungs-Zentrum** für die Neugeborenen bis zum sechsten Lebensjahr, das **Heilpädagogische Zentrum**, kurz HPZ, für geistig und schwer mehrfachbehinderte Kinder und Jugendliche von sechs bis siebzehn Jahren, die beschützende **Werkstatt** ab 18 Jahren und schließlich das geplante Soziale Dorf oder besser **Soziale Viertel**, das Wohnen aller gemeinsam mitten in der Stadt. Das ist der innere Kreis der Arbeit für Menschen mit Behinderungen. Hinzu kommt, wenn Sie so wollen, der äußere Kreis, die aber beide ineinander verschlungen sind: das **Dach der Geborgenheit**, eine Station für Kinder von der Geburt bis zum dritten Lebensjahr, die von ihren Müttern, und zuweilen auch Vätern, nicht gewollt werden. Das **Kinderasyl,** Jungen und Mädchen, die auf der Straße aufgegriffen wurden, das **Waisenhaus,** treffender als Kinderfamilienhaus bezeichnet, das **Waldhaus,** für gefährdete Jugendliche, das **Hospiz.**

Nicht vergessen werden darf hier schließlich das **Bildungszentrum.** In ihm wird die inhaltliche Arbeit, die Fort- und Weiterbildung wahrgenommen. Mit Recht betont der Vorsitzende der Initiative Pskow, Klaus Eberl, immer wieder: Das Bauen mit Steinen ist gut, aber es führt nicht zum Ziel, wenn die Häuser nicht von Menschen betrieben werden, die von ihrer Einstellung und von ihrem Wissen her den anvertrauten Menschen gerecht werden.

Soweit meine Einführung“, schloss Iwan Kalinin sein Statement ab. „Dieter Bach wird jetzt näher erläutern, warum wir Sie hergebeten haben und worüber wir uns heute informieren und austauschen wollen.“

Warum haben wir gebaut und was würden wir heute anders machen?

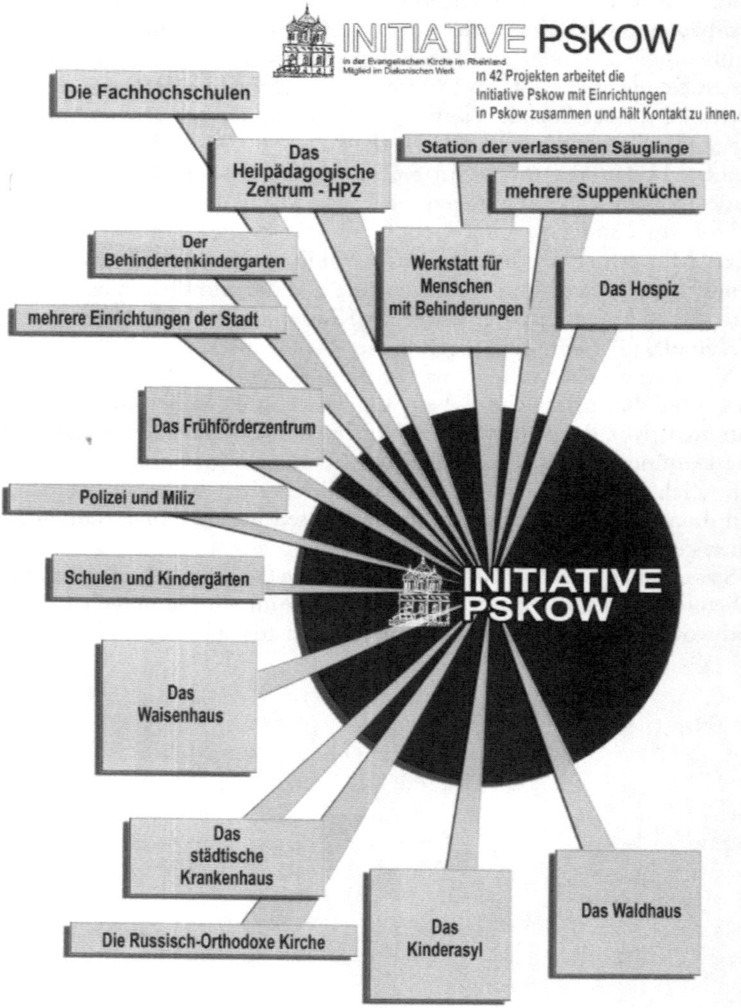

Pskower Initiativen
(Foto: Jochen Leyendecker)

„Sie wissen", nahm ich den Faden auf, „dass wir mit dem Bau des Sozialen Viertels 2011 mit großen Hoffnungen begonnen haben, die inzwischen fast auf dem Nullpunkt angekommen sind und in einer großen Enttäuschung enden könnten. Ich werde später darauf zurückkommen. Damit wir keine falschen Schritte unternehmen, möchten wir mit Ihnen drei Fragen besprechen:

Beginnen möchte ich mit dem HPZ. Es war das erste Gebäude, das errichtet wurde.

Mit ihm bleiben wir zunächst bei dem inneren Kreis der Arbeit für Menschen mit Behinderungen in der Reihenfolge HPZ, Kindergarten, Frühförderungszentrum, um dann zu dem äußeren Kreis zu kommen. Das Soziale Viertel stellen wir an den Schluss."

Das Heilpädagogische Zentrum

„Warum das Haus gebaut wurde, ist schon in dem Gespräch zwischen Klaus Eberl und Dieter Bach geklärt worden", begann Andrej Zarjow. Er ist seit über 10 Jahren der verantwortliche Schulleiter. Ich nickte zustimmend.

„Wir wollten, dass unsere Kinder das gleiche Recht wahrnehmen wie alle Kinder, nämlich in der Schule lernen zu dürfen. Das Bauen selbst ging schnell. 1992 fingen wir an. Im September 1993 konnten wir den Betrieb aufnehmen. Der Bau selbst war nicht so einfach.

Als wir endlich ein geeignetes Gelände gefunden hatten und mit dem Bau begannen, stellten wir fest, dass ein ebenerdiger Eingang, wie er für Rollstuhlfahrer notwendig wäre, nicht möglich war. Wir mussten wegen des Grundwassers das ganze Haus um 70 cm höher legen. Wir brachten dann im Keller die Küche, einen kleinen Gymnastikraum und Abstellmöglichkeiten unter. In der Hochetage liegen vier Klassenräume und die Toiletten. Im ersten Stock befinden sich zwei Büroräume, für Swetlana Andreewa, die stellvertretende Leiterin, und für mich sowie die Buchhaltung. So betrieben wir das Haus mit 40–50 Schülerinnen und Schülern 13 Jahre bis 2006."

„Du hast indirekt schon gesagt, welche Schwierigkeiten dieser erste Bauabschnitt sichtbar machte", erklärte Hans Paskert. ‚Ich frage aber noch einmal nach: Wie kamen die Rollstuhlfahrer in die Hochetage? Wie kamen Schwerbehinderte zur Gymnastik in den Keller? Wenn ihr über mehrere Etagen bautet, habt ihr nicht an einen Aufzug gedacht? „Gedacht schon", räumt der Schulleiter ein. „Aber das Geld reichte nicht. Die erste Bauphase kostete über 1 Million DM.

Ihr wisst: Das Land Nordrhein-Westfalen gab 600.000 DM, wenn die Gemeinde Wassenberg die gleiche Summe auftrieb. Das war schwer genug. So mussten wir sparen, wo wir nur konnten.

Ein Aufzug war nicht drin. Darum mussten die Schwerbehinderten, die ständig auf den Rollstuhl angewiesen waren, in den Keller getragen werden. Das setzte dem Kreuz unseres Therapeuten sehr zu. Das Geld reichte auch nicht, um den Grundwasserspiegel zu senken. Also brauchten wir eine Rampe, durch die die 70 cm überwunden wurden. Diese Schräge konnte kein Rollstuhlfahrer allein schaffen. Das Ergebnis: Jeder musste in die Hochetage geschoben werden."

„Du sprichst in der Vergangenheitsform. Habt ihr die Versäumnisse inzwischen ausgleichen können?", fragte Reimar Kirchhoff. „Das trifft zu", beteiligte sich jetzt auch Swetlana Andreewa.

„Ihr habt schon gehört, dass 2006 das Holzhaus mit unserer Trainingswerkstatt abbrannte. Nachträglich ist es zu einem Glücksfall geworden. Wir wollten die Werkstatt nicht auf der anderen Straßenseite wieder aufbauen, sondern direkt unter ein Dach mit dem HPZ bringen.

Wir hatten aus unseren Fehlern in den 13 Jahren viel gelernt. Dazu hat uns Bernd Schleberger, der Rektor der Partnerschule in Heinsberg, immer wieder auf Fehleinschätzungen aufmerksam gemacht.

Dankenswerterweise brachten Klaus Eberl und die Wassenberger Gemeinde für den Erweiterungsbau das Geld zusammen. Ein großzügiger Anbau, fast so groß wie die Schule der ersten Bauphase, ist uns gelungen. Jetzt haben wir einen ebenerdigen Eingang. Jetzt gibt es einen Aufzug, der alle Etagen erreicht, jetzt ist der Alt- mit dem Neubau verbunden.

Jetzt haben wir einen größeren Gymnastikraum und Nebenräume. Auch zwei Gästezimmer sind vorhanden."

„Ihr habt gehört", setzte Andrej Zarjow den Bericht jetzt wieder fort, „dass die Region Pskow wünscht, die Schule abermals zu erweitern. Es gibt so viele Anfragen, dass für die Aufnahme der Schülerinnen und Schüler eine lange Warteliste vorliegt. Wir hoffen, 2015 mit dem Bau beginnen zu können."

„Was soll dann gebaut werden?", fragte Martha Vahrenkamp nach.

„Wir sollen die Schule auf 80 Plätze erweitern", antwortete der Schulleiter. „Als Erstes brauchen wir dafür zwei neue Klassenräume. Weiter ist an Folgendes gedacht: Der integrierte Kindergarten, der jetzt mit einer Gruppe provisorisch untergebracht ist, soll unter das Dach des HPZ kommen.

Darüber hinaus benötigen wir Räume für das Spielen und Schlafen, Platz für Einzelbetreuungen, eine Krankengymnastikhalle, eine größere Trainingswerkstätte und eine Aula für Feste und Versammlungen."

„Und neue Fachkräfte", bemerkte Elena Utkina, die Kinderärztin, zuständig unter anderem für das *Dach der Geborgenheit*. „Selbstverständlich die auch", pflichtete ihr Swetlana Andreewa bei.

„Sie müssen rechtzeitig fortgebildet werden, damit sie nicht nach den Regeln der Defektologie, sondern nach denen der Heilpädagogik unterrichten."

„Trifft es zu, dass die Evangelische Kirchengemeinde Wassenberg nach wie vor Träger der Schule ist?", fragt Reimar Kirchhoff.

„Ja, das ist so“, antwortete der Direktor. „Es ist bedingt durch die Geschichte. Damals, 1992, stand die Stadt Pskow dieser Einrichtung sehr skeptisch gegenüber. Sie glaubte nicht, dass Kinder mit so schweren Behinderungen lernfähig seien. Das hat sich geändert. Die evangelische Kirchengemeinde ist der Träger. Die Personal- und Sachkosten werden aber im Wesentlichen durch die Region Pskow, also durch den Oblast übernommen.“

„Es ist die einzige Einrichtung in Pskow in deutscher Trägerschaft“, ergänzte Martha Vahrenkamp. „Alle anderen Gebäude, die ja danach entstanden sind, wurden nach ihrer Fertigstellung der russischen Seite übergeben. Allerdings hat sich die deutsche Seite vertraglich bestimmte Rechte der Mitsprache vorbehalten, wie zum Beispiel der Anstellung, der Fort- und Weiterbildung oder der Bedingung, dass das Gebäude in den nächsten 15 Jahren nicht zweckentfremdet werden darf.“

Der integrierte Kindergarten

„Swetlana Andreewa“, bat ich sie jetzt, „du hast zu Beginn des Jahres an der Einrichtung des integrierten Kindergartens von behinderten und nicht behinderten Kindern mitgewirkt. Bitte berichte davon, welche ersten Schritte ihr unternommen habt und wie es weitergehen soll.“

„Drei Jahre nach der Eröffnung des HPZ, 1996, zeigte die DUMA der Stadt Pskow, dass sie ihre Lektion gelernt hatte. Die Stadtväter und Stadtmütter hatten es mit den eigenen Augen gesehen und mit den eigenen Ohren gehört, auch schwerstbehinderte Menschen sind lernfähig. Sie änderten ihre Einstellung konsequent. Iwan Kalinin wurde zum Vorkämpfer für Menschen mit Behinderungen.“ Sie klatschte zur Anerkennung in die Hände und alle fielen ein. „Die Stadt eröffnete aus eigenem Antrieb einen Behindertenkindergarten, allerdings nur für körperlich- und lernbehinderte Kinder.

Weiter reichten weder die Fachkompetenzen noch die entsprechenden Einrichtungen.

Am 25. September 2012 hat Russland die Behindertenkonvention der UNO ratifiziert. Sie besagt, dass behinderte und nicht behinderte Menschen die gleichen Rechte haben. Das Ziel ist die Inklusion beider Bereiche, die absolute Gleichstellung – ob in der Familie, der Bildung, der Öffentlichkeit oder in anderen Bereichen.

Schon vorher hat Andrej Zarjow, der auch in das Beratungsgremium des Staatspräsidenten berufen ist, bei jeder sich bietenden Gelegenheit bei der Verwaltung der Region angeregt, den Inklusions-Gedanken im ersten Schritt im Kindergarten zu verwirklichen. Die von ihm initiierte Elternbewegung *Ich und Du* unterstützte ihn darin nach Kräften. Und auch Klaus Eberl setzte es bei jedem Besuch bei der Leitung des Oblast auf die Tagesordnung.

Nach der Ratifizierung der Behindertenkonvention durch die Staatsduma in Moskau ging alles verhältnismäßig schnell.

Mit der Erweiterung der Schule wurde auch der Bau des Kindergartens beschlossen. Im Januar dieses Jahres wurde in zunächst provisorischen Räumen die Eröffnung einer ersten Gruppe in die Tat umgesetzt. Behinderte und nicht behinderte Kinder leben, spielen und lernen gemeinsam. Irmela Eberl hat in Wassenberg über viele Jahre einen integrierten Kindergarten geleitet. Es war schön, dass sie noch im Januar zu uns nach Pskow kam, um zusammen mit ihrer Tochter die Mitarbeiterinnen in ihre Arbeit einzuführen."

„Und wie soll es weitergehen?", fragte Hans Paskert.

„Ihr habt gehört, dass der Kindergarten in den Erweiterungsbau des HPZ fest eingeplant ist. Nach der Fertigstellung werden wir zwei Gruppen zur Verfügung haben. Das notwendige Personal soll bis dahin auch durch Kurse in Deutschland fortgebildet werden."

Anna Gorodiskaya
(Foto: Volker Raettig)

„Ich möchte mit Ihnen noch gerne über das Frühförderungszentrum und die beschützende Werkstatt sprechen", sagte ich. „Ich bitte jetzt die leitende Psychologin des Zentrums, Anna Gorodiskaya, Stellung zu nehmen. Sie hat unter anderem auch an der fünfjährigen Fortbildung in Heilerziehung und Pflege, finanziert durch die Robert Bosch Stiftung, teilgenommen und den Kurs als Multiplikatorin als Zweitbeste abgeschlossen."

Das Frühförderungszentrum

Zunächst kam Anna nicht sehr weit. „Eigentlich müsste Bernd Schleberger hier stehen", begann sie ihre Darstellung. „Das Zentrum geht im Wesentlichen auf seine Initiative zurück. Er hat es angeregt. Er hat den Ausbau begleitet. Er hat die Fortbildung der Mitarbeitenden ganz wesentlich gefördert."

„Ich habe ihn einmal den ‚geistigen Vater' der Arbeit mit Menschen mit Behinderungen genannt", sagte Iwan Kalinin.[49] „Er erkannte sehr früh, dass wir ein breites Fundament in unserer Arbeit brauchen. Wenn die Kinder mit sechs Jahren ins HPZ kamen, war schon vieles versäumt. Wir müssen viel früher, bei ihrer Geburt anfangen." Ich unterbrach ihn. „Iwan, lass bitte zunächst die Psychologin des Zentrums berichten. Dann können wir es ergänzen."

Mutter mit Säugling in der Frühförderstelle (Foto: Bertold Fernkorn)

Iwan Kalinin lächelte und schwieg. Anna Gorodiskaya setzte neu an: „Iwan Kalinin hat natürlich recht. Schon früh hatte Bernd Schleberger gemahnt, dass die Lücke von 0–6 Jahren unbedingt geschlossen werden müsste. Deshalb plädierte er immer wieder für die Errichtung eines Kindergartens und für das Frühförderungs-Zentrum.

Endlich im Jahre 2001 hatte er einen ersten Erfolg. Trotz angespannter Haushaltslage beschloss die Stadt die Eröffnung eines solchen Förderzentrums. Bis 2004 verlief der Ausbau schleppend. Da kam Bernd, so darf ich ihn nennen, das Glück zu Hilfe.

Er als Rektor der Rurtalschule hatte eine Band gegründet, die sich aus Schülern mit geistigen Behinderungen und Lehrern seiner Schule zusammensetzte. Sie spielten bald mit großem Erfolg. Auch hier in Pskow waren sie schon zu hören und zu sehen zusammen mit Schülern der Werkstatt und des HPZ.

Eines Tages hatte seine Band einen Auftritt im Fernsehprogramm des RTL. Die berühmte Band ‚Bläck Fööss' war mit von der Partie. Der Intendant des Senders war von der Aufführung begeistert. Er wandte sich an Bernd Schleberger: ‚Was braucht ihr? Wo können wir euch mit unserer Stiftung helfen?'

Der Rektor dachte sofort an unser Zentrum in Pskow und erwiderte: ‚100.000 € benötigen wir, um das Zentrum in Pskow weiter auszubauen.' Und was geschah? 96.000 € erhielten wir von der RTL-Stiftung. Jetzt bekam das Zentrum seine heutige Gestalt. Physiotherapeuten, Psychologen, Pädagogen, Logopäden und Mediziner wurden angestellt. Ein interdisziplinäres individuelles Förderprogramm wurde zusammen mit den Eltern entwickelt. Ein besonderes Gewicht lag auf der Fortbildung aller Mitarbeitenden.[50] Bernd Schleberger hatte dafür ein eigenes Programm entwickelt. Außerdem bediente er sich der Fortbildung durch die Initiative Pskow, die auch ich durchlaufen habe.

Inzwischen haben wir ambulant Hunderte von Kindern aus Pskow gefördert. Vielen konnten wir helfen. Hauptsymptome sind Erkrankungen des Nervensystems, Chromosom- und Genetikauffälligkeiten, Kinder mit schwersten geistigen und mehrfachen Behinderungen."

„Vor etwa zehn Jahren hat euer Bau seine heutige Gestalt erhalten. Seid ihr damit immer noch zufrieden oder würdet ihr manches anders machen?", fragte Reimar Kirchhoff. „Nun, es waren ja auch mehr als 10 Jahre nach Errichtung der ersten Stufe des HPZ vergangen", antwortete

Anna. „Wir hatten viel hinzugelernt. Der Eingang war fast ebenerdig. Es bedurfte nur einer flachen Rampe. Das Foyer ist sehr großzügig angelegt. Rollstuhlfahrer können sich darin gut bewegen." – „Also alles bestens?", setzt der Architekt nach. „Vor kurzem besuchte uns Gotthilf Loch, ein fünfzigjähriger Mann, stark contergangeschädigt. Er hat weder Arme noch Beine, sondern Hände direkt an der Schulter, Füße unmittelbar am Unterleib. Dennoch fuhr er selbst einen für ihn umgebauten Kleinbus. Mit dem elektrischen Rollstuhl kam er auch in unser Zentrum. Er fuhr durch alle Gänge, in fast alle Räume, auch auf die Toiletten. In fast alle Räume, sage ich ausdrücklich. An einigen wenigen Stellen waren die Durchfahrten zu schmal. Es liegt daran:

Wir haben nicht neu gebaut, das wäre zu teuer gewesen, sondern haben ein vorhandenes Gebäude umgestaltet. Gotthilf Loch lobte unser Zentrum und erklärte:

‚Es unterscheidet sich wesentlich von vielen anderen Bauten der Stadt. Bei einem weiteren Ausbau solltet ihr die letzten bestehenden Mängel beseitigen.'"

Die Werkstatt

„Für die Beschützende Werkstatt haben wir mindestens drei Experten hier", lenkte ich zum nächsten Punkt über. „Es sind Valerij Andreew, der als stellvertretender Direktor von Anfang an mit dabei war, der Bauexperte Reimar Kirchhoff und der Fachexperte für die Behinderten-Arbeit Hans Paskert. Aber auch Andrej Zarjow, Iwan Kalinin, Martha Vahrenkamp und ich selbst gehören mit dazu. Ich denke, wir beginnen mit dem Direktor des HPZ und dem ehemaligen Bürgermeister."

„Ja", sagte Andrej Zarjow, „unsere Schule gab den eigentlichen Anstoß. 1998 bestand sie fünf Jahre. Die ersten Schüler wurden 18 Jahre alt. Mit 18 aber muss man die Schule verlassen. Was sollte mit ihnen geschehen? Fünf Jahre hatten sie die Geborgenheit in der Schule erfahren. Sie lernten. Sie waren geliebt. Ihre Eltern konnten einer Arbeit nachgehen. Es waren ja oft nur die Mütter, weil die Väter, die nicht mit einem geistig behinderten Kind zusammenleben wollten, sie verlassen hatten. Sie hatten den Verdienst bitter nötig. Ich sagte damals: Wer sich am Feuer wärmen konnte, empfindet die Kälte umso beißender, wenn er plötzlich in sie hinausgestoßen wird. Sollten unsere Schüler in die Lattenverschläge zurück, in die sie die Mütter einsperren mussten, solange sie bei der Arbeit waren? Es geschah in manchen Fällen. Andere Behinderte tauchten als Bettler in der Bahnhofsgegend auf. Es war ein unhaltbarer Zustand."

„Mir wurden die Sorgen vorgetragen", fuhr Iwan Kalinin fort. „Als Bürgermeister für Soziales und Kultur zeichnete ich ja damals auch für diese Jugendlichen verantwortlich. Aber ich wusste: In ganz Russland gab es für Menschen mit geistigen und mehrfachen Behinderungen über 18 nichts, absolut nichts. Ich musste der Mutter recht geben, die einmal erklärte: Mit 18 gehen sie ins Nirgendwo.

Inzwischen war ich mehrmals in Deutschland gewesen. Dieter Bach und Martha Vahrenkamp von der Akademie veranstalteten mit uns Tagungen zur Gesellschaft und Politik.

Ich erwähne als ein Beispiel unter vielen das Projekt *Russische Kultur an Rhein und Ruhr*.

Klaus Eberl und Hans Paskert zeigten mir die Einrichtungen für behinderte Menschen. Mehrmals führte mich der Dezernent der Fliedner-Stiftungen durch die Werkstätten, die unter seiner Verantwortung entstanden waren. Da lag die Lösung! Und so sagte ich zu meinen deutschen Freunden: Wir brauchen eine Werkstatt für Menschen ab 18 Jahren, wie ihr sie zu Hunderten in Deutschland habt. Aber", fügte ich gleich hinzu, „die Stadt ist hoch verschuldet, und weder von der Region noch von Moskau bekommt sie Geld für ein Projekt, das es sonst in Russland nirgendwo gibt. Ihr müsst die Werkstatt bauen und von Deutschland aus finanzieren. Ich garantiere dann, dass Pskow die Unterhaltung und die Gehälter in Zukunft übernimmt."

„Mit seiner Bitte erwischte uns Iwan Kalinin auf dem falschen Fuß", klinkte ich mich in den Bericht ein. „Die Unterhaltung des HPZ ging damals noch ganz zu Lasten der Gemeinde Wassenberg.

Die Gehälter, Strom, Gas, Wasser, dazu die Fortbildung kosteten etwa 200.000–300.000 DM im Jahr. Und das für eine kleine Gemeinde. Wir gerieten untereinander in einen edlen Streit:

Das können wir nicht auch noch bezahlen, hieß es auf der einen Seite, wir ruinieren damit das Ganze. Und sollen wir die über Achtzehnjährigen ins Elend gehen lassen, nachdem sie sich fünf Jahre bei uns wärmen durften? Sagten die anderen. Wie viel Geld habt ihr denn dafür zur Verfügung, wurden wir gefragt. Genau 10.000 DM (ca. 5.000 €) lautete die Antwort.

Die Stadt Pskow fand für die Werkstatt ein ideales Gelände, auf der anderen Straßenseite des HPZ mit verfallenen Hütten, ein ehemaliges Erholungsgelände der Gewerkschaft. Dort könnten wir anfangen.

Die Frage ist: Sollen wir es wagen, hier die Werkstatt zu bauen, oder sollen wir den fehlenden Finanzen unseren Tribut zahlen? Klaus Eberl in der Doppelrolle als Vorsitzender der neu gegründeten Initiative Pskow und als Vorsitzender der Kirchengemeinde Wassenberg schrieb in ihrem Auftrag einen Brief an den Vorstand der Initiative. Darin stellte er fest:

1. Der Antrag an die EU in Brüssel wurde negativ beschieden, die Baumaßnahme mit 250.000 € zu unterstützen.

2. Die Spendenmittel für Russland gehen deutlich zurück und dieser Trend wird sich wohl fortsetzen.

3. Es ist nicht zu verantworten, unter diesen Voraussetzungen die Werkstatt zu planen und zu bauen.

4. Es soll lediglich eine der Freizeithütten instand gesetzt werden unter der Verantwortung des HPZ. Mit ihrer Hilfe soll Gemüse angebaut werden, das der Küche des HPZ zur Verfügung gestellt wird.

Der Vorstand beschäftigte sich am 5. Mai 1999 mit der Wassenberger Vorlage, sah sich aber nicht in der Lage, einen richtungsweisenden Beschluss zu fassen. Endlich, am 17. Februar 2000, rang sich der Vorstand zu folgendem Beschluss durch:

1. Das Bestehende (HPZ) darf durch neue Projekte nicht gefährdet werden.

2. Eine Gesamtplanung soll erarbeitet werden. Dafür ist das Gelände sofort zu sichern,

3. Der Ausbau der Werkstatt erfolgt in Schritten, wie Mittel zur Verfügung stehen.

4. Die besondere Verantwortung für die Behindertenwerkstatt haben die Herren Bach, Kirchhoff, Nießalla und Paskert."

„Aber zu dem Zeitpunkt hatten wir doch schon angefangen", erklärte Reimar Kirchhoff erstaunt. „Stimmt", sagte ich. „Aber ein Haus sollte ja auf jeden Fall renoviert werden. Und dafür standen 10.000 DM bereit."

„Im September 1999 sah ich zum ersten Mal das Gelände", fuhr der Architekt fort. „Die russische Wirtschaft lag nach nochmaliger Abwertung 1998 wieder am Boden. Auf dem Grundstück standen fünf einteilige und vier zweiteilige Holzhäuser, die als Sommerferienhäuser gebaut waren, ohne Wärmedämmung und ohne winterfeste Installation.

Wir haben uns vorgenommen, die Werkstatt nach deutschem Vorbild und nach den deutschen Finanzierungsvorschriften zu entwerfen. Das aber war zunächst Zukunftsmusik.

Weil nur wenig Geldmittel zur Verfügung standen, war die erste Bedingung, jede irgendwie brauchbare Bausubstanz zu nutzen. Wir begannen mithilfe von Studenten, das erste Doppelhaus umzubauen. Die anderen Häuser sollten, sofern Geld vorhanden war, nachfolgen. Später sollten alle vier in die Gesamtplanung einbezogen und durch einen Gang mit dem Neubau verbunden werden.

Die Holzhäuser sollten einige Jahre benutzt werden, bevor der Bau ganz fertiggestellt würde."

„Das alles begann 1999", setzte Hans Paskert hinzu.

„Weil wir uns nach den vorhandenen Geldmitteln richten mussten, haben wir tatsächlich elf Jahre, bis 2011, gebraucht, bis die Werkstatt als Ganzes mit 250 Beschäftigungsplätzen stand.

2000 begann Reimar Kirchhoff mit der Gesamtplanung. Er zog mich als Experten für die Behindertenwerkstätten hinzu. Monatelang haben wir skizziert, berechnet, schließlich einen antragsreifen Entwurf erstellt."

„Wir haben den Gesamtplan mit unseren russischen Partnern der Stadtverwaltung Pskow besprochen und ihnen schließlich übergeben. Die Stadt hat ein großes Planungsbüro mit der Erstellung des russischen Baugesuches nach meinem Entwurf beauftragt", schloss Reimar Kirchhoff den Bericht. „Fragen Sie mich nicht, wie viele Schwierigkeiten bis zur Klärung aller Baudetails zu überwinden waren. Wir begannen mit der Erneuerung der vorhandenen Holzhäuser, und eines Tages lag auch eine Baugenehmigung vor. Es war im Endeffekt gut, dass die Gesamtplanung genehmigt wurde. Bei jedem neuen Bauabschnitt konnten wir uns darauf beziehen."

„Andrej Valerij", wandte ich mich an den stellvertretenden Direktor, „haben Sie dem Bericht noch etwas hinzuzufügen?" – „Im Grunde nur meine Bewunderung. Wie die drei Musketiere sind die drei Monat für Monat aufgetaucht, haben mit dem Generalunternehmer und den beteiligten Firmen immer neue Gespräche geführt, um einigermaßen zu deutschen Standards zu finden. Am meisten habe ich bewundert, dass es ihnen immer wieder gelang, neue Geldmittel aufzutreiben." „Das war wirklich ein Wunder", sagte ich. Mit 5.000 € haben wir angefangen. Und als die Werkstatt 2011 fertig wurde, waren 5 Millionen € verbaut."

Die vollendete Werkstatt (Foto: Andrej Zarjow)

„In einer elfjährigen Bauzeit ergeben sich natürlich neue Erkenntnisse aus dem beginnenden Betrieb. Diese konnten eingeplant werden", leitete ich den nächsten Schritt ein. „Das haben wir auch getan. Was aber bleibt an Fehlern nach 15 Jahren? Ich frage zunächst dich, Valerij Andreew. Du hast während der ganzen Zeit die Werkstatt mit geleitet? Was hätte man anders machen sollen?"

„Aufs Ganze gesehen ist die Werkstatt sehr, sehr gut gelungen", erwiderte Andrej. „Die Werkräume sind optimal gestaltet und multifunktional ausgerüstet. Das heißt, bekommt die Werkstatt neue Aufträge, kann jeder Raum schnell darauf umgestellt werden. Rollstühle können jede Stelle der Werkstatt ungehindert erreichen. Es gibt auch keine Rampen, auf denen sie angeschoben werden müssen. Toiletten und Umkleidebereiche sind für Menschen mit Behinderungen untadelig. Das sind nur einige Punkte von vielen, die mir jetzt einfallen."

„Und was hätte besser gestaltet werden sollen?"

„Der Verbindungsgang, an den links die vier Holzhäuser und rechts der Neubau mit den Werkräumen angeschlossen sind, ist sehr lang. Aber die Holzhäuser standen schließlich so weit auseinander und mussten ja einbezogen werden.

Die Feuerwehr wurde während der Planung und der Bauausführung mehrmals in ausführlichen Gesprächen mit einbezogen. Die Forderung von Brandabschnitten hat sie damals noch nicht gestellt. Aus Ersparnisgründen sind zusätzliche Maßnahmen entsprechend den deutschen

Brandschutz-Bestimmungen unterlassen worden. Diese müssen jetzt nachgeholt werden.

Die beiden in sich geschlossenen Einrichtungen des Förderbereichs für Schwerbehinderte umschließen jeweils einen Innenhof. Die Räume sind damit erstklassig belichtet und belüftet. Die Menschen können ins Freie gelangen, ohne verloren zu gehen.

Alternativen zur Nutzung von Räumen im Innenbereich des tiefen Gebäudes wären Sheds oder Dach-Lichtkuppeln – nicht geeignet für den Aufenthalt von ohnehin belasteten Menschen. In schneereichen Jahren türmen sich weiße Berge bis zur Traufe der Lichthöfe, wenn der Schnee nicht laufend beseitigt wird. Die Statik ist entsprechend den russischen Normen für eine bestimmte Schneehöhe berechnet. Bei wochenlanger, sich addierender Eisbildung im Frühjahr werden die Holz-Gitterbinder bis zur Einsturzgrenze belastet. Nach dieser Erfahrung werden wir den Schnee zukünftig laufend räumen und erhöhte Eisbildung verhindern. Wie sollen wir ihn über die Dächer fortschaffen? Wir schmelzen ihn jetzt mit heißem Wasser.

Die Dachkonstruktionen sind zu verwinkelt. Ein flaches Dach wäre viel leichter zu warten.

Unter den verwinkelten Dächern liegen die Wasser- und Abwasserleitungen oft an nur sehr schwer erreichbaren Stellen. Hier sollten in den Holzkonstruktionen noch bessere Durchgänge geschaffen werden."

Arbeit in der Werkstatt (Foto: Volker Raettig)

„Ich denke, darauf sollte Reimar Kirchhoff, der die Planung gemacht hat, antworten."

„Natürlich müssen Fehler, die sich eingeschlichen haben können, auch nachträglich behoben werden. Ich sehe in Valerijs Bedenken keine Fehler der Planung, sondern der Ausführung", begann der Architekt seine Erwiderung. „Die Dachkonstruktion ist allerdings nicht willkürlich entstanden, auch nicht allein aus architektonischen Gründen, sondern in Anpassung an die vorhandenen, nicht in einer geraden Flucht stehenden Holzhäuser und an die dahinter schräg verlaufende Grundstückgrenze. Das ergab einen 98 m langen, mehrfach versetzten Korridor und einen Baukörper mit vielen Vorsprüngen sowie mit einer dementsprechend vielfältigen Dachform. Bei allen, auch schwer wiegenden, Nachteilen habe ich das als großen Vorzug angesehen, da sich die Werkstatt in einem ‚reinen Wohngebiet' befindet, in dem sich nichts als unpassender erweisen würde als eine rechteckige Industriehalle. Heute ist das

3.300 m² umfassende, ebenerdige Gebäude von keiner Seite als so groß zu erkennen, wie es tatsächlich ist. Versteckte Leitungen, zu schwache Türen, schlecht gemachte Traufen, hier und an anderen Stellen rächt sich, dass die Bauaufsicht ohne eine örtlich anwesende Vertretung bleiben musste. Das würde ich in Zukunft nicht mehr machen. Mit mehr Geld hätten wir von Anfang an die weiter fortgeschrittenen deutschen Brandschutz-Bestimmungen angewendet. Allerdings ändern sie sich auch in Deutschland, immer wenn ein neuer Brand neue Erkenntnisse bringt."

Als ich die Teilnehmenden nach einer Pause wieder in der Mitte zusammenrufen wollte, öffnete sich die Tür. Herein spazierte Alexandr Roor, ein schlanker Mittsechziger in schwarzem Anzug mit angegrautem Haar. Und hinter ihm marschierten 20 Jungen und Mädchen herein zwischen 10 und 18 Jahren alt in ihren schmucken beigen Westen mit schwarzer Fliege und schwarzer Hose. In ihren Händen trugen sie ihre Instrumente Trompeten, Tuben und Waldhörner, Pauken, Becken und Trommeln.

Die Helikon Brass Band
(Foto: Bertold Fernkorn)

Alexandr Roor
(Foto: Volker Raettig)

Das Kinderfamilienhaus und die Helikon Brass Band

Schnell waren ein paar Stühle herbeigeschafft. Alexandr Roor hob seine silberne Trompete.

Schon spielten sie rein und fehlerfrei ‚Katjuschka' von Blattner, ‚Yellow Submarine' von Lenon.

Und Hanna Roor, eine musikalisch hochbegabte junge Frau von 17 Jahren sang ‚Meine kleine Stadt' von A. Ziplijauskas.

Nikita trat vor, ein 16-Jähriger. Er blies die erste Trompete: „Wir möchten der Initiative Pskow und der Werner Peter Schmitz-Stiftung noch einmal ganz herzlich danken, dass ihr unser Kinderfamilienhaus und unsere Helikon Brass Band so wunderbar gefördert habt."

Natalia Orlowa in unserer Runde, die Leiterin des Hauses, lächelte stolz. „Als Zeichen des Dankes sind wir heute hierhergekommen, um euch ein Ständchen zu bringen."

Ich stand auf und legte Nikita die Hände auf die Schulter. „Wir sind stolz, eure fabelhafte Band zu hören. Und ihr habt so viel für Menschen mit Behinderungen und für den Bau der Werkstatt getan. Erinnerst du dich noch? 2008 und 2010 war eure Band zu Konzerttourneen in Deutschland. An 30 Orten habt ihr gespielt. Und mehr als 30.000 € sind dabei eingegangen. Nichts habt ihr für euch gewollt. Alles habt ihr für die Behindertenarbeit gespendet. Damals habe ich an euren Staatspräsidenten, Wladimir Putin, geschrieben: Wenn Sie die besten Botschafter Russlands nach Deutschland schicken wollen, dann entsenden Sie die Helikon Band aus Pskow. Und ihr habt tatsächlich für Russland Ehre eingelegt. Ihr wart großartig."

„Aber ich erinnere mich auch an mein Missgeschick 2008, als ich 10 Jahre alt war", sagte Nikita. „Wenn mich Margot Nohr nicht so liebevoll getröstet hätte, ich wäre im Erdboden verschwunden."

„Daran denke ich auch", sagte ich lachend. „Dir war es zu langweilig zu warten, bis das Tor im Zaun der Jugendherberge aufgeschlossen wurde. Du warfst deine Trompete in der Stoffhülle über den Zaun und stiegst hinter ihr her." – „Ja", bekannte Nikita. „Und als ich am nächsten Abend spielen wollte, stellte ich fest, die Ventile waren ganz verbogen. Alexandr Roor hat fürchterlich mit mir geschimpft. Ich durfte meine schöne Kluft nicht anziehen und durfte nicht mitspielen. Aber ein Trompetenspieler von euch hat mein Instrument am nächsten Tag wieder in Ordnung gebracht." – „Heute gehört Nikita schon zu den Spitzenspielern in Russland", sagte der Dirigent. „Vor einem Monat war er in Moskau und hat bei einer russischen Militärkapelle die Soli geblasen." Alle klatschten.

Die Band spielte zum Abschluss noch den „Napolitanischen Tanz" von P. Tschaikowsky mit einem Solo von Nikita und dann marschierten sie hinter Alexandr Roor aus dem Saal. Alexandr war deutscher Abstammung, sprach unsere Sprache, lebte bewusst als Russe. Er war Berufsmusiker und leitete ehrenamtlich die Band. Er sagte: „Wenn die Kinder ein Instrument spielen, begreifen sie, dass sie eine Persönlichkeit sind."

„Natalia Orlowa", wandte ich mich an sie, „warum wurde ihr Haus von Grund auf renoviert?"

„Es befand sich in einem schrecklichen Zustand. Der Putz bröckelte von den Wänden, die Schlafzimmer der Kinder waren feucht, der Wind pfiff durch die Fensterritzen, die Küche befand sich in einer unmöglichen und unhygienischen Verfassung. Die Oblastverwaltung ordnete an, hier schleunigst eine Besserung herbeizuführen. Aber Geld gab sie nicht. Und die Stadt hatte keins. Unsere 50 Kinder von vier bis 18 Jahren drohten krank zu werden. Die meisten von ihnen sind Sozialwaisen, die ihren Eltern entzogen wurden.

Mit der Hilfe von Alexandra Pyshowa wandte ich mich an die Schmitz-Stiftung. Sie gab uns 2001 90.000 € und 2002 noch einmal 10.000 €. So konnten wir den ehemaligen Kindergarten, den wir bezogen haben, von Grund auf erneuern. 2004 besuchte uns Werner Peter Schmitz.

80 Jahre war er alt, aber jung und beweglich geblieben. Als er sah, auf welchen alten, verbeulten Instrumenten unsere Kinder spielten, hat er uns gleich Geld gegeben, um neue zu kaufen." „Das war 2004", sagte Martha Vahrenkamp.

„Was würden Sie beim Renovieren heute anders machen?" Natalia überlegte kurz. Dann sagte sie: „In dem Haus, in dem wir jetzt sind, glaube ich gar nichts. Dann müssten wir neu bauen. Der alte Kindergarten ist überhaupt nicht behindertengerecht. Steile Treppen, enge Gänge, schmale Türen, kleine Toiletten und Duschen. Deshalb können wir auch keine Rollstuhlfahrer aufnehmen. Das ist sehr schade. Anfragen bekommen wir immer wieder."

Das Kinderasyl

Noch einmal war Natalia Orlowa an der Reihe. Sie war bis vor einem Jahr die stellvertretende Leiterin.

„Kommt in ihrer Einrichtung eine ähnliche Zielgruppe zusammen, wie im Kinderfamilienhaus", fragte ich sie. „Nein, bei uns sind es nur hin und wieder einmal Sozialwaisen.

Im Wesentlichen handelt es sich um Jungen und Mädchen, die auf der Straße aufgegriffen werden. Sie sind von zu Hause ausgerissen, verstecken sich vor der Polizei, andere werden von ihren Eltern einfach vor die Tür gesetzt."

„Solche Kinder sind mir schon begegnet", sagte die Schatzmeisterin. „Es ist schon ein paar Jahre her. Es war im Winter, -20 Grad. In einem Textilgeschäft saß ein Junge von vielleicht sechs Jahren auf der Heizung und schlief." – „Ein Straßenkind", sagte damals Alexandra zu mir. „Manche Geschäfte erlauben ihnen, sich aufzuwärmen und dabei ein wenig zu schlafen."

„Ich habe das Kinderasyl vor Kurzem besucht", sagte ich. „Es macht einen recht guten Eindruck, wenn auch in einigen Räumen an Türen, Fenstern und Böden noch viel auszubessern ist." – „Wir gehören seit einiger Zeit zur Region und bekommen Geld für die Renovierung. Aber es reicht längst nicht. Zu viel ist zu tun.

Die Werner Peter Schmitz-Stiftung hat uns in mehreren Raten insgesamt 60.000 € gegeben. Und in Düsseldorf gibt es eine Schule, an der immer wieder Geld für uns gesammelt wird. Aber das brauchen wir im alltäglichen Betrieb."

„Wenn das Kinderasyl immer noch renoviert wird, ist die Frage kaum angebracht, ob dort heute etwas anders gemacht würde als in der Vergangenheit."

„Das trifft zu", sagte Natalia. „In meiner Fantasie kann ich mir zwar vorstellen, wie ein Neubau aussähe mit Aufzug, Behindertentoiletten und genügend Platz, sich im Rollstuhl zu bewegen. Aber was hilft hier die

Fantasie! Es ist in absehbarer Zeit an keinen Neubau zu denken. Wir müssen uns mit dem begnügen, was wir haben. Und da haben es Behinderte in unserer Einrichtung schwer."

Dach der Geborgenheit

„Ich erinnere mich gut an den ersten Besuch in der Station der verlassenen Säuglinge", wandte ich mich an die Chefärztin Elena Utkina. „Es war, glaube ich, im Jahr 2001.

Wie in vielen Fällen hat uns Iwan Kalinin auf den elenden Zustand in der dritten Etage des heruntergekommenen Kinderkrankenhauses aufmerksam gemacht. Hier waren die Kinder gelagert, oft behindert, die auf Anraten des Arztes nicht mit nach Hause genommen werden sollten. Kleinstkinder, die ihren Eltern wegen schlechter Fürsorge entzogen wurden, kamen hinzu. Die Station war sauber, aber baulich in einem ganz schlechten Zustand.

An den beiden einzigen Wasserhähnen im Flur waren die Kacheln heruntergefallen. In allen Ecken saß der Schimmel, der Putz rieselte auch hier von den Wänden. 40 Säuglinge und Kleinstkinder lagen in Gitterbetten dicht an dicht in den Räumen. Man konnte sich kaum zwischen den Betten hindurchzwängen. Die Krankenschwestern taten ihre Arbeit, so gut es ging. Pädagogisch und psychologisch geschultes Personal gab es hier gar nicht. Aber es war auch keine Ecke vorhanden für Spiel und Freizeitgestaltung, kein Raum für Logopädinnen und, und, und ... Es fehlte an allem.

Hedda Mönkemöller aus Wuppertal begleitete mich damals. Sie schlug vor Entsetzen die Hände über dem Kopf zusammen. Mit ihrem Fotoapparat hielt sie alles dokumentarisch fest. Du weißt, warum ich dich gebeten habe, mich hierhin zu begleiten", wandte ich mich an sie. „Wir haben in Pskow schon für mehrere Projekte Verantwortung übernommen. Mehr können wir nicht leisten.

Wir können für diese Station nur eine Zusage der Hilfe wagen, wenn in Deutschland eine Gruppe dahintersteht." – „Ich weiß", sagte Hedda Mönkemöller. „Die Firma meines Mannes hat 30.000 € für ein soziales Projekt in Russland gesammelt. Außerdem werde ich in Wuppertal einen Arbeitskreis für dieses Haus ins Leben rufen.

Ich weiß auch schon, wie wir die Station in Zukunft nennen werden. Es soll ein *Dach der Geborgenheit* werden für die abgeschobenen Kinder."

Jetzt schaltete sich die Chefärztin für das Kinderkrankenhaus ein, die auch für diese Kinder verantwortlich war, Elena Utkina. „Ich erinnere mich gut an euren ersten Besuch. Ich hatte Iwan Kalinin gebeten, ob er nicht Hilfe aus dem Ausland für diese Station gewinnen könnte. Ich wusste ja, dass ihr Deutschen an mehreren Stellen aktiv wart. Und jetzt seid ihr tatsächlich gekommen. Ich war richtig froh."

Unter dem Dach der Geborgenheit (Foto: Volker Raettig)

„Wie habt ihr es dann geschafft, das *Dach der Geborgenheit* in einen so vorzüglichen Zustand zu versetzen, in dem es sich heute präsentiert?", fragte Hans Paskert. „Und damit meine ich nicht nur die baulichen Voraussetzungen, sondern auch die personelle Ausstattung mit Pädagogen und Psychologen neben den Kinderkrankenschwestern und den Ärzten." – „Wir haben uns sofort zusammengesetzt", sagte Elena Utkina. „Hedda Mönkemöller und ich sind darüber zu guten Freundinnen geworden. Ich war bei ihr in Wuppertal, sie war oft hier.

Wir haben gemeinsam einen Plan entwickelt mit Kinderzimmern und Krankenstation, mit Aufenthalts- und Spielräumen, mit Besprechungs- und Behandlungszimmern. Ich fand eine vorzügliche Baufirma. Sie hat alle Arbeiten hervorragend und zu günstigsten Preisen ausgeführt. Es gelang uns, die KINDERNOTHILE in Deutschland und die Werner Peter Schmitz-Stiftung mit ins Boot zu holen. Finanzielle Mittel haben wir auf beiden Seiten beschafft, bei deutschen und bei russischen Sponsoren. Das pädagogische und psychologische Personal wurde für mehrere Jahre von der KINDERNOTHILFE bezahlt. Unsere Führungskräfte durchliefen die Fortbildung in Heilerziehung und Pflege. Ich habe selbst an einem mehrjährigen Kurs für Leiterinnen teilgenommen.

Als wir 2006 mit Deutschen und Russen die renovierte Station offiziell eröffneten, sagten manche Deutsche hinter vorgehaltener Hand: Ist sie nicht zu schön geworden? Muss das denn für Russland sein? Ich denke ja. Für Kinder kann nichts gut genug sein", schloss Elena Utkina ab.

Martha Vahrenkamp stimmte ihr zu und wieder klatschte der Kreis Beifall.

„Nun sind fast 10 Jahre seit den Renovierungsarbeiten vergangen", hakte ich ein. „Was würden Sie heute anders machen?" „Gar nichts", erwiderte Elena Utkina. „Der Aufzug ist vorhanden. Räume, Zugänge, Toiletten, bei allem ist auch an bewegungsbehinderte Menschen gedacht.

Und die Zusammenarbeit im Team von Psychologen, Pädagogen und Medizinern klappt einfach hervorragend. Der Erfolg gibt uns recht. Es gelingt uns, 90 % der anvertrauten Kinder zurückzuführen in eine häusliche Umgebung in ihre Familien, mit denen wir ebenfalls sehr intensiv arbeiten, um sie für die Kinder zu resozialisieren. Viele von unseren Kleinen werden adoptiert oder in Pflegefamilien vermittelt. Auch viele behinderte Kinder sind darunter. Wir sind zu einem Modell für Russland geworden. Aus vielen Städten Russlands kommen Fachleute zu uns, um von uns zu lernen."

„Keinen Wunsch für die Zukunft?", fragte Martha Vahrenkamp abschließend. „Doch", sagt die Chefärztin. „Ich hätte gerne, dass die Fortbildung für meine Mitarbeiterinnen fortgesetzt wird, damit wir dieses Modell weiterentwickeln können." – „Damit sprechen Sie mir aus dem Herzen", ergänzte die Schatzmeisterin.

Das Waldhaus

„Fährst du einmal mit mir an den Rand der Stadt?" Es war die Variation einer der vielen Fragen, die der Sozialbürgermeister der Stadt an mich gerichtet hatte. Und der Zielpunkt war doch immer der Gleiche: Könnt ihr Deutschen uns helfen bei einem weiteren Projekt?

„Du warst sehr erfindungsreich darin, mich immer wieder auf eine neue Fährte zu locken", wandte ich mich an Iwan Kalinin.

Iwan lächelte ein wenig gequält. „Glaube nicht, dass mir das leichtgefallen ist", sagte er nach einer längeren Pause. „Wir Russen sind stolz auch ohne Hose am Hintern, sagt eins unserer Sprichwörter. Ich hatte unsere miserable Situation immer vor Augen. Ich sah Gouverneure der Region kommen und gehen, die wenig Interesse an sozialen Problemen zeigten. Ich erlebte bei jeder Haushaltsplanung, dass Moskau kaum geneigt war, einen so armen Oblast und eine so arme Stadt wie Pskow zu unterstützen. Auf der anderen Seite hatten wir seit 1999 einen neuen Oberbürgermeister, Michail Choronen, dem die sozialen Probleme genauso auf den Nägeln brannten wie mir. Ständig fragten wir uns, wie wir Abhilfe schaffen könnten besonders für die Menschen, die am Rande der Gesellschaft lebten.

Seit einigen Jahren kannte ich euch und die Initiative Pskow. Ich hatte gemerkt: Hier ist eine Gruppierung, der sind unsere sozialen Probleme wichtig, deshalb wagte ich es, auch gegen meinen Stolz, dich immer wieder zu bitten."

„Wir sind seit Langem Freunde", sagte ich beschämt. „Unter Freunden ist Bitten selbstverständlich."

Wir fuhren an den Rand der Stadt. Tatsächlich, dort, wo es in den Wald überging, stand ein Kindergarten, sicher vor mindestens 10 Jahren aufgegeben, stark zerfallen.

„Am besten, Iwan, erzählst du selbst, was du mit dem Waldhaus, wie wir es bald nannten, vorhattest und wie es damit weiterging."

„Mir machte seit längerer Zeit eine Gruppe Jugendlicher Gedanken, die immer kurz vor der Einlieferung ins Gefängnis standen, Jungen und Mädchen zwischen 14 und 18 Jahren.

Sie hatten, aus welchen Gründen auch immer, kein Zuhause mehr, lagen auf der Straße, bettelten, prostituierten sich, lebten vom Diebstahl. Ich dachte an eine Zwischenlösung, ein Haus mit guter pädagogischer Betreuung unter der Leitung des Kinderfamilienhauses. Hier sollte versucht werden, die Jugendlichen in die Gesellschaft zurückzuführen, eine Wohnung und Arbeit für sie zu finden. Dafür schien mir der alte, seit 1991 leer stehende Kindergarten sehr geeignet zu sein.

Ich erinnere mich noch an dein verdutztes Gesicht, als wir im Januar 2002 davor standen, sagte er zu mir. „An eine solche Ruine hattest du sicher nicht gedacht." Ich nickte. „Bevor du etwas sagen konntest, versuchte ich dir das Haus schmackhaft zu machen. Drei Gründe sprechen für diesen Kindergarten", sagte ich, „das Haus gehört der Stadt, Wasser-, Strom- und Gaszuleitung sind vorhanden, die Außenmauern können stehen bleiben.

Und was ich von dir will? Wir möchten das Haus noch in diesem Jahr renovieren. Aber es fehlen uns etwa 60.000 €.

‚Ich will versuchen, was ich machen kann', sagtest du, ‚aber erst muss ich die Geldgeber finden, und wer von uns dafür verantwortlich zeichnet. Und tatsächlich, noch im gleichen Jahr konnten wir das Geld zur Verfügung stellen.

Wieder sprang die Werner Peter Schmitz-Stiftung in die Bresche und ein ökumenischer Arbeitskreis aus Meerbusch in der Nähe von Düsseldorf mit dem tatkräftigen Ehepaar Ingrid und Jakob Steins."

Reimar Kirchhoff, der bei der Bauplanung geholfen hatte, fragte: „Was ist aus dem Haus geworden?" – „Es hat sich bestens bewährt", antwortete der Bürgermeister für Soziales.

„Seit 2003 wohnen ständig 18–20 junge Männer und junge Frauen in dem Haus, zwischen 15 und 18 Jahren. Jedes Jahr gelingt es uns, für 14–16 von ihnen Wohnung und Arbeit zu finden. So ist es möglich, immer neue Menschen aufzunehmen und sie zu sozialisieren.

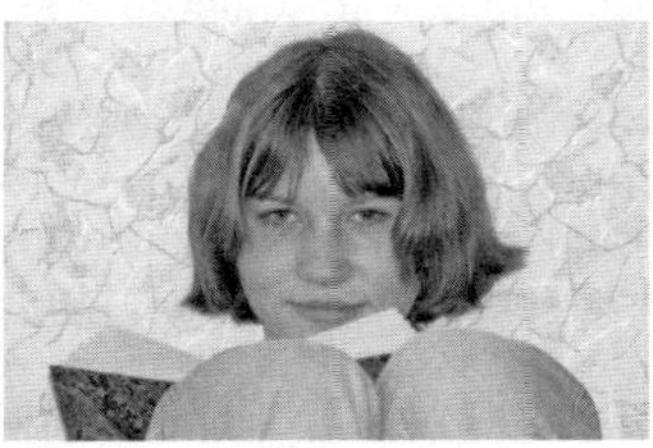

Geborgenheit im Waldhaus
(Foto: Volker Raettig)

Das liegt sicher auch an Irina, einer vorzüglichen Pädagogin, welche die fünfjährige Ausbildung bei euch durchlaufen hat."

„Ist das Haus auch behindertengerecht?", fragt Martha. „Nein, das ist es leider nicht. Dafür hätten wir noch viel mehr Geld gebraucht. Das war aber nicht vorhanden. Der Geldmangel macht sich auch daran bemerkbar, dass nach gut 10 Jahren Baumängel sichtbar wurden, weil wir zu stark sparen mussten."

Hospiz

„Beim Hospiz, Iwan Kalinin, war es ähnlich. du sagtest, ‚schau es dir einmal an', und schlepptest mich dorthin."

„Ich war vorbereitet", erklärte Ludmilla Stepanowa, „Herr Kalinin sagte mir euren Besuch an. Sofort beim ersten Klingeln war ich an der Tür und versuchte, euch so freundlich wie möglich zu empfangen."

Ludmilla Stepanowa war eine sehr schöne Frau, inzwischen über 70 Jahre alt, mit schönem Haar und sehr klaren Augen. Sie strahlte großes Selbstbewusstsein aus. Lange Jahre hatte sie als Onkologin gearbeitet, anschließend das Gesundheitsamt der Stadt geleitet und seit ihrer Pensionierung sich ganz dem Hospiz gewidmet.

Als ich das Haus besichtigte, habe ich buchstäblich geweint. Immer wieder wurden meine Augen nass, versagte meine Stimme ihren Dienst. In einem solchen Haus möchte ich nicht sterben, schoss es mir durch den Kopf.

Von den vierzig meist im Sterben liegenden Menschen befanden sich immer vier bis sechs in einem Raum, je nachdem wie groß er war. Als Ausstattung waren vorhanden: ein schmales, wackliges, nicht verstellbares Holzbett, ein Nachtkasten, sonst nichts, kein Schrank, kein Wasserhahn, kein Stuhl. Die Türen fehlten, sie wurden durch Wolldecken ersetzt.

Im ganzen Haus gab es kein Bad, keine Dusche, in einem Raum, der so etwas wie eine Küche darstellen soll, einen einzigen Wasserhahn für das ganze Haus, unter ihm eine Zinkbadewanne, der Ersatz für ein Spülbecken. Natürlich ist kein Aufzug vorhanden. Die Toten und die Lebenden wurden in Leinentüchern die Treppen hinauf- und heruntergeschleppt.

Auf meine Frage, wer hier den schweren Dienst versieht, die Sterbenden aus der Waschschüssel pflegt, wies Ludmilla Stepanowa auf das Personal hin: ältere Frauen, die sich ein paar Kopeken zur Rente hinzuverdienen wollen. Für den schweren Dienst konnte nämlich nur ein Hungerlohn bereitgestellt werden.

„Warum zeigst du mir so etwas überhaupt?", fragte ich Iwan Kalinin. „Du kennst Frau Stepanowa nicht. Ihr fester Wille ist, aus diesem Hospiz eine Mustereinrichtung zu machen. Und so gibt sie keine Ruhe, bis ich ihr die Deutschen präsentiere. Aber auch unter den Russen ist sie äußerst aktiv."

„Das stimmt", sagte die Ärztin bei meinem ersten Besuch, und „das stimmt", sagte sie später in unserer Runde im Familienhaus. „Sie waren vor wenigen Tagen in unserem Haus. Was sagen Sie jetzt?"

„Ich habe Sie seit 2002 in jedem Jahr mehrmals in Ihrem Haus besucht. Und als ich vor drei Tagen bei Ihnen war, konnte ich sagen: In diesem Haus könntest du geborgen sterben."

„Wie haben Sie das geschafft? Es ist ein Schmuckkästchen geworden. Allein schon die Außenanlagen: Blumenrabatten, grüner Rasen, Ruhebänke, kiesbestreute Wege." – „Das ist schon ein bisschen Mitverdienst von Ihnen. Sie haben die Werkstatt geschaffen und ihre Gärtnerei versorgt unsere Anlage." – „Gut, gut", sagte ich.

„Und dann das Innere: Der Keller blitzsauber und in Ordnung, der Aufzug, der die Etagen des Hauses miteinander verbindet, die Zimmer, meistens zwei Betten in einem Raum, freundliche Gardinen, verstellbare Metallbetten, Nachtschränkchen mit ausschwenkbaren Tabletts, ein wunderschöner Aufenthaltsraum, im Eingangsbereich eine kleine Kapelle, eine gut funktionierende Küche mit einer vorzüglichen Köchin, ein wesentlich jüngeres Personal, funktionstüchtige Büroräume. Das alles habe ich gesehen. Wie haben Sie das gemacht?"

„Die richtigere Frage wäre wohl: ‚Wie haben wir das gemacht?', sagte Ludmilla Stepanowa und lächelte stolz dabei. „Die deutsche Seite war doch unglaublich aktiv. In Koblenz habt ihr Deutschen einen eigenen Verein gegründet zur Heiligen Maria und Mafra mit dem einzigen Ziel, uns zu helfen. Heute ist der tüchtige ehemalige Pfarrer Klaus Schneidewind der Vorsitzende. Unablässig sammelt der Verein Geld für uns, unsere Schwestern sind ständig zur Fortbildung in Ihren Häusern, immer wieder kommen Delegationen, sehen nach dem Rechten, fragen, was noch fehlt. Und dann die wunderbare Werner Peter Schmitz-Stiftung! Vor seinem Tod hat uns der Stifter noch besucht und sein großartiges Herz gezeigt. Sie selbst haben Lkw-Ladungen mit verstellbaren Betten herbringen lassen, mit den richtigen Krankenhausnachtschränkchen, Sessel und kleine Tische, alle wie neu, kamen hinzu." – „Das liegt nur daran, dass wir Deutschen zwar furchtbar viel stöhnen, wie schlecht es uns geht. Dabei sind wir die reine Wegwerfgesellschaft. Vor einigen Jahren fiel dem Krupp-Krankenhaus in Essen ein, elektrisch verstellbare Betten anzuschaffen. Also mussten die Tische und Sessel und Stühle auch ausgetauscht werden. Alles war wie neu und wir brauchten es nur zu übernehmen", sagte ich.

„Die Deutschen haben etwas dazugetan, aber vieles muss doch von russischer Seite ausgegangen sein." – „Natürlich, wir waren hier nicht untätig. Kennen sie die Geschichte aus der Bibel von der Witwe, die dem Richter so unverschämt ausdauernd in den Ohren liegt, bis er seine Ruhe haben will und ihr nachgibt?" Ich nickte. „So bin ich auch. Ich kann unverschämt bitten und betteln. Ich kann den Leuten in den Ohren liegen, bis sie ihre Ruhe haben wollen und mir nachgeben. So habe ich eine ganze Reihe russischer Sponsoren gefunden, die uns unterstützen. Im Übrigen denken viele von ihnen auch daran, dass sie selbst oder ihre Angehörigen einmal so ein Hospiz nötig haben. Das fördert ihren Willen zu guten Taten.

Mit der Stadt hatte ich vor einigen Jahren eine große Auseinandersetzung über die Führung des Hospizes. Da bin ich zur Oblastverwaltung gegangen, als der Gouverneur eine Sprechstunde angesetzt hatte, und habe mich unter die Wartenden gesetzt. Als ich bei Andrej Turtschack schließlich an die Reihe kam, setzte ich mich an seinem Schreibtisch ihm gegenüber und trug mein Problem vor. Ich ließ nicht locker, bis der Gouverneur schließlich erklärte:

‚Nun gut, wir werden mit der Stadt in Verhandlung treten mit dem Ziel, das Hospiz durch den Oblast zu übernehmen.' Das ist auch geschehen. Seit wir zur Region gehören, geht es uns besser. Wir bekommen annehmbare Gehälter und brauchen die Deutschen nicht mehr um Windeln anzubetteln. Früher ist das des Öfteren geschehen."

„Bei solch einer guten Versorgung braucht man wohl kaum zu fragen, was Sie heute besser machen würden", sagte Hans Paskert. „Nein, das ist wirklich nicht nötig", antwortete die Leiterin. „Brauchen wir etwas aus Deutschland, wenden wir uns an den Partnerverein in Koblenz.

Für die Stadt Pskow und auch die Region ist in den letzten Jahren ein richtiger Gesinnungswandel eingetreten. Das gilt für die Bevölkerung und das gilt auch für die Beamten.

Lange Zeit galten wir bei Letzteren nichts. Bitter mussten wir immer wieder erfahren, dass der, der nichts leistet, auch nichts ist. So waren Kranke im Hospiz nur unnütze Esser.

Durch die Arbeit der Werkstatt, des HPZ und auch durch unsere eigene Tätigkeit hat die Grundstimmung sich geändert. Wir werden beachtet, man hört uns zu, man tritt für uns ein. Hinzu kommt, dass seit 2012 ein neues Gesetz in Kraft getreten ist, das die Arbeit im Hospiz in besonderer Weise fördert.

Das gilt auch für die Bevölkerung. An die Stelle der Ablehnung und Gleichgültigkeit sind Zuwendung und Mitgefühl getreten."

Das Bildungszentrum

„Bevor wir zur Frage der Stagnation beim Sozialen Viertel kommen, müssen wir nach der Fort- und Weiterbildung fragen", erklärte ich.

„Das Personal der russisch-deutschen Einrichtungen muss mit der richtigen Grundeinstellung und dem zeitgemäßen Fachwissen seine Arbeit tun können. Seit dem Bau des Heilpädagogischen Zentrums stand deshalb diese Frage an wesentlicher Stelle des Handelns der Initiative Pskow. Wir haben in diese Aufgabe sicherlich mehr als eine Million Euro investiert. Jede Einrichtung hat sie für sich wahrgenommen, sei es durch die Kirchengemeinde Wassenberg, die Rurtalschule, den Verein zur Heiligen Maria und Mafra oder durch die Initiative Pskow insgesamt."

Für die fünfjährige zentrale Schulung in Heilerziehung und Pflege kam uns wieder ein Zufall zu Hilfe. Im November 2002 war ich zu einem Vortrag beim Deutsch-Russischen Forum nach Suhl eingeladen worden. Zu dieser Zeit befand sich Iwan Kalinin zu Gesprächen in Deutschland. So fuhren wir zusammen mit unserer Dolmetscherin Alexandra Pyshowa in die thüringische Stadt.

In einer Gruppe berichtete ich über unsere soziale Arbeit in Pskow und die Projekte, die wir inzwischen miteinander geschaffen hatten. Iwan Kalinin ergänzte die Ausführungen aus russischer Sicht.

In der Pause trafen wir unten im Foyer auf eine Dame, die uns um ein Gespräch bat. Sie stellte sich vor: Bettina Tef, Projektleiterin der Robert Bosch Stiftung. „Ihre Ausführungen haben mir sehr zugesagt", erklärte sie. „Unsere Stiftung führt zur Zeit ein Projekt durch: ‚Gute Praxis macht Schule'. Ihre Arbeit würde sicher dazu passen. Wollen Sie nicht einen entsprechenden Antrag an uns stellen?" Natürlich wollten wir.

An den russischen Universitäten wurde im Behindertenbereich immer noch Defektologie gelehrt. Das ist ganz wörtlich zu verstehen: Bei den Menschen mit Behinderungen ist etwas defekt. Die Russen versuchen es allen Ernstes zu reparieren. Gelingt es nicht, wird der behinderte Mensch ausgemustert wie ein altes Auto. Er ist zu nichts mehr nütze. Also schieben sie ihn ab in eins der Heime, in denen nichts mehr für sie getan wird.

Gerade in diesen Tagen hatte Wiebke Paulsen einen Bericht darüber in unserem Rundbrief veröffentlicht. Sie tat ihren Dienst in einem Freiwilligen Sozialen Jahr im HPZ in Pskow. Die Zwanzigjährige schreibt in ihrem Tagebuch 2002/2003, veröffentlicht bei WDR 5:

Helfen Sie uns, die Hölle abzuschaffen

„Heute war ich in der Hölle. 80 km weit weg von Pskow, abgetrennt von jeglicher Zivilisation stehen vier graue Betonbauten, ein russisches Behindertenheim, wie es sie überall in Russland gibt, Aufbewahrungsanstalten, in denen Kinder gelagert werden, ohne Perspektive, ohne Möglichkeit auf Entwicklung, ohne Individualität, ohne Freiheit.

Mit meiner Chefin waren wir zum 40. Jubiläum eingeladen. Auf nach Urin, Schweiß und Schimmel riechenden Fluren krochen uns Gestalten entgegen, alle kahlköpfig. Die Haare werden abrasiert, das ist einfacher, alle mit großen, traurigen Augen. Diese Kinder wurden abgegeben, fast keines hat Familie, niemand liebt sie, alle dürr. Das Essen reicht nicht. Schließlich muss ja erst die Betreuerin satt werden.

In Zehner-Zimmern liegen sie entweder auf ihren durchgelegenen Matratzen 24 Stunden am Tag oder schleichen kriechend über den Boden, angezogen oder auch nicht. Es gibt nicht genug Kleidung. Mir ist schlecht. Ist das noch ein Menschenleben? Wie kann man das verantworten? Auch behinderte Kinder sind doch Menschen.

Warum sind sie aus der Gesellschaft ausgestoßen? Nur weil sie nicht normal sind? Ist das ihre Schuld? Werden sie deswegen hier bestraft, indem ihnen alles, was einen Menschen ausmacht, verweigert wird?

Ich habe Glück. Nach fünf schrecklichen, schockierenden Stunden kann ich die Hölle wieder verlassen. Aber die Kinder?"[51]

Das ist eine Folge der Defektologie. Wir entwickeln einen Kurs in Heilerziehung und Pflege. Übergreifend für alle Fächer steht die Ethik mit dem Zielsatz aus unserem Grundgesetz „Die Würde des Menschen ist unantastbar" oder christlich gewandt:

Jeder Mensch ist ein Geliebter Gottes, mein Partner, Subjekt und niemals Objekt.

Der Kurs ist auf fünf Jahre ausgelegt, berufsbegleitend, mit Hospitationen in Deutschland und theoretischem Unterricht in Russland.

Im letzten Jahr werden diejenigen, die sich als besonders geeignet profilieren, zu Multiplikatoren weitergebildet, die berechtigt sind, selbst Unterricht zu erteilen. 30 Frauen aus allen Einrichtungen, vom Kindergarten bis zum Waldhaus, nehmen teil. Acht erhalten schließlich das Diplom der Multiplikatorin. Die Kosten betragen 400.000 €, zum größten Teil ein Zuschuss der Robert Bosch Stiftung.

Aber wo sollte die Schulung stattfinden? Es gab keine Räume für einen so lange währenden Kurs.

Im Etat waren 12.000 € für Mieten vorgesehen. Die Robert Bosch Stiftung genehmigte, sie auch für einen Ankauf auszugeben.
In der Stadt gab es eine alte Apotheke, vor vielen Jahren aufgegeben. Nur die Außenmauern waren noch brauchbar. Alle Fenster und Türen waren herausgebrochen. Knöchelhoch stand der Schlamm.

Reimar Kirchhoff zeichnete einen Plan, erweitert um eine erste Etage, die für fünf Gästezimmer und eine kleine Wohnküche vorgesehen war. Die Kosten wurden auf 60.000 € berechnet. Eine sehr kleine Firma war bereit, dafür zu bauen. Mit Eigenmitteln kamen wir auf 30.000 €. Die Hälfte fehlte. Wir fingen trotzdem an. Der Kurs sollte im Herbst 2003 beginnen. Wir suchten verzweifelt nach Geld. Schließlich war die Software-AG-Stiftung, die uns schon mehrmals geholfen hat, bereit, das Geld zur Verfügung zu stellen. Der Bau wurde vollendet. Die 60.000 € reichten nur, weil wir an allen Ecken und Enden sparen mussten.

Fragt man heute, was hätte eigentlich anders sein müssen, dann lässt sich vieles aufzählen. Für Menschen mit Behinderungen ist der Bau völlig ungeeignet. Es gibt jetzt zwar eine Rollstuhlrampe, aber viel zu enge Gänge, keine Wendemöglichkeiten, für Behinderte ungeeignete Toiletten, keine Möglichkeit, in die erste Etage zu gelangen. Dennoch mussten wir bauen, weil sonst die Fortbildungskurse zu Heilerziehung und Pflege nicht hätten stattfinden können.

Inzwischen haben wir wenigstens einen Container angebaut mit Rollstuhlrampe und haben eine breitere Außentür gebrochen. So können Rollstuhlfahrer wenigstens in den großen Vortragssaal gelangen.

Das Soziale Viertel

Bevor wir das Gespräch weiterführten, wollten wir sehen. „Einmal sehen ist hundert Mal besser als darüber nur zu reden“, war einer der weisen Sprüche von Michail Choronen. „Der Kleinbus ist vorgefahren“, meldete Alexandra Pyshowa. Wir gingen nach unten und bestiegen das Auto.

Der Fahrer bahnte sich einen Weg durch den Verkehr. Nach fünfzehn Minuten erreichten wir das Baugelände. Es lag gut, mitten in der Stadt, eine große Hochhauszeile auf der einen Seite, auf der anderen grenzte es an das SOS-Kinderdorf, das vor zwei Jahren eröffnet wurde, eine ideale Ergänzung zum geplanten Komplex des Sozialen Viertels. Wir stiegen aus. Die Baustelle war völlig verwaist. Gegossen waren die Fundamente für die zehn geplanten Häuser und das große Begegnungszentrum.

Auf der hinteren Ecke waren ein paar Mauern hochgezogen, mannshoch, mehr war nicht zu sehen. Die Baustelle war offensichtlich verlassen. Im Augenblick wurde jedenfalls nicht weitergebaut. Kopfschüttelnd fuhren wir zurück.

Als wir den Raum betraten, war Armen Mnazakanjan schon eingetroffen. Er war der Leiter für den sozialen Bereich im Oblast, nach deutschem Sprachgebrauch der beamtete Staatssekretär für Soziales.

Armen Mnazakanjan
(Foto: Volker Raettig)

Wir begrüßten uns sehr herzlich. Seit vier Jahren arbeiteten wir bestens zusammen und hatten, bis auf das Soziale Viertel, nur gute Erfahrungen miteinander gemacht. Armen Mnazakanjan hatte uns immer sehr in unseren Anliegen unterstützt, und wir hatten die sozialen Projekte mit ihm weiter gefördert.

Martha Vahrenkamp berichtete kurz über unsere Besichtigungstour. Reimar Kirchhoff gab seiner Enttäuschung darüber Ausdruck, dass keine Fortschritte zu sehen waren und das, was gebaut wurde, den deutschen Erwartungen nicht entsprach.

Ich trug noch einmal die Bedenken von mir und Eckhard Feddersen vor: „Die Forderung der ‚Inklusion' ist nirgendwo beachtet worden. Der Zuschnitt der Wohnungen ist mangelhaft geplant.

Unter diesen Voraussetzungen können wir uns von der deutschen Seite nicht beteiligen."

Armen Mnazakanjan erwiderte:

1. Wir haben selbst große Fehler in der Planung festgestellt. Der russische Architekt Drankewitsch ist nicht länger zuständig. Der Generalunternehmer wurde entlassen. Der Bau wurde gestoppt. Deshalb sind nur mannshohe Mauern sichtbar.

2. Das Bauvorhaben wird im Sommer neu ausgeschrieben, um einen neuen Generalunternehmer zu ermitteln.

3. Die Beratung durch den deutschen Architekten ist dringend erforderlich. Nur seine Sachkenntnis garantiert die Errichtung des Sozialen Viertels auf hohem Niveau. Das ist auch politisch für den Oblast wichtig. Viele russische Städte kennen inzwischen die Planungen. Sie wollen mög-

lichst dem Pskower Vorbild folgen. Dazu ist weiterhin hohe Qualitätsarbeit erforderlich.

Folgende Absprachen mit der deutschen Seite werden getroffen:
1. Alle finanziellen Fragen werden einvernehmlich geklärt.
2. Den Bedenken der deutschen Seite wird Rechnung getragen.
3. Die Planungen zum ersten Haus für das Wohnen von Menschen mit Behinderungen werden im Detail noch im Juni an uns geliefert.
4. Wenn der neue Generalunternehmer im Juli ermittelt ist, werden Eckhard Feddersen und Dieter Bach im August anreisen, um an den Auftragsgesprächen vor der Aufnahme der Weiterarbeit teilzunehmen.
5. Es kann davon ausgegangen werden, dass Planen und Bauen für inklusives Leben volle Beachtung finden.

Martha Vahrenkamp schloss ab: „Es ist sicher, dass Eckhard Feddersen seinen Namen nicht für einen Bau geben wird, der den Erwartungen an ‚inklusives Bauen‘ nicht entspricht.“

10. „Aber für Behinderte könnte es gut sein“

2004–2008: Die Fortbildung der Mitarbeitenden in sozialen Einrichtungen

Gute Praxis macht Schule

Die Robert Bosch Stiftung hatte mittlerweile in ihrem Projekt „Gute Praxis macht Schule“ das Fortbildungsprogramm für Pskow bewilligt. Ich bat Margot Nohr, die gerade pensionierte Leiterin eines Gymnasiums, das Curriculum zu erstellen.

Margot Nohr und Wilhelm Lascho im Gespräch (Foto: Volker Raettig)

Sie saß vor dem Wust der Bücher und Lehrpläne am Schreibtisch ihres Hauses in Duisburg-Dorf. So nannte sie den kleinen Stadtteil auf der linken Rheinseite, der gar nichts vom Gesicht der Ruhrmetropole übernommen hat. Rumeln-Kaldenhausen hat den Flair eines Dorfes behalten.

Margot Nohr blickte auf das Blatt vor sich. Auf ihm hatte sie als Erstes festgehalten, worum es geht:

Ziel ist eine berufsbegleitende Zusatzausbildung für alle, die mit Menschen mit Behinderungen zusammenarbeiten in Heilerziehung und Pflege. In Russland nennt man den Studiengang immer noch Defektologie. Schlicht und einfach übersetzt heißt das: Bei dem Menschen mit Behinderungen ist etwas defekt. Man versucht es zu reparieren. Gelingt es nicht, wird er abgeschoben weit weg von jeder Zivilisation.

Zu den Rahmenbedingungen gehörten weiter:

Die **Gesamtkosten** betragen fast 400.000 €. 265.000 € stellt die Robert Bosch Stiftung zur Verfügung.

Die **Ausbildungszeit** ist auf fünf Jahre festgelegt, 2004–2008.

Die **Auszubildenden** sind Pädagogen, die einen russischen Studiengang erfolgreich abgeschlossen haben, oder Handwerksmeister aus unterschiedlichen Berufen.

Die **Fächer** sind
- Ethik
- Management und Organisation
- Methodik und Didaktik in Heilerziehung und Pflege
- Heilpädagogik
- Soziologie, Psychologie und Psychiatrie
- Heilerziehung und Pflege
- Werken und Gestalten
- Rhythmik und Spielen

Es war ein schwieriger Weg, den Fächerkatalog zusammenzustellen. In Deutschland gibt es den Studiengang Heilerziehungspflege. Er umfasst 4.000 Unterrichtsstunden und zu ihm gehört eine größere Zahl von Fächern. Für Russland stehen nur 2.000 Stunden zur Verfügung.

Hinzu kommen die Sprachschwierigkeiten, wenn auch alle Kursteilnehmer zunächst ein Jahr Deutsch lernen mussten. Die Dozenten kommen alle aus Deutschland. In Russland fehlt das entsprechende Vorwissen und im Allgemeinen die entsprechende Grundeinstellung zu Menschen mit Behinderungen. Auch die vorgesehenen Hospitationen können nur in deutschen Einrichtungen stattfinden.

Zwei Mal war Margot Nohr zu Ausbildungsstätten in Rheinland-Pfalz gefahren. Sie hatte die Lehrpläne immer wieder studiert, für Russland gestrichen und ergänzt, mit deutschen Partnerinnen die notwendigen Schritte wieder und wieder diskutiert.

Der Mensch mit Behinderungen – Objekt oder … ?

Neu hinzugekommen ist das Fach Ethik. Das gibt es in deutschen Lehrplänen gar nicht. Aber es ist das notwendigste Fach überhaupt. Margot Nohr und ich waren sehr bald einig darin:

Die mehr als dreißig Auszubildenden gehören zum größten Teil zur Russisch-Orthodoxen Kirche. Aber sie hat ein sehr merkwürdiges Verhältnis zu Behinderten. Die meisten Priester sind noch der Meinung: Ein Kind mit einer geistigen Behinderung ist die Strafe für die Sünde der Eltern. Eine kleinere Gruppe der jungen Frauen und Männer sind Atheisten, oft noch geprägt vom leninistisch-marxistischen Denken. Sie alle behandeln deshalb Menschen mit Behinderungen wie Objekte, die im besten Fall barmherzig betreut werden, im Normalfall aus der Gesellschaft ausgeschlossen sind. Nur wenn es gelingt, in Menschen mit Behinderungen den gleichberechtigten Partner zu sehen, der im Verhalten zuweilen anders ist, aber Mensch ist wie du und ich, nur dann wird das wirkliche Ziel des Ausbildungsgangs erreicht. Deshalb gilt: Es muss unbedingt das Fach Ethik geben, in dem das Grundwissen vermittelt wird. Aber die Ethik ist der Kern in allen Fächern, ob es sich um Heilpädagogik, die Soziologie oder die Pflege handelt.

Nur wer von diesem Grundsatz durchdrungen ist, kann zum Team der deutschen Dozentinnen und Dozenten gehören.

Abteilungsleiterin der Robert Bosch Stiftung, Dr. A. Satrapa-Schill – engagierte Förderin der Fortbildung (Foto: Volker Raettig)

Wie schaffen sie das nur?

9. März 2004: Das erste Halbjahr des Fortbildungskurses wurde gerade abgeschlossen. In der Evangelischen Landjugendakademie Altenkirchen saßen am Runden Tisch vierzehn deutsche Dozentinnen und Dozenten und neun russische Verantwortliche und Tutoren zusammen.

Der neue Fortbildungsraum der Akademie bot alle Annehmlichkeiten für eine gute Zusammenarbeit, große Fenster mit einem schönen Ausblick auf den noch winterlichen Rasen, Kaffee und Gebäck, dazu alle technischen Geräte.

Alle waren von weit her angereist. Die deutschen Mitarbeitenden stammten fast aus der ganzen Bundesrepublik. Von der Lübecker Bucht und aus Baden-Württemberg waren sie gekommen, von Bottrop und von Wuppertal. Sie waren nicht ganz leicht zu finden. In der ethischen Grundhaltung sollten sie übereinstimmen, das notwendige Fachwissen und das pädagogische Umsetzungsvermögen nachweisen, für fünf Jahre sollten sie sich verpflichten, mindestens zwei Wochen im Jahr in Russland zu unterrichten, dazu zwei Mal jährlich an einer deutsch-russischen Rückkoppelungsrunde teilnehmen. Das alles sollten sie ehrenamtlich einbringen ohne einen Cent Honorar. Nur so konnte der Eigenanteil an der Finanzierung eingebracht werden. Es war gelungen, sie zu finden. Sie hatten die erste Runde in Russland unterrichtet und saßen jetzt am Runden Tisch.

Die Anreise der Russen führte über einen noch weiteren Weg: Mit dem Auto 280 km von Pskow nach St. Petersburg, mit dem Flugzeug von dort nach Düsseldorf und dann wieder mit dem Auto 80 km in den hohen Westerwald zur Akademie in dem kleinen Städtchen Altenkirchen, das noch in den letzten Kriegstagen durch Bomben fast völlig vernichtet worden war.

Die russische Leiterin der Fortbildung, Dr. Natalij Kourtshanowa (Foto: Volker Raettig)

Sieben der Russen waren Tutoren, Teilnehmende, die während des Unterrichts das Protokoll führten, vor allem aber die kritischen Rückfragen der Kursteilnehmenden einbrachten, die es nicht gewohnt waren, Einzelkritik zu leisten, aber sich sehr wohl im Team äußerten. Hinzu kamen die beiden Doktores, Natalij Kourtschanowa, die Leiterin der russischen Bildungsstätte, und der russische ‚Behindertenpapst' Andrej Zarjow.

Die Altenkirchener Gespräche waren in drei Schritte gegliedert:
- Die äußeren Bedingungen
- Die Teilnehmenden
- Die Inhalte

Die **äußeren Bedingungen** waren im ersten Halbjahr sehr schlecht. Das eigene Bildungszentrum befand sich noch im Bau. Im Mai sollte es wohl bezogen werden können. Bis dahin hatte uns die Stadt Pskow einen Raum im Kulturzentrum zur Verfügung gestellt. Er war dunkel und eng. Eine Tafel oder gar eine Ausstattung mit technischen Geräten war nicht vorhanden. Trotz dieser erschwerten Bedingungen wurde nach den für Erwachsene angemessenen Methoden gearbeitet.

Die dreißig **Teilnehmenden** waren fast ausschließlich Frauen zwischen 25 und 50 Jahren. Unter ihnen befanden sich nur zwei Männer, kein Wunder, gehörten doch die Sozialpädagogen zu den am schlechtesten Bezahlten in Russland.

Sie hatten während der ganzen fünf Jahre der Fortbildung Bewundernswertes geleistet.

Es war dank der russischen Unterstützung gelungen, alle Einrichtungen aus dem sozialen Bereich einzubeziehen. Der Kindergarten, die Schule für schwer mehrfach Behinderte, das HPZ, die Frühförderungszentren, das Dach der Geborgenheit, das Kinderasyl, das Waisenhaus und vor allem die Werkstatt hatten ihre fortzubildenden Vertreterinnen geschickt. Sie kamen fast alle aus leitenden Positionen. Das bedeutete: Schon um sieben Uhr waren sie an ihrer Arbeitsstelle, regelten alle Aufgaben, die ohne sie nicht zu lösen waren. Um neun Uhr trafen sie am Unterrichtsort ein. Der Kurs lief bis sechzehn Uhr. Dann fuhren sie zu ihrer Wohnung und wurden zur Hausfrau. Denn in Russland verharren die Männer in einer noch machohafteren Haltung als in Deutschland: Hausarbeit geht uns nichts an. Das ist Frauensache. „Wo bleiben meine Pantoffeln?", lautet die herablassende Frage.

All das mussten die Frauen leisten. Und das jeweils für zwei Wochen im Monat!

„Ich habe sie immer wieder bewundert", sagte Margot Nohr voller Hochachtung. „Im Kurs selbst waren sie ganz bei der Sache, stets gut vorbereitet. Ihre Kurzreferate waren immer perfekt angelegt. Besonders angetan hat es mir Irina, die Leiterin des Waldhauses, eine vierzigjährige Frau mit einem Kind. Mitten in der Prüfungsphase zur Multiplikatorin starb ihr Mann. Sie war voller Schmerzen und hat die Prüfung doch hervorragend bestanden."

Mit den **Inhalten** beschäftigte sich die Altenkirchener Gruppe am stärksten. Von den fünf Tagen waren ihnen drei gewidmet.

Am Anfang stand die Frage nach der Unterrichtsmethode. Es war interessant: Zu Beginn des ersten Kurses saßen alle brav in der Tischrunde, den Schreiber in der Hand, das weiße Blatt Papier vor sich. Sie blickten auf die Dozentin. Sieglind Humrich, Mitarbeiterin an der Fachschule in Bad Kreuznach, würde jetzt vortragen, was man von der Heilpädagogik wissen musste. Das würden sie aufschreiben und brav für die Prüfung lernen. Aber die Dozentin entsprach den Erwartungen in keiner Weise. In Gruppengesprächen ließ sie erarbeiten, was die Teilnehmerinnen von dem Fach wussten, was sie besonders interessierte, wo gründlichere Vertiefung notwendig wurde. Danach gestaltete sie die nächsten Tage, aber wieder nicht im Vortrag, sondern im Rollen- und Planspiel, mit Arbeitsblättern, Folien und Beamer, in Gruppen- und Plenumsarbeit.

Die Teilnehmerinnen schüttelten erst ungläubig den Kopf. Sie machten zwar mit, dazu waren sie sogenannten Autoritäten gegenüber zu brav erzogen. Doch so etwas entsprach nicht ihren Vorerfahrungen. Der Dozent teilte sein Wissen mit. Das hatte man aufzuschreiben und zu lernen, fertig.

Und jetzt ein ganz anderes Vorgehen! Und die anderen Dozentinnen und Dozenten verfuhren ebenso.

Ihr Grundsatz war: Mit Erwachsenen zu lernen heißt, gemeinsam zu lernen und gemeinsam zu Ergebnissen zu kommen. Und je mehr die deutschen Dozenten danach handelten, umso mehr machte es den Russen Spaß, sie selbst waren am Lernerfolg beteiligt. Schon in dieser ersten Altenkirchener Runde wurde die Methode nicht mehr hinterfragt, sondern von allen beteiligten russischen Gruppen für gut befunden.

Das schlug sich auch nieder, als es um die Inhalte ging.

So wurde zum Beispiel Kritik daran geübt, dass Angela Schiller-Meyer, damals Pfarrerin in Langenfeld für die Arbeit mit Behinderten, und ich im Ethikkurs jeden Tag mit einer Andacht begannen. Die meisten von uns sind weit entfernt vom kirchlichen Alltag, hieß es in Altenkirchen von russischer Seite, und wenn schon, dann bitte in der orthodoxen Tradition, aber die beherrschten die Dozenten nicht. Und mit so etwas, was sich vielleicht evangelisch nennt, das wissen wir nicht so genau, können wir nichts anfangen.

In einer ähnlichen kritischen Auseinandersetzung wurden alle Fächer besprochen. Das fällt, wie ich schon erwähnt habe, den Russen nicht leicht. Immer wieder wurde in Kleingruppen, oft in Zweiergesprächen, der nächste Schritt vorbereitet. Zuweilen machten sich Natalij Kourtschnowa und Andrej Zarjow zu Sprechern der Gruppe.

Am Ende des Zusammenseins aber konnte Margot Nohr mit Befriedigung feststellen:

- Die pädagogischen Arbeitsmethoden sollen unbedingt fortgesetzt werden. Nicht nur in der Fortbildung fühlt man sich als Erwachsener ernst genommen, man lernt dabei zugleich auch sehr viel für die Zusammenarbeit im Team am Arbeitsplatz.
- Die Fächerauswahl ist richtig. Es könnte auch andere Zusammenstellungen geben. Aber das ist in der vorgegebenen Stundenzahl nicht zu schaffen.
- Alles hängt davon ab, im Menschen mit Behinderungen den Mitmenschen zu sehen, der auf gleicher Augenhöhe mit mir lebt. Deshalb ist Ethik das Grundlagenfach, das in allen Bereichen zur Wirkung kommen muss.
- Wichtig ist dabei zu beachten: Meine ethische Grundhaltung kann sich aus verschiedenen Quellen speisen. Das kann das Christentum sein, aber auch der Islam, der Hinduismus, ja auch der Marxismus. Aber ich muss für mich wissen: Wo sind meine Wurzeln, die mich veranlassen, dem andern so zu begegnen, dass seine Würde immer und in jedem Augenblick unantastbar ist?

Aber für Behinderte könnte es gut sein

Theoretisch, im Kopf war die Grundeinstellung angekommen. Aber vom Kopf in den Bauch, vom Verstand in das Fühlen ist es ein weiter Weg. Zu stark sind die Vorprägungen, sei es durch das Verhalten in der Familie, sei es durch die Prägungen, die ein Volk in Jahrhunderten der Geschichte durchlaufen hat.

„Was hat Sie im Leben am meisten beeinflusst, ihr Verhalten am stärksten bestimmt?“, fragte Angela Schiller-Meyer in einem Ethikkurs. 80 % der Teilnehmenden antworteten: die Familie und die Gesellschaft.

Wir erarbeiteten in mehreren Stunden mit ihnen, wie gefährlich es sein kann, wenn man die fremden Muster einfach übernimmt. Wir stellten mit ihnen gemeinsam das menschenverachtende System des Stalinismus und des Nationalsozialismus dar, das von vielen in der Gesellschaft doch übernommen wurde. Sie sagten schließlich: Die Vorgaben der Gesellschaft muss man immer wieder sehr kritisch überdenken.

Am Ende der Woche fragten wir unter anderem erneut: Woher nehmen Sie die Muster Ihres Verhaltens? 70 % bleiben dabei: aus der Familie und aus der Gesellschaft.

Noch deutlicher wurde uns das bei der Sexualethik. Auch in Deutschland sind noch viele der Meinung:

Menschen mit geistigen Behinderungen haben keine sexuellen Gefühle und Bedürfnisse. Besonders für die Eltern sind und bleiben es Kinder,

Schluss, aus. In Russland verbieten sie es geradezu, sexuelle Fragen mit ihren „Kindern“ anzusprechen. Erleben sie, wie ihr Sohn oder auch ihre Tochter onaniert, verschließen sie davor ihre Augen.

So wandten wir der Sexualethik unsere besondere Aufmerksamkeit zu. Die Kursteilnehmerinnen fassten immer mehr Vertrauen. Sie erzählten vom Verhalten der jungen Frauen und Männer an ihrem Arbeitsplatz, wie sie sich ineinander verlieben. Welchen Schmerz sie sehen, wenn eine solche Liebe zerbricht. Aber sie hatten bisher nicht gewagt, sie darauf anzusprechen.

Wieder kam uns der Zufall zu Hilfe. Swetlana Andreewa, die stellvertretende Direktorin des HPZ, hatte eine gründliche Schulung unter Bernd Schleberger in der Förderschule in Heinsberg durchlaufen. Parallel dazu hatte sie Psychologie studiert und ihre Diplomarbeit über Menschen mit Behinderungen und Sexualität geschrieben. Sie kam für mehrere Stunden in unseren Kurs. In ihrer Muttersprache konnte sie sich mit den Frauen unterhalten. Auf eine große Erfahrung blickte sie dabei in ihrer Schule zurück, die von Behinderten von 6–18 Jahren besucht wird. Zur Masturbation führte Swetlana aus, dass dann, wenn man die Masturbation bewusst zulässt oder gar fördert, auch ganz starke Aggressionen abgebaut werden können.

Am Ende der Woche stellte Olga, die Leiterin eines Zentrums, fest – sie ist sehr stark vom orthodoxen Glauben geprägt: „Ich halte Masturbation immer noch für Sünde. Aber für einen Behinderten kann sie vielleicht doch gut sein.“

Bestanden

2007 konnten wir die Prüfungen abnehmen. Wieder hatte Margot Nohr sie ganz gründlich vorbereitet. Es ging erneut nicht um das Abfragen von Wissen, sondern um die Umsetzung des Gelernten und Erfahrenen. Zur Prüfungskommission gehörten ein Professor der Universität und eine leitende Mitarbeiterin des Bildungsamtes. Alle 30 Frauen und die beiden Männer hatten die Prüfung bestanden. Die Durchschnittsnote war eine 2,0. Die Zertifikate wurden ausgehändigt.

Seitdem haben wir einen Stamm von Frauen und Männern, die wissen: Defektologie kann es nicht länger sein. Auch der Mensch mit einer Behinderung ist ein Geliebter Gottes, ein Mensch eben wie du und ich.

Für die acht Besten des Kurses, alles Frauen, war mit dem Abschluss die Fortbildung noch nicht beendet.

Sie ging für sie ein ganzes Jahr weiter. Sie sollten Multiplikatorinnen werden, die nicht nur für sich selbst und ihren Arbeitsplatz gelernt haben, sondern die offiziell beauftragt sind, selbst zu schulen und das Wissen und die Erfahrungen an andere weiterzugeben, damit die deutschen Dozentinnen und Dozenten mehr und mehr überflüssig würden.

Als neuer Mitarbeiter stieß Wilhelm Lascho hinzu, ehemaliger Schulleiter eines Gymnasiums in Kleve.

Ziel des einjährigen Kurses war es, Methoden und Fertigkeiten zu vermitteln, die methodisch und didaktisch dazu beitragen, die Möglichkeiten der Erwachsenenbildung anzuwenden. Es ging um Gesprächsführung und Rhetorik, Evaluation und Methodenvielfalt. Wilhelm Lascho unterrichtete selbst und gab das Buch heraus „100 Methoden der Erwachsenenbildung", das auch ins Russische übersetzt wird, damit es allen zur Verfügung gestellt werden könnte. Es ergänzt das 2008 in deutscher und russischer Sprache erschienene Arbeitsbuch „Barrieren überwinden" für die weitere Fortbildungsarbeit in Russland.

Es versteht sich von selbst, dass alle acht mit Bravour den Abschluss schafften. In einer feierlichen Zeremonie wurde ihnen in der städtischen Bibliothek das Zeugnis auch unter Anwesenheit des Stadtpräsidenten und der Vertreter der Robert Bosch Stiftung überreicht.

Margot Nohr allerdings beschlichen sehr bald leise Zweifel, ob diese wirklich begabten Frauen vom Alltagsgeschäft zu sehr aufgefressen würden, sodass sie gar nicht in der Lage sein würden, ihre Aufgaben als Multiplikatorinnen wirklich wahrzunehmen.

11. „Dass Politik so dreckig sein könnte, hätte ich nicht gedacht“

2004: Politische Verhältnisse erschweren unsere Arbeit

„Du hast mir von deinen 30 Jahren in Russland, besonders von unserer gemeinsamen Arbeit in Pskow erzählt.“ Es war Sonntagabend, der dritte Advent 2013. Wir saßen auf der weißen Couch in Martha Vahrenkamps gemütlicher Wohnung.

Seit 1998 nahm sie das Amt der Schatzmeisterin wahr. Seit 1991 war sie schon, soweit es ihr Beruf zuließ, an der Arbeit in Pskow intensiv beteiligt. Aber jetzt interessierte sie besonders, was dort vor und was dort hinter den Kulissen geschehen war. So hatte ich ihr erzählt, wie es angefangen hat, und an welchem Punkt wir mit der Arbeit standen, bis ich 2012 mit achtzig Jahren aus der Geschäftsführung ausgeschieden bin. Den Rest weiß sie besser als ich.

„Du hast mir erzählt“, sagte Martha, „was wir als Mitarbeiterinnen und Mitarbeiter der Initiative Pskow in Russland getan haben. Wenig war darin von Schwierigkeiten die Rede, die wir erlebt haben. Ging alles so glatt, wie du berichtet hast?“ – „Du fragst zu Recht“, gab ich zu. „Allzu oft vergesse ich die erlebten Probleme sehr schnell. Vielleicht verdränge ich sie sogar. Aber die Politik und leider auch die Orthodoxe Kirche haben es uns zuweilen nicht leicht gemacht.

Dabei wirkte es sich oft aus, dass das, was die Herren in Moskau, die eigentlichen Entscheidungsträger, dachten und wollten, sich im Oblast Pskow konkret niederschlug. Besonders schmerzlich wurde es, diese Entscheidungen zu ertragen, da die Region Pskow die zweitärmste in ganz Russland ist.“

„Besonders schmerzlich?“, warf Martha ein.

„Die Stadt liegt 280 km von St. Petersburg entfernt und etwa 500 km von Moskau. Während der Belagerung von Leningrad 1941–1943 war sie die deutsche Kommandozentrale. Heute ist Pskow die westlichste Stadt Russlands, wieder Grenzstadt, nur 30 km entfernt von den baltischen Staaten, und die sind Mitglieder der Europäischen Union und der NATO. Das weckt Begehrlichkeiten auf beiden Seiten. Herrschaftsansprüche, Bewaffnung und Schmuggel sind herausragende Momente. Wenn Wladimir Putin gelegentlich in die Region kommt, dann darum, um seine Elitetruppen zu besichtigen.“

„Was hat das mit uns zu tun?“, lenkte die Gastgeberin auf den Ansatz unseres Gespräches zurück. „Konkret: Wo hat es dich persönlich betroffen gemacht und wo hat es unsere Arbeit tangiert?“

Persona non grata

„Persönlich war es durchaus erträglich. Hin und wieder hat es uns gestört, mal mehr, mal weniger, etwa wenn es Geplänkel beim Zoll gab oder einmal auch bei den Einreisebestimmungen.

Vom Zoll, ein Beispiel für viele. Erinnerst du dich? Ich glaube, du hast es selbst miterlebt. Es war noch zur Zeit von Boris Jelzin, also in den Neunzigerjahren, Wir sind mit einer kleinen Delegation unterwegs nach Pskow. In Vilaka, der lettisch-russischen Grenzstation, verläuft die Abfertigung reibungslos. Der Stadtpräsident von Pskow hat uns angekündigt. So geht alles sehr schnell.

Doch da präsentiert uns der Zollbeamte eine Rechnung über 245 Dollar. Es sind zehn Prozent des Zeitwertes des Busses, erklärt er auf Nachfrage.

„Ich erinnere mich“, sagte Martha Vahrenkamp lachend. „Wir wollen den Bus nicht verkaufen, sondern in drei Tagen mit ihm nach Deutschland zurückfahren, habe ich ihm gesagt.

‚Es geht auch nicht um Verkauf, sondern es ist die Grenzübertrittsgebühr‘, vermerkte er trocken.

Nun werden Alexandra Pyshowa, die uns damals begleitete, und ich aktiv. Zwei Stunden haben wir verhandelt. Wir verlangen den obersten Chef zu sprechen“, polterte ich los – sehr entschieden und verärgert zugleich. Dreimal ging der Zöllner und kam immer mit der Nachricht zurück: Unser Vorgesetzter ist nicht zu sprechen. Wir wollten die gesetzliche Grundlage sehen. Uns wurde ein hektografiertes Papier überreicht. Das Einzige, was schließlich dabei herauskam, war: Statt 245 Dollar mussten wir 245 Deutsche Mark bezahlen.

In Pskow beschwerte ich mich in der Pressekonferenz mit Vertretern von Fernsehen, Radio und Zeitungen: Ich komme mir vor wie ein Reisender im Mittelalter am Rhein, der dort von den Raubrittern ausgeplündert wird, sage ich. Der Stadtpräsident fragt an der Grenzstelle nach und bekommt die lakonische Antwort: ‚Präsident Jelzin hat verlangt, dass wir möglichst viel an Zollgebühren einnehmen sollen. Das haben wir getan.‘“

„Und die Schwierigkeiten mit den Einreisebestimmungen?“, fragte die Schatzmeisterin.

„Das war schon etwas weitreichender. Seit Jahren haben wir ein sehr gutes Verhältnis zum deutschen Generalkonsulat in St. Petersburg und zum russischen Pendant in Bad Godesberg. Ohne Schwierigkeiten bekommen wir kostenlos die Visa. Wer öfter reist wie du und ich, erhält ein Dreijahresvisum."

„So flog ich unter anderem im September 2009 nach St. Petersburg zu Verhandlungen mit dem deutschen Generalkonsul Schaller, fuhr anschließend mit dem Auto nach Pskow, um an mehreren Tagen Gespräche mit den Leiterinnen und Leitern der sozialen Einrichtungen zu führen, und am 20. September flog ich nach Naltschik im Kaukasus zu einem Vortrag über die ethischen Grundlagen in der Zusammenarbeit mit behinderten Menschen.

Nun war es bis vor wenigen Wochen so, dass zusätzlich zum Visum ein Migrationsschein ausgefüllt werden musste. Die russische Seite erledigte das für ihre Gäste – für mich ist es in St. Petersburg und auch in Pskow geschehen. In Naltschik wäre es fast vergessen worden. Erst einen Tag nach Ablauf der gesetzten Frist wurde die Polizei informiert. Der Führer der Miliz in Naltschik ging davon aus, dass sei absichtlich geschehen. Er meldete das Versäumnis nach Moskau.

Um es gründlich zu machen, tat er es gleich zwei Mal. Naltschik war ein sensibles Gebiet, liegt es doch nahe zu Tschetschenien. Moskau hielt das Versäumnis, das es mir auch zwei Mal anlastete, für ein Kapitalverbrechen.

Nun mahlten anscheinend die Mühlen zwischen Naltschik und Moskau langsam, aber unerbittlich. Ich reiste länger als ein Jahr etwa 10 Mal nach Russland ein. Im Dezember 2010 dauerte die Kontrolle meines Passes am Flughafen in St. Petersburg sehr lange. Die anderen in der Schlange hinter mir wurden immer ungeduldiger. Die finden sicher meinen Namen im Computer nicht, sagte ich entschuldigend. Die prüfende Dame verließ schließlich ihre Kabine. Sie holte einen Grenzoffizier, der holte einen zweiten und der einen dritten.

Leider sprach anscheinend niemand von ihnen Englisch. Aber sie machten mir unmissverständlich klar, ich sei eine ‚Persona non grata' und habe mit der gleichen Maschine zurückzufliegen. Ich konnte noch die Behörde in Pskow einschalten. Aber auch Alexandra konnte sie nicht umstimmen. Warum ich abgewiesen wurde, konnte oder wollte mir keiner sagen.

Der Stewart der Fluglinie staunte nicht schlecht, dass mich ein Grenzoffizier in die Maschine zurückbrachte und mir dort meinen Pass übergab. Ich bekam eine Ahnung davon, wie sich ein Asylbewerber fühlen musste, wenn er abgeschoben wurde."

„Aber zwei Monate später bist du doch schon wieder nach Pskow gereist", sagte Martha Vahrenkamp. „Ja, die Pskower haben alles getan, um Licht in die Sache zu bringen. Sie fanden schnell heraus, dass der Schuldige in Naltschik saß. Der Oberst der Miliz entschuldigte sich in einem persönlichen Brief.

Er lud mich ein, seine Stadt bald wieder zu besuchen. Generalkonsul Jewgenij Schmagin, zu dem ich ein besonders gutes Verhältnis habe, lud mich zum Besuch in sein Haus ein.

Und auch der Gouverneur im Oblast Pskow, Andrej Turtschack, entschuldigte sich in aller Form bei mir persönlich. Als ich ihm sagte, das sei doch im fernen Kaukasus geschehen und nicht in seinem Oblast, erwiderte er ‚Wir sind auch Russen'."

Warum der Gerechte nicht Gouverneur werden kann

Martha Vahrenkamp fuhr fort: „Du hast gesagt, die Politik und die Orthodoxe Kirche hätten es uns oft nicht leicht gemacht."

„Das trifft zu", erwiderte ich. In den langwierigen Kämpfen zwischen der Regierung des Oblast und der Leitung der Stadt fürchtete ich zuweilen, dass unsere Arbeit schweren Schaden erleiden würde."

„Erzähle", bat die Geschäftsführerin.

„Oberbürgermeister Prokofjew war ein guter Mann. Er wurde von sich aus nicht sehr aktiv. Aber er ließ uns gewähren und hielt uns den Rücken frei.

Im Herbst 2004 standen die Gouverneurswahlen an. Zum letzten Mal konnte der Gouverneur vom Volk gewählt werden. Er sollte für zehn Jahre zum letzten Mal direkt vom Volk gewählt werden. Danach sollte er vom Staatspräsidenten ernannt werden.

Nach den Unruhen im Zusammenhang mit den Unregelmäßigkeiten zur Wahl des Staatspräsidenten 2012 hatte Wladimir Putin die Direktwahl wieder freigegeben.

Im Jahre 2004 gab es zwölf Kandidaten, unter ihnen, wenigstens für kurze Zeit, auch Michail Choronen, der Stadtpräsident und Oberbürgermeister von Pskow.

Er ist gerecht und tatkräftig, wie ich nur wenige Russen erlebt habe, soweit ich es beurteilen kann, unbestechlich, voller Einsatz für seine Stadt.

Seit 25 Jahren arbeitete er in der westlichsten Stadt Russlands. Er hatte sich regelrecht hochgedient, in den verschiedensten Abteilungen gearbeitet. Als er 1999 zum ersten Mal zum Stadtpräsidenten gewählt wurde in einer durchaus demokratischen Wahl, erhielt er 75 % der Stimmen, bei seiner Wiederwahl im Frühjahr 2004 sogar 86 %.

Michail Choronen setzte sich für die Stadt und ihre Bürger ein.

Stadtpräsident Michail Choronen und Dieter Bach (Foto: Volker Raettig)

Er baute das Krankenhaus neu, sorgte für die pünktliche Auszahlung der Gehälter, war in allen sozialen Projekten, die wir in der Stadt anpackten, hilfreicher und ausdauernder Partner.

Wir konnten mit allen Problemen zu ihm kommen, hatten jederzeit Zugang zu seinem Büro, die Lösung der sozialen Probleme stand für ihn an der ersten Stelle. Nur seiner Unterstützung war es zu verdanken, dass die verschiedenen Behinderteneinrichtungen erbaut und personell ausgestattet werden konnten.

Als im Herbst 2004 die Gouverneurswahlen anstanden, entschloss sich der Stadtpräsident und Oberbürgermeister zu kandidieren, nicht zuletzt ermuntert durch Kräfte aus der unmittelbaren Umgebung Putins. Rückblickend scheint es mir so zu sein, dass es in Moskau mindestens zwei Gruppierungen gab, die eine, die Choronen unterstützen wollte, die andere, die auf der Seite des amtierenden Gouverneurs stand.

Zur Wahl musste man sich registrieren lassen. 11 Kandidaten hatten es schon getan. Am Tag vor der eigenen Registrierung führte Michail Choronen eine Pressekonferenz durch. Es ging um Fragen der Stadt. An ihrem Ende erklärte der Oberbürgermeister: ‚Ich werde mich morgen als Kandidat registrieren lassen. Ich habe mir die Liste angeguckt, und ich bin der Meinung: Es ist gut, dass ich mich stelle.' Mehr hatte er nicht gesagt. Ich bin dem Text genau nachgegangen.

Einen Tag nach der Registrierung trat die Wahlkommission zusammen, abhängig von dem zu dieser Zeit amtierenden Gouverneur Jewgenij Michailow.

Ein Wort zu ihm: 1996 wurde er zum ersten Mal zum Gouverneur der Region Pskow gewählt. Er war Mitglied der liberalen Partei, der LDPR, gehörte also zu dem berühmt berüchtigten Vormann Schirinowsky. Er war der einzige Gouverneur ganz Russlands, der aus dieser Partei kam. Vorher hatte er schon drei Mal die Partei gewechselt. Die Zentralregierung in Moskau ‚strafte' den Oblast wegen dieser Wahl. In allen Zuteilungen wurde er vernachlässigt. So wurden hier die Gehälter mit noch größerer Verzögerung ausgezahlt als im übrigen Russland.

Mein Freund Peter Caesar war damals Justizminister in Rheinland-Pfalz. Dieses Land suchte zu jener Zeit einen Oblast als Partner in Russland. Ich schilderte ihm die Region Pskow in den glühendsten Farben. Er war nicht abgeneigt, es seinem Ministerpräsidenten zu empfehlen.

Als ich dann aber sagen musste, sein Gouverneur käme aus der liberalen Partei, nahm er sofort Abstand davon.

Im März 2000 wurde Wladimir Putin zum Staatspräsidenten gewählt. Gouverneur Jewgenij Michailow trat sofort aus der liberalen Partei aus und wurde Mitglied der „Partei der Einheit" des Präsidenten. Seiner Wiederwahl im gleichen Jahr stand nichts im Weg.

Viele Gerüchte gingen in der Stadt über Michailow um. Er sei korrupt und abhängig von der Mafia, wurde gesagt. Ich halte das für möglich, kann es aber nicht beweisen. Wie schlecht sein Ansehen weit über den Oblast Pskow hinaus ist, wurde mir allerdings einige Zeit vorher in Düsseldorf deutlich.

Ich besuchte eine Versammlung des Industrieclubs in Düsseldorf. Es sprach Ernst v. Studnitz, ehemaliger Botschafter in Moskau. Er warb für die Ansiedlung deutscher Industrie in Russland.

In der Diskussion fragte ich ihn, warum im Oblast Pskow so wenig von deutschen Firmen zu sehen sei. Sein Urteil lautete: Im Oblast Pskow würde ich keinem Industriellen empfehlen, zu investieren, solange dieser Gouverneur an der Macht ist. Es war Michailow.

Die vom Gouverneur gelenkte Kommission ließ Michail Choronen von der Wahlliste streichen, weil er sein Amt in der Pressekonferenz zu Wahlzwecken missbraucht habe.

Der Oberbürgermeister legte Beschwerde beim Gebietsgericht ein. Das musste sich fünf Tage für die Entscheidung Zeit nehmen. So lange durfte Choronen an dem Wahlkampf, der nur sechs Wochen dauert, nicht teilnehmen. Dann entschied das Gericht: Die Streichung ist unzulässig.

Choronen, parteilos, begann mit seinen Mitstreitern, für sich Stimmen einzuwerben.

Inzwischen hatte Jewgenij Michailow, der Gouverneur, Einspruch beim Obersten Gericht in Moskau eingelegt. Es entschied nach der vorgeschriebenen Frist von fünf Tagen: Die Kandidatur von Choronen ist rechtmäßig. Nach vierzehn Tagen war er in den Meinungsumfragen von sechs auf über 30 % gestiegen. Damit lag er vor dem amtierenden Gouverneur. Zehn Tage vor der Wahl waren es bereits 60 %.

Da trat am Samstag, dem 6. Oktober, der Vorstand des Obersten Gerichts in Moskau zusammen. Er bestand aus drei Personen. Er beschloss innerhalb von wenigen Stunden an einem an sich sitzungsfreien Tag: Choronen ist von der Kandidatenliste zu streichen.

Es kam der Sonntag, keine Möglichkeiten zum Handeln, es kam der Montag, nationaler Feiertag in Russland, danach aber war die Frist, um auf dem Gnadenweg eine Entscheidung von Putin herbeizuführen, verstrichen. Am nächsten Sonntag war die Wahl.

Stelle dir das einmal vor, Martha. Das Bundesverfassungsgericht hätte einen Vorstand, der von ihm erlassene Urteile kassieren könnte, und das auch noch an einem sitzungsfreien Tag in wenigen Stunden! Der Vorstand in Russland aber hat noch Putin über sich, der wieder anders entscheiden kann.

Aber das war erst der erste Akt.

Akt zwei: Michail Choronen, parteilos, musste Gelder für seinen Wahlkampf sammeln. Das ist erlaubt.

Der Schatzmeister während des Wahlkampfes erhielt einen Anruf eines Bauunternehmers: Er möchte gerne für den Oberbürgermeister spenden, aber er kann nur noch heute und nur nach 18.00 Uhr.

Nach 18.00 Uhr darf man in Russland keine Spenden annehmen, weil dann die Banken geschlossen haben. Der Schatzmeister ging trotzdem. Er fand nicht den Bauunternehmer vor, sondern die Polizei, die ihn für drei Tage einsperrte. Der Unternehmer, offiziell gefragt, gab an: Ich wollte für Choronen nicht spenden. Dieser aber habe erklärt, das von ihm begehrte Grundstück für eine Tankstelle bekäme er nur, wenn er entsprechend spende. Darauf habe er sich als guter Staatsbürger natürlich nicht eingelassen, sondern die Polizei verständigt.

Rathaus der Stadt
(Foto: Volker Raettig)

Akt drei: Zwei Tage lang fuhr ein Lautsprecherwagen vor dem Rathaus vor und verkündete den ganzen Tag: Der Oberbürgermeister ist korrupt. Er muss ins Gefängnis. Der Kandidat der liberalen Partei drang ins Rathaus ein und verkündete allen Angestellten: Ihr werdet alle entlassen, weil ihr einen korrupten Bürgermeister habt.

Das Fernsehen, ebenfalls in der Hand von Jewgenij Michailow, schüttete täglich Kübel von Schmutz über Choronen aus, wie er die Stadt verkommen ließe, dass die Hepatitis in Pskow größer sei als in jedem anderen Teil des Oblast. Alle Vorwürfe waren aus der Luft gegriffen.

Letzter Akt: Es gibt im Oblast auch den Fernsehsender ‚7', einen Sportkanal. Am Tag vor der Übertragung eines UEFA-Fußballspiels, kam die Feuerwehr des Gebietes.

Sie sperrte den Sender, weil der Brandschutz nicht ausreiche. Tausende Anrufe erboster Männer, sie erhielten die stereotype Antwort: Dafür ist der Oberbürgermeister verantwortlich.

Wie es ausgegangen ist? Die erboste Bevölkerung über diese Machenschaften hatte den alten Gouverneur nicht wieder gewählt, sondern einen jungen Industriellen aus Moskau, Michail Kusnezow, der bald durch sein für mich asoziales Verhalten von sich reden machte."

„Warum konnte das so laufen?", fragte Martha kopfschüttelnd.

„Nun, zum einen wollte Michailow sein Amt natürlich behalten. Zum andern, ich habe es schon gesagt: Pskow ist Grenzstadt in fast unmittelbarer Nachbarschaft zur EU. Mir haben verschiedene Leute aus Pskow versichert: Die Grenze ist für die Mafia ein blendendes Geschäft. Michailow sei tief in sie verstrickt. Die Mafia nutze ihn im Grunde als Gallionsfigur.

Sie konnte nicht dulden, dass ein Gerechter gewählt wurde. Und sie hatte, wie ich vermute, genug Geld und Macht, um selbst den Vorstand des Obersten Gerichtes zu bestechen."

Die gekaufte Stadtduma

„Gouverneur ist er nicht geworden. Aber Oberbürgermeister und Stadtpräsident ist er doch geblieben. Ich als Schatzmeisterin der Initiative Pskow habe es auch in den folgenden Jahren erlebt, wie er sich immer wieder für unsere sozialen Projekte eingesetzt hat", sagte Martha Vahrenkamp.

„Das trifft zu", erwiderte ich. „Aber die für ihn so schlecht ausgegangene Wahl war der Anfang des meines Erachtens tragischen Weges Michail Choronens.

Mein Freund Iwan Kalinin, Bürgermeister in Pskow, Weggefährte von Choronen, seit 40 Jahren im Dienst der Stadt, erklärte mir richtig empört: ‚Ich wusste, dass die Politik dreckig ist. Aber dass sie so dreckig ist, das habe ich nicht gedacht.'

Michail Choronen zog sich zunächst angeschlagen zurück. Unmittelbar nach der Wahl machte er Urlaub. Den Rat seiner Freunde, jetzt gerade zu bleiben, nahm er nicht an. Er konnte es in diesem Augenblick wohl auch nicht. Zu tief war er verletzt. Damit hatte er aber auch keinen Einfluss auf die Neubesetzung der Schlüsselstellungen im Oblast. Das Amt eines Vizegouverneurs lehnte er ab.

Dafür versuchte er, nachdem er sich ein wenig von dem Schock erholt hatte, in Moskau seine Position zu festigen. Aber immer wieder geriet er zwischen die Mühlräder der unterschiedlichen Kräfte im Präsidentenapparat. Bis 2009 bemühte er sich, dass der Gouverneur durch den Präsidenten abberufen und er an seiner Stelle eingesetzt wurde. Jedes Mal, wenn er in Moskau war und ich ihn danach traf, sagt er siegessicher: Bald sei es so weit. Der Gouverneur könne sich nicht mehr lange halten.

Hatte man ihm falsche Hoffnungen gemacht, oder war der Flügel, auf den er setzte, der unterlegene? Dazu kam, dass der Generalgouverneur in St. Petersburg gegen ihn war. Als einer von sieben Mächtigen im Staat hatte sein Wort Gewicht.

Halbherzig nahm Michail Chroronen die Arbeit für die Stadt wieder auf. Der neue Gouverneur, Michail Kusnezow, wurde sein persönlicher Gegner. Als ich Choronen, ich glaube es war im Jahr 2006, in seinem Amtszimmer besuchte, sagt er zu mir: ‚Eben ist der Gouverneur aus der anderen Tür hinausgegangen. Wir haben sehr wegen der sozialen Projekte, die gerade durch die Initiative Pskow angeregt wurden, gestritten. Ich habe zu ihm gesagt: Wenn Sie über unsere sozialen Aufgaben denken wie ich, sind wir keine Feinde mehr. Wortlos hat er mein Zimmer verlassen.'

Doch Kusnezow hatte die Presse und das Fernsehen in seiner Hand.

Wir erlebten es seitdem von 2004 bis zu seiner Abberufung 2009, wenn über unsere Arbeit in der Presse oder im Fernsehen berichtet wurde, kam die Stadt dabei nicht vor, obwohl alles, was wir tun, von ihr mitgetragen wurde.

Noch aber stand die ebenfalls 2004 frei gewählte Stadtduma hinter dem Oberbürgermeister und Stadtpräsidenten. Doch das sollte sich bald ändern.

Ein neues Gesetz war erlassen worden: Bis dahin befanden sich das Amt des Oberbürgermeisters bzw. Stadtpräsidenten und des Stadtdirektors in einer Hand. So ist es bei uns in Nordrhein-Westfalen wieder seit einigen Jahren. Doch jetzt konnte das Amt auf Beschluss der DUMA auf zwei Personen aufgeteilt werden: Stadtpräsident auf der einen Seite und Oberbürgermeister als Chef der Stadtverwaltung auf der anderen Seite.

Für die Machtkonstellation ist es natürlich wichtig, beide Ämter in einer Person zu vereinigen. Michail Choronen war seiner Sache sicher: Die Mehrheit der DUMA stehe ja hinter ihm. Er wusste nicht, wie glaubhafte Gerüchte in der Stadt sagen, dass inzwischen fünf Stadträte regelrecht gekauft worden sein sollten. Sie blieben jedenfalls der Abstimmung fern.

Die Gegenspieler hatten gesiegt. Das Amt wurde geteilt, der Einfluss Choronens sank weiter. Er klagte vor Gericht: Bei der Abstimmung war nicht mehr die notwendige Personenzahl im Saal, das Ergebnis müsse für ungültig erklärt werden. Doch das Gericht erklärte den Beschluss für gültig.

Michail Choronen kämpfte weiter, in Moskau und in Pskow. In der Hauptstadt wurde ihm klargemacht, als Parteiloser habe er keine Chance. Darauf war er aber immer so stolz: Als Parteiloser hatte er die Wahlen gewonnen. Jetzt gab er dem Druck nach. Er trat in die Partei Putins, die Partei der Einheit, ein und wurde fortan der Parteidoktrin unterworfen.

Auch ein anderes Gesetz trat 2006 in Russland in Kraft: Die sozialen Einrichtungen sollten von der Kommunen auf den Oblast übertragen werden. Es ließ die Möglichkeit offen, dass soziale Projekte auch bei den Städten verbleiben können."

„Was wäre für uns besser gewesen?"

„Das ist nicht eindeutig zu beantworten. Es ist sehr abhängig von den Menschen, welche die Schlüsselpositionen einnehmen. Mir war es lieber, dass die von uns geförderten Projekte bei der Stadt und dem engagierten Oberbürgermeister blieben und nicht an Michail Kusnezow übergingen.

Im Frühjahr 2007 wurden die Stadtduma und das Parlament des Oblast neu gewählt. Choronen schaffte es, im Oblast auf die zweite Stelle der Liste gesetzt zu werden. Das Abgeordnetenmandat war ihm sicher. Zwar gab er den persönlichen Kampf gegen den Gouverneur nicht auf, aber in öffentlichen Verlautbarungen schwenkte er ein.

Die soziale Situation sei durch die Unterstützung aus Moskau im letzten Jahr wesentlich besser geworden, sagte er. Das verlangte die Parteidisziplin. Er selbst allein wusste, ob das wirklich stimmte.

Die Wahl selbst verlief am 11. März 2007 in der Stadt katastrophal.

Die Frankfurter Rundschau berichtete am 13. März darüber: „Wählerkauf durch Lebensmittel oder Geld für leere Wahlzettel sind nicht grundsätzlich neu – wohl aber in dem Ausmaß, wie sie etwa in Petersburg, Pskow und Tolgliatti angewandt wurden."[52]

Sie berichtete weiter: Scheinwähler wurden im Bus von Wahllokal zu Wahllokal gekarrt, Wahlprotokolle wurden gefälscht, die echte Zahl der Wähler war häufig nur halb so hoch, wie sie der Leiter in den einzelnen Lokalen bei der Auszählung angab, usw.

In der deutschen Berichterstattung wurden die Wahlmanipulationen in Pskow ausdrücklich erwähnt. Ich weiß aus persönlichen Gesprächen, dass Rentnern anonym am Telefon 300 Rubel angeboten wurden, wenn sie Jan Luzin wählten.[53]

Das Ergebnis der Wahl in Pskow: Von 25 Stadtratsmandaten wurden 18 durch Unternehmer besetzt. Leitfigur war wohl der millionenschwere 36-jährige Jan Luzin, Immobilienmakler. Er wurde der Vorsitzende der DUMA und bezeichnete sich seitdem ganz offiziell auf seiner Visitenkarte als ‚Head of the town'."

„Woher kam das große Interesse der Unternehmer, unbedingt in der Stadtduma sitzen zu wollen?", fragte Martha Vahrenkamp erstaunt. „Ich erkläre es mir so", fuhr ich im Bericht fort. „Ich habe in diesem politischen Komplex viele Nachrichten und Berichte zusammengetragen: 2009 sollte das Recht an Grund und Boden geändert werden. Bis dahin standen mehr als 1000 Projekte und Objekte der Stadt zum Verkauf an, darunter sehr viele Grundstücke und Gebäude. Der Ausschuss für Eigentumsfragen schien der begehrteste in der Stadt zu sein.

Ich weiß nicht genau, was dann gelaufen ist. Aber das habe ich erlebt: 2010 suchten wir gemeinsam mit der Regionalverwaltung ein Grundstück in der Stadt zur Errichtung des Sozialen Viertels. Die Preise für die Parzellen in der Stadt waren so in die Höhe geschnellt, dass die Oblastverwaltung sich den Ankauf nicht leisten konnte. Sie waren alle in Privatbesitz. Die Stadt konnte kaum ein Angebot machen.

Für die Oblastduma durften 2007 nur noch Parteien kandidieren, wie später auch für die Staatsduma. Natürlich wurde Michail Choronen über die Liste gewählt. Aber da er ein kommunales Amt innehatte, er war ja immer noch der Oberbürgermeister, nicht mehr der Stadtpräsident, konnte er das Mandat nicht annehmen. Man hatte ihm wohl neue Hoffnung in Moskau gemacht, auf die Wahlen zur Staatsduma zu setzen.

Am 4. Dezember 2007 wurde Wladimir Putins Partei der Einheit mit großer Mehrheit gewählt. Um keine Risiken einzugehen, hatten die Kommunalverwaltungen vor der Wahl hohe Zuschüsse erhalten.

Der Zustand der Straßen in Pskow war zu diesem Zeitpunkt katastrophal, mit unseren Straßen hier keineswegs zu vergleichen.

Bekam die Stadt in der Regel 50–70 Millionen Rubel, also etwa 1,5 Millionen € im Jahr für den Straßenbau, so waren es vor der Wahl 330 Millionen Rubel, etwa 80 Millionen €. Auszahlende Stelle war die Partei der Einheit! Sie sollten bis zur Wahl verbaut sein mit der Hoffnung: Gute Straßen sprechen für eine gute Regierung. Es war eine Bewährungsprobe für Michail Choronen: Schaffte er eine möglichst hohen Prozentsatz für seine Partei?

Ein Boom im Straßenbau setzte ein. Es war in Pskow kein Durchkommen mehr. Aber: Es wurde nicht etwa der ganze Unterbau erneuert, sondern über die löcherige Asphaltdecke wurde eine zweite Schicht gezogen. Das kannten die Bürger. Sie wussten: So etwas hält keine 2 Jahre. Sie reagierten entsprechend, natürlich auch auf andere Entwicklungen in ihrem Staat.

Das Ergebnis: Auch wenn Wahlfälschungen eine Rolle gespielt haben: 56 % erhielt die Partei der Einheit in Pskow. Im Landesdurchschnitt aber erreichte die Partei 64 %. Michail Choronen gehörte in den Augen der Moskauer zu den Verlierern.

Was danach geschah, war ein reines Spießrutenlaufen für ihn. Als ich ihn am 15. Dezember sprach, sagte er zu mir: ‚Sieht man meinem Gesicht nicht an, was ich in den letzten 14 Tagen durchgemacht habe?'

Auf der Liste der Partei der Einheit stand der Oberbürgermeister als Parteimitglied zunächst auf Platz eins für das Parlament in Moskau. Doch auf dem Parteikongress acht Tage vor der Wahl wurde er herabgestuft auf Platz drei. Auf den ersten Platz kam der Gouverneur. Erfahrungsgemäß erhalten aus so einem kleinen Oblast wie Pskow ein bis zwei Mandatsträger einen Sitz.

Der Gouverneur verzichtete nach der Wahl, seinen Platz in Moskau einzunehmen, obwohl ihn Choronen gern dort gesehen hätte. Dann wäre sein Platz im Oblast frei geworden, und er hätte vielleicht nachrücken können.

Am 14. Dezember wurde der Gouverneur nach Moskau vorgeladen, Michail Choronen bei dem Generalgouverneur in St. Petersburg einbestellt. Das Ergebnis: Michail Kusnezow blieb im Amt des Gouverneurs. Michail Choronen konnte nun in das Moskauer Parlament nachrücken. Doch der Generalgouverneur, 2004 sein größter Gegner, riet ihm, in Pskow zu bleiben. Choronen blieb. Damit stand er weiterhin in der Konkurrenz zum Gouverneur und zum Dumavorsitzenden der Stadt, Jan Luzin, und zwar in einer sehr schwachen politischen Position, war er doch nur noch „Leiter der Stadtverwaltung."

Inzwischen griff auch das Gesetz zur Überführung der sozialen Einrichtungen an den Oblast. Wir waren mit dem Oberbürgermeister einer Meinung: Gerade das Soziale ist bei Michail Choronen am besten aufgehoben. Die Folge war: Für unsere Einrichtungen floss das Geld sehr spärlich. Und die Stadt war hoch verschuldet. Michail Choronen tat alles, um die gemeinsamen Projekte am Leben zu erhalten.

Du musst nur einmal bedenken“, sagte ich zu Martha Vahrenkamp, „während der Amtszeit von Choronen sind die erste, zweite und dritte Stufe der Werkstatt gebaut worden.

Ein hohes Verdienst hat hier die Schmitz-Stiftung. Sie schoss selbst große Summen zu und gewann immer wieder andere zur Mitfinanzierung. Bei der dritten Baustufe stellte sie einen Antrag an das Ministerium für wirtschaftliche Entwicklung. Es gewährte 500.000 €. Den Eigenanteil von 160.000 € finanzierte die Stiftung selbst.

2006 standen schließlich 170 Arbeitsplätze zur Verfügung. Für die Baufinanzierung gab die Stadt keine Kopeke. Aber in fünf Jahren stellte sie nach unseren Vorschlägen fast vierzig Mitarbeiterinnen und Mitarbeiter ein, übernahm alle Verwaltungskosten für die Gebäude. Alle Transportfahrzeuge für die Behinderten kamen aus Deutschland. Aber das Benzin und die Unterhaltskosten zahlte die Stadt. Die zuständigen Mitarbeiter des Oblast waren so perfide, dass sie mir mehrmals anboten: Wir zahlen sofort drei Millionen Rubel, wenn ihr der Übergabe der Werkstatt zustimmt. Denn sie wussten genau, dass die Werkstatt wie das HPZ, die Schule, zu einem Vorzeigeprojekt für ganz Russland geworden waren. Delegationen aus vielen Städten kamen, um bewundernd zu sehen, was hier als deutsch-russisches Projekt geschaffen worden ist. Und die Werkstatt ist bis zum heutigen Tag die einzige in ganz Russland. Das wollte Michail Choronen für die Stadt erhalten. Jedem von uns vorgelegten Stellenplan stimmte er deshalb zu. Jeder Etatansatz der Werkstatt wurde genehmigt.

Ich weiß, dass der Oberbürgermeister buchstäblich das Tafelsilber der Stadt verkauft hat, um diese Arbeit abzusichern.“

„Jan Luzin ist ja inzwischen der Stadtpräsident, „,The head of the town‘, wie er sich selbst bezeichnet. Wie hat er sich verhalten?“, fragte die Schatzmeisterin.

„Ich habe ihn zwischen 2007 und 2010 sicherlich zwanzig Mal besucht. Er verhielt sich äußerlich sehr freundlich, schlug keinen Termin aus oder ließ sich durch einen durch sein Amt Bevollmächtigten vertreten. Aber Luzin verhielt sich sehr glatt und unverbindlich. Er ist der einzige aus Stadt und Oblast Pskow, der unserer Einladung nach Deutschland nicht nachgekommen ist. Die soziale Frage interessierte ihn überhaupt nicht. Er hatte ganz andere Interessen.“

Martha sieht auf die Uhr. „Du hast mir noch gar nichts von unserem Verhältnis zur Orthodoxen Kirche erzählt. Das möchte ich auch noch hören.“

„2009 war die große Revierbereinigung in Pskow. Moskau, und ich denke, Wladimir Putin selbst, griff durch. Anfang des Jahres wurde Michail Kusnezow nach Moskau bestellt. Ihm wurde unmissverständlich mitgeteilt: Entweder erklärte er umgehend seinen Rücktritt vom Amt oder er würde entlassen.

Der Gouverneur kam nach Pskow zurück. Schon am nächsten Tag teilte er im Rundfunk seinen sofortigen Rücktritt mit. Am 1. März trat der von Putin neu ernannte Gouverneur sein Amt an, der zweiunddreißigjährige Dr. Andrej Turtschack aus St. Petersburg.

Schon im Januar 2009 ließ mich Michail Choronen wissen: Ich scheide am 18. März aus meinem Amt aus. Aber mir wurde in Moskau zugesichert, dass ich an einer anderen entscheidenden Stelle eingesetzt werde.

Erinnerst du dich noch", fragte ich Martha Vahrenkamp, „dass wir Wetten abgeschlossen haben, ob Choronen im Oblast oder in Moskau weiterarbeiten wird."

„Stimmt", sagte Martha. „Aber in Wirklichkeit ist er ganz von der Bildfläche verschwunden." Jetzt war es an mir zu nicken. „Sein Nachfolger als Stadtpräsident wurde Iwan Tsetzerski, ein redlicher Mann, mit dem wir heute noch gut zusammenarbeiten.

Jan Luzin wurde zu unserem großen Erstaunen Vizegouverneur für Immobilienfragen. Ich behauptete damals: Hat der neue Gouverneur damit nicht den Bock zum Gärtner gemacht? Aber merkwürdig: Schon nach kurzer Zeit schied Luzin aus und zog sich in die Wirtschaft zurück. Er gehört inzwischen zu den reichsten Männern in Pskow. War es ein Trick von Andrej Turtschak, um ihn so loszuwerden? Es sind Fragen, Martha, ohne Antwort.

Michail Choronen aber endete tragisch. Noch während seiner Verabschiedung am 18. März wurde er über alle Maßen gelobt. Auf solch einen Mann könne man in der Politik natürlich nicht verzichten.

Wenige Monate später teilte mir Nikolai Michailow, der auch als Bürgermeister entlassen wurde, mit, der ehemalige Stadtpräsident solle hauptamtlicher Vorsitzender der Wahlkommission werden, ein sehr wichtiges Amt, fast genauso hoch dotiert wie das des Gouverneurs.

In Wirklichkeit aber bot man Michail Choronen die ehrenamtliche Mitarbeit in der Wahlkommission an. Er lehnte ab. Seitdem habe ich nichts mehr von ihm gehört. Alle Versuche, ihn zu treffen, waren vergeblich.

Wie ist die ganze Situation des Umbruchs zu beurteilen? Ich würde nicht so weit gehen wie ein engagierter Pskower Bürger.[54] Aber ich halte seine Stimme durchaus für bedenkenswert, die wir im Juni 2009 veröffentlicht haben."

Martha suchte den Rundbrief heraus und wir lasen:

Der Wurm der Ungerechtigkeit zerfrisst die Gesellschaft

Viele der „Neuen", die jetzt in Russland – sowohl in der Föderation als auch in den Regionen und Städten – an den Schalthebeln der Macht sitzen, sind selbstzufriedene junge Leute, die sowieso schon alles haben. Viele von ihnen sind sehr reich. Sie haben große Autos, Villen … Warum sollen sie über Alte oder über behinderte Kinder nachdenken?

Die Frage der Gerechtigkeit wird „nach oben" delegiert. Gerechtigkeit, sagen die Lokalpolitiker gern – das ist nicht mein Zuständigkeitsbereich. Alle sind in die Perestroika ohne Geld und Eigentum hineingeraten. Einige sind arm geblieben, haben sogar das wenige verloren. Andere sind steinreiche Leute geworden, die den Neid der ganzen Welt erwecken. Gerechtigkeit?

In der Seele der Menschen ist eine negative Stimmung entstanden: Warum gehören die Bodenschätze, viele Seen, Fabriken usw. nur einer ganz kleinen Clique? Sicherlich hat die Korruption dabei eine große Rolle gespielt.

Und die anderen, die am unteren Rand? Wenn sie krank sind, bekommen sie Medikamente – wenn sie Geld haben. Eine gute Ausbildung? Bitteschön, sie brauchen sie nur zu bezahlen. An der Uni in Moskau beträgt die Studiengebühr etwa 65.000 Rubel pro Semester.

Kommen wir zu den Renten: Vor den Medien erklärt Ministerpräsident Putin in der DUMA: „Wir haben viele Renten, die nur 2000 Rubel betragen." Das sind ca. 45 €. Zur gleichen Zeit steigen die Preise. Die Rentner haben nichts zuzusetzen. Die absolute Mindestsumme zum Leben beträgt 3.000 Rubel. 2020 soll die Rente 40 % des Gehalts betragen. Heute beträgt sie 24 %. Das ist eine Entwertung der Gerechtigkeit. Die Masse spürt das. Sie wird unruhig.

Der neue Gouverneur betont sehr das Soziale. So steht es ja auch eindeutig in der Verfassung. Darum tönt es von jeder Bühne: Danach handeln wir! Die Untergeordneten übernehmen diese Sätze. Und dann wird die Rente um 100 Rubel erhöht! Das ist das Soziale!

Und dann das Problem der Korruption. Das Gesetz gegen sie wird strenger. Aber die Formen, das Gesetz zu umgehen, nehmen in gleicher Weise zu. Hier ist ein toter Hund ganz tief begraben.[55]

„Das ist kein schönes Bild", sagt die Gastgeberin. „Aber bevor wir auf die Kirche im Oblast zu sprechen kommen, legen wir eine Pause ein."

12. „Für die Vergoldung der Kuppel meiner Kathedrale – keine Kopeke“

2004: Verweigerte Ökumene

Antiökumeniker?

„Martha, du kennst mich seit einiger Zeit. In der Akademie haben wir viele Tagungen zusammen vorbereitet, einige auch gemeinsam durchgeführt, viele Andachten haben du und ich gehalten. Für Pskow hast du dich von Anfang an engagiert. Bin ich in deinen Augen ein Antiökumeniker?“

„Bei den Kirchen bist du ein Feind jeglicher Glaubenskämpfe untereinander“, antwortete mein Gegenüber. „Kontroverstheologie hat dich gar nicht sehr interessiert. Du warst der Meinung: Die Unterschiede zwischen evangelischer und katholischer Lehre interessieren den Menschen heute kaum noch. Aber die Leute achten sehr genau darauf, ob die Kirchen gemeinsam für Frieden und Gerechtigkeit eintreten und das auch leben.

Und im alltäglichen Leben? Du bist ein Pünktlichkeitsfanatiker, fast preußisch, militärisch, nur das kann man dir nicht ansehen Komme ich bei dir fünf Minuten zu spät, blickst du mich schon schief an.“

Ich schmunzelte. Sie hatte mir einen Spiegel vorgehalten. „Mag stimmen“, sagte ich etwas verlegen. „Kommt jemand zu spät, so ist häufig mein Satz: Er stiehlt dem andern die Zeit. Und bei den Kirchen bin ich überzeugt: Nur ein gemeinsames Engagement in politischer und sozialer Diakonie gibt ihnen eine Existenzberechtigung in dieser Welt.“

„Was heißt das aber für dich in unserer Arbeit für Russland?“

„Als wir 1991 nach Pskow kamen, begegneten wir in Metropolit Wladimir einem wunderbaren Menschen. Ihm war die Versöhnung zwischen Russen und Deutschen genauso wichtig wie uns. Und er hat sich mit seiner ganzen Person und mit allen Mitteln, die sein Amt ermöglichte, dafür eingesetzt. Als ich ihn vor einigen Jahren in seiner Diözese in St. Petersburg besuchte, sagte er noch einmal sehr betont: ‚Helfen Sie uns gegen die Antiökumeniker in unserer Kirche.‘

Und damit bin ich beim Thema. In einem unserer ersten Gespräche sagte der jetzige Metropolit von Pskow, Jewsewij, oder für uns leichter zu gebrauchen, Eusebius zu mir: ‚Ich bin ein Antiökumeniker.‘ Und das ist er nach meiner vollen Überzeugung. Daneben machte ich die Erfahrung: Er kommt gerne eine halbe Stunde zu spät.

Goldene Kirchenkuppel
(Foto: Wilhelm Lascho)

Eusebius ist fest davon überzeugt: Der russische Mensch ist zugleich der orthodoxe Mensch.
Russisch und orthodox sind deckungsgleich. Deshalb bekämpft er jede andere Gruppierung, die sich auch Kirche nennt, sehr scharf. Sie ist nicht gleichberechtigt. Ich, Dieter Bach, sage das, weil ich diese Ansicht nicht teile, aber ich muss sie achten oder ich nehme mein Gegenüber nicht ernst."

„Und was hat das damit zu tun, dass er oft zu spät kommt?" fragte die Gastgeberin.

„Ich denke, das ist ein Zeichen seines Amtsverständnisses, seiner Auffassung von der Würde seines Amtes. Er will damit unterstreichen: Der wichtigste Partner bei allen öffentlichen Veranstaltungen ist die Orthodoxe Kirche. Deshalb hat alle Welt – auch ihre Würdenträger – zu warten, bis die Kirche in der Person des Bischofs eintrifft.

Ich sage das, bevor ich zu den vielen Beispielen komme, die zum Teil zu heftigen Auseinandersetzungen führten, weil ich im Grunde den Menschen Jewsewij, den Erzbischof, Vladika Eusebius sehr schätze und weiß, wie sehr er sich für seine Kirche, seine Priester, die Nonnen und Mönche in seiner Diözese einsetzt.

Doch jetzt zu den Fakten.

Der Metropolit kommt häufig zu spät

„Auf meine Jünger, wie auf einen Felsen, will ich meine Kirche bauen", hat Jesus einmal zu seinen Jüngerinnen und Jüngern gesagt. A u f euch, nicht u n t e r euch, betonte in diesen Tagen ein bekannter Wissenschaftler.

Denkt aber Eusebius: Die Kirche ist das Oberhaupt, dem habt ihr euch unterzuordnen? Darum habt ihr zu warten?

Ich habe diese Formen von kirchlicher Anmaßung oft erlebt. Drei Ereignisse sind mir in besonderer Erinnerung:

1997 wurde das gewaltige Denkmal Alexandr Newskijs eingeweiht. Es steht auf einem Hügel am Rande der Stadt, der Kriegsheld hoch zu Ross, umgeben von streitbaren Kriegern. Alle blicken sie streng nach Westen. Von dort kam über viele Jahrhunderte der Feind, der Deutsche Orden. Der Heerführer Alexandr Newskij hat ihn 1242 auf dem Eis des Peipus-

Sees entscheidend geschlagen. Das ist im 20. Jahrhundert der Grund für die Errichtung des Denkmals.

Zur Einweihung kamen viele hohe Gäste, unter ihnen der damalige Ministerpräsident Russlands, Tschernomyrdin. Alle waren pünktlich versammelt, auch die Militärs in ihren Panzern, die in einem kleinen Manöver die heutige Stärke Russlands demonstrieren sollten. Alle waren pünktlich, nur der Erzbischof nicht. Er kam mit seinem Gefolge 30 Minuten zu spät. Und alle haben auf ihn gewartet, auch der Ministerpräsident. Erst als die Kirche, repräsentiert durch Eusebius, anwesend war, konnte die Veranstaltung beginnen. Ich habe hinterher keinen gehört, der sich darüber beschwert hätte.

Das war auch beim zweiten Mal nicht der Fall.

Am 25. Juli 2003 fanden sehr große Feierlichkeiten statt zum 1.100 jährigen Bestehen der Stadt Pskow, der zweitältesten Stadt Russlands. Ein Tag war der Kirche gewidmet.

Im großen Freigelände neben der Dreifaltigkeitskathedrale innerhalb des Kreml war eine mächtige Tribüne aufgebaut.

Um 12.00 Uhr sollte die Gedenkveranstaltung beginnen. Alle waren pünktlich versammelt, der damalige Gouverneur Jewgenij Michailow, der Stadtpräsident und Oberbürgermeister Michail Choronen, der Vorsitzende der Gebiets-Duma und natürlich auch der des Stadtrates und viele andere Repräsentanten Sie saßen geduldig auf der Tribüne und warteten, keiner schimpfte, keiner murrte, keiner blickte verärgert drein. Nur ich lief wieder und wieder um das große Rondell, blickte immer wieder auf die Uhr und ärgerte mich fürchterlich. Endlich, um 12.35 Uhr, kam der Metropolit und mit ihm ein großes Gefolge, rauschende Bärte, unter ihnen die von fünf Bischöfen aus den Nachbardiözesen. Jetzt erst konnte die Veranstaltung beginnen.

Ein Jahr später, am 18. August 2004, die zweite Baustufe der Werkstatt sollte feierlich eröffnet werden, Zeitpunkt 14.00 Uhr. Vorher hatten wir zusammen mit dem Erzbischof zu Mittag gegessen.

Zum angegebenen Zeitpunkt standen wir alle vor der Tür der Werkstatt, der Präses der Rheinischen Kirche, Nikolaus Schneider, der neunzigjährige Werner Peter Schmitz, der Oberbürgermeister der Stadt Pskow, die Direktorin der Werkstatt, Larissa Fedotowa, unser Vorsitzender Klaus Eberl und ich. Keiner schimpfte – nur ich. In meinem Ärger fragte ich den Oberbürgermeister, ob wir nicht anfangen sollten. Er schüttelte den Kopf. Erst als Metropolit Eusebius wieder mit einer halben Stunde Verspätung eintraf, konnte die Eröffnungszeremonie beginnen.

Nach dieser Veranstaltung erklärte ich, das sei das letzte Mal gewesen, die Unpünktlichkeit des Metropoliten zu berücksichtigen. Das wollte ich nicht mehr mitmachen. Und bei der nächsten gemeinsamen Veranstaltung begannen wir pünktlich. Der Metropolit kam zu spät und musste sich notgedrungen eingliedern. Er hat kein Wort dazu gesagt.

Bei allen gemeinsamen Unternehmen in der Zukunft war er stets vor der festgesetzten Zeit vor Ort. Ich dachte, wir hätten Eusebius erzogen. Heute glaube ich, wir haben die Bedeutung der Orthodoxen Kirche, die sie in den Augen ihrer Repräsentanten in Russland hat, verkannt. Das hat nicht zur Annäherung beigetragen.“

Die Römisch-Katholische Kirche ist der Feind

„Mit der Pünktlichkeit kann man es ja übertreiben, und das tust du zuweilen“, sagte Martha Vahrenkamp. „Allerdings war mir nicht klar, welchen Machtanspruch die Orthodoxe Kirche erhebt. Wenn sie scheinbar zu spät kommt, in Wirklichkeit aber sagt: Erst wenn wir da sind, kann die Veranstaltung beginnen. Mir wäre es lieb, wenn du ein wenig genauer erläutern würdest, warum Antiökumenismus etwas mit dem Alleinvertretungsanspruch zu tun hat.“

„Ich beginne mit der Römisch-Katholischen Kirche. Da wird es am ehesten deutlich. Hat ein Vertreter der Kirche wie Eusebius den Eindruck, die andere Gruppierung, die sich auch Kirche nennt, beginne in Russland zu missionieren, kennt er kein Pardon. Das habe ich erfahren. Ich erzähle eine Begebenheit:

Zunächst ein Einzelbeispiel:

In einem kleinen Andachtsraum in Much bei Bonn hängt seit dem August 2000 eine wunderschöne Ikone. Geschrieben – nicht gemalt, wie die Orthodoxe Kirche immer wieder betont – wurde sie von dem Mönch, Vater Zenon, aus Pskow. Er ist einer der bedeutendsten Ikonenschreiber von Russland. Auch die herrlichen Fresken im Danielow-Kloster in Moskau, dem Sitz des Patriarchen, stammen von ihm.

Während einer Reise durch Westeuropa hatte Vater Zenon die Erfahrung gemacht, dass es auch in der Römisch-Katholischen Kirche ein reiches spirituelles Leben gibt. Eines Tages besuchten ihn seine katholischen Freunde, Priester aus Italien, in seiner Einsiedelei nahe Pskow. Er gestattete ihnen in einer Kapelle, die nicht von der Orthodoxen Kirche geweiht ist, die Heilige Messe zu feiern. Zenon nahm selbst an der Messe teil und empfing die Hostie aus der Hand des katholischen Priesters. Er wurde denunziert. Sofort sprach Vladika Eusebius den Kirchenbann über ihn aus.

Zwei Jahre später wurde ihm angeboten, den Bann aufzuheben, wenn er die römisch-katholische Messe für ‚null und nichtig‘ erklärte.

In eben dieser Zeit besuchte ich Vater Zenon in seiner Einsiedelei, einer Insel des Friedens mit einer kleinen Kapelle mitten in einem Waldgebiet. Ich durfte die von ihm geschriebenen Ikonen auf mich wirken lassen. Schließlich sagte ich: Vater Zenon, wir beabsichtigen, in die Werkstatt eine Kapelle einzubauen. Ich werde in der nächsten Zeit mit dem Erzbischof darüber sprechen. Würden Sie die Ikonenwand dafür entwerfen? Schroff erwiderte der sonst so leise und behutsam auftretende Mönch: ‚Ich arbeite doch nicht für den Papierkorb. In seiner Diözese hat der Bischof alle meine Werke entfernen lassen.‘

„Worauf gründet sich dieser Zorn des Metropoliten?“, fragte die Schatzmeisterin.

„Er hat den nicht unbegründeten Verdacht, dass die Katholiken Proselyten machen, das heißt versuchen, Mitglieder der Orthodoxen Kirche für sich zu gewinnen. Da aber jeder getaufte Christ zur Orthodoxie gehört, sind fast alle Russen davon betroffen.“

„Nicht unbegründet?“, fragte die Gastgeberin dazwischen.

„Ja, das muss man wohl sagen. Die Katholiken haben um das Jahr 2000 herum begonnen, am anderen Ufer der Pskowa, ganz in der Nähe der Kathedrale, eine Kirche zu bauen.

Die katholische Gemeinde hat etwa 200 Mitglieder. Die Kirche aber bietet für 500 Besucher Platz. Außerdem war der Turm höher geplant als die Kuppel der Kathedrale.

Der Erzbischof schloss daraus, die Katholiken seien auf Wachstum aus. Die polnischen Priester taten meines Wissens nichts, um diesen Verdacht zu entkräften.

Erzbischof und Metropolit Jewsewij entfesselte daraufhin eine Medienkampagne gegen die Katholische Kirche. Er schrieb selbst den Satz, der auch veröffentlicht wurde: ‚Katholiken haben in unserer Stadt nichts zu suchen.‘ Er versteckte sich hinter dem Gouverneur Michailow, der nach meiner Meinung seine Stellung durch Willfährigkeit zur Kirche zu untermauern suchte. So kam es im April 2002 dazu, dass das regionale Amt für Architektur und Bauwesen, das Michailow unterstand, einen Baustopp aussprach *(Länderinformation Russische Föderation April 2002, S. 1).*

Ein Sturm des Protestes erhob sich. Presse, Fernsehen und Radio in Deutschland berichteten darüber. Uns passte das missionarische Verhalten der polnischen Priester auch nicht. Aber noch weniger gefiel uns der Kampf der einen Kirche gegen die andere. Während des Aufenthaltes mit einer Studiengruppe in der Stadt führten wir eine solidarische Andacht in der stillgelegten Baustelle durch.

Ein längeres Gespräch führte ich mit Oberbürgermeister Choronen. Die halbfertige Kirche lag schließlich auf dem Grund und Boden der Stadt. Er versprach, sich um die Angelegenheit zu kümmern. Wie es weiter gelaufen ist, weiß ich nicht. Aber der Baustopp wurde kurze Zeit danach aufgehoben. Das Verhältnis zwischen den beiden Kirchen blieb nachhaltig belastet.“

Sie sind ja fast ein Russe

„Und wie war die Einstellung des Erzbischofs zu uns?“, fragte Martha.
„Sie war zunächst auch voller Misstrauen“, nahm ich den Erzählfaden wieder auf. „Ich denke, der Metropolit ist davon überzeugt, dass die Russisch-Orthodoxe Kirche die einzig wahre Kirche ist. Daneben gibt es andere Gemeinschaften, die durchaus ehrenwert sein können, sofern sie keine Proselyten unter den russischen Christen machen. Deshalb hat mir gesagt, er sei Antiökumeniker.

Dann jedoch trat eine entscheidende Wende ein. Die deutschen Protestanten unterstützten seine Kirche mit Geld, mit der Lieferung von zwei Autos, mit Textilien. Wichtiger war: Unser Vorsitzender führte ein Gespräch mit ihm zusammen mit seinem Stellvertreter Hans Peter Friedrich, der als evangelischer Theologe sehr lange in Moskau gearbeitet hatte und sehr gut Russisch sprach. Sie versicherten ihm, dass Missionierung unter russischen Christen uns völlig fernläge.

Wenig später erhielt er von mir die Bestätigung.

Wir planten den zweiten Bauabschnitt der Werkstatt, der tatsächlich 2004 eröffnet wurde. Ich bat um ein Gespräch mit Vladika Eusebius und bekam postwendend einen Termin. Das Gespräch verlief sehr freundlich. Auch über die Werkstatt sprachen wir ausführlich. Der Erzbischof ernannte auf unsere Bitte hin den von uns sehr angesehenen Erzpriester Wladimir Popow zum Seelsorger für die Werkstatt. Ich dankte sehr dafür und lenkte dann unser Gespräch auf den geplanten zweiten Bauabschnitt. Ich sagte: ‚Wir möchten, dass die Werkstatt auch eine geistliche Mitte hat, deshalb wollen wir eine kleine Kapelle einbauen.‘ Der Blick des Erzbischofs verfinsterte sich von einer Sekunde zur anderen. Wenn ein evangelischer Theologe den Einbau einer Kapelle verschlug, dann konnte es sich doch nur um einen protestantischen Gottesdienstraum handeln. Das kam für ihn einer Kriegserklärung gleich. Ich konnte seine Gedanken von seinem Gesicht ablesen. So fuhr ich schnell fort:

‚Alle Menschen mit geistigen und körperlichen Behinderungen und auch all unsere Mitarbeiterinnen und Mitarbeiter sind russisch-orthodoxen Glaubens. Natürlich soll es eine russisch-orthodoxe Kapelle sein. Wir bitten um Beratung, damit wir beim Bau und bei der Einrichtung nichts falsch machen.‘ Ein längeres Schweigen trat ein. Die Gesichtszüge des Bischofs hellten sich auf. Dann sagte er: ‚Herr Bach, Sie sind ja fast ein Russe. Der Gedanke hätte mir auch selbst kommen können. Selbstverständlich berate ich Sie persönlich gern.‘

Er hat sich daran gehalten. Alles hat er genau vorgeschrieben: die Form und Farbe der Säulen, die Vorhänge, den Leuchter, den Himmelsthron und die Ikonen. Uns kostete die Ausstattung 3.000 €.

Die Kapelle in der Werkstatt
(Foto: Volker Raettig)

Die Einweihung nahm Metropolit Eusebius selbst vor. Ich bat, von unserer Seite ein theologisches Votum einbringen zu dürfen. ‚Ich kann meinem Freund Dieter Bach doch keine Bitte abschlagen', sagte er.

Es geschah innerhalb der Feier. Freilich handelte es sich nicht um einen Gottesdienst, sondern um eine Andacht in einer beschützenden Werkstatt."

„Und dann war alles Friede, Freude und ökumenischer Sonnenschein?", fragte Martha Vahrenkamp skeptisch.

„Leider nicht", erwiderte ich. „Das Misstrauen anderen christlichen Gemeinschaften gegenüber verließ den Erzbischof auch uns Protestanten gegenüber nicht. Und dass er uns nicht als gleichberechtigte Kirche anerkennen konnte, machte er immer wieder deutlich.

Das schlug sich in verschiedenen Ereignissen nieder. Am wenigsten tat uns dabei noch sein Ausspruch zur Vergoldung der Kuppel der Kathedrale weh."

Die Schatzmeisterin zog fragend die Augenbraue hoch.

„Nun, während wir für den dritten und vierten Bauabschnitt der Werkstatt auch in Pskow Spender zu interessieren versuchten, sammelte der Erzbischof Geld für die Vergoldung der Kuppel der Dreifaltigkeits-Kathedrale. Er machte sich wohl Sorgen, dass ihm dabei Spendengelder entgehen könnten, und so sagte er erbost den Satz: ‚Für die da (er meinte die Behinderten) sammeln die Deutschen. Aber für die Vergoldung der Kuppel meiner Kathedrale geben sie keine Kopeke.'

Die Vergoldung war für ihn auch theologisch gesehen ganz wichtig: Die schönen Kirchen sind ein Abbild der Herrlichkeit Gottes und eine Vorschau auf den Himmel der Christen. Mag es dir hier in der Welt auch schlecht gehen. Im Himmel sind alle Herrlichkeiten für dich vorbereitet. Die goldene Kuppel strahlte das über die ganze Stadt aus. Für uns Protestanten aber war wichtig, jetzt schon hier in der Welt gegen Ausgrenzung, Armut und Behinderung zu kämpfen. Das macht den Unterschied, der bis heute ein Graben bleibt."

Russland ist kein multireligiöses Land

„Ich kehre noch einmal zurück zum 25. Juli 2003, dem Tag der Kirche innerhalb der Feiern zum Stadtjubiläum: 1.100 Jahre Stadt Pskow.

Nach den Feierlichkeiten auf dem Platz vor der Kathedrale lud der Erzbischof einen erlesenen Kreis in seinen Bischofssitz ein.

Ein Festessen wurde serviert im dicht gefüllten Saal des Vorsteherhauses. Erzbischof Eusebius nahm an der Stirnseite Platz, links neben ihm fünf geladene Nachbarerzbischöfe. Wer sich in der Szene auskannte, musste annehmen, sie waren wohl sorgfältig ausgewählt. So fehlte beispielsweise der nächste Nachbar, Metropolit Wladimir aus St. Petersburg, Vorgänger von Eusebius in Pskow. Wladimir ist einer der wenigen Ökumeniker, die Russland aufzuweisen hat.

Rechts vom Gastgeber saß der Gouverneur, neben ihm seine Frau, dann der Oberbürgermeister, die Duma-Vorsitzenden.

Von den 15 ausländischen Gruppen, die zum Fest in der Stadt weilten, waren wir vom Vorstand der Initiative Pskow die einzige, die eingeladen war.

Das hatte wohl zwei Ursachen:

Die erste habe ich gerade geschildert. Wir planen eine orthodoxe Kapelle in die beschützende Werkstatt einzubauen.

Die zweite Ursache: Wir halfen dem Metropoliten bei der Erfüllung sozialer Aufgaben auch materiell. Kürzlich erst schenkten wir ihm einen Kleinbus für den Transport seiner Gläubigen.

Bei unseren vielen Transporten mit Hilfsgütern waren jeweils 60–100 Kartons mit Textilien für seine Gemeindeglieder bestimmt. Das führte zu unserer Einladung als einziger ausländischer Gruppe.

Doch zurück zum Festessen. Als erster erhielt der Erzbischof von Nowgorod das Wort zum Toast. In seiner Rede erklärte er unter anderem: Russland ist ein multireligiöses Land, in dem die Russisch-Orthodoxe Kirche eine besondere Rolle einnimmt.

In einer Erwiderung von ca. 15 Minuten – völlig ungewöhnlich für einen Toast – erklärte Erzbischof Eusebius sinngemäß:

Russland ist keinesfalls ein multireligiöses Land. Russland ist darum heilig, weil es das Land der Russisch-Orthodoxen Kirche ist. Russe zu sein heißt, orthodox zu sein. Keinem ist es deshalb erlaubt, in diesem Land zu missionieren. Jede Kirche hat ihr eigenes Land. Wir missionieren auch nicht in Deutschland. Ich bin einmal gefragt worden, fügte er hinzu, ob wir denn aus anderen christlichen Gemeinschaften Geschenke annehmen dürfen. Ja, habe ich erwidert, das können wir, solange die anderen mit ihrer Hilfe keine Forderungen verbinden.

Als Nächster sprach Gouverneur Jewgenij Michailow. Er betonte nachhaltig die enge Verbindung zwischen Staat und Kirche, obwohl sie rechtlich getrennt sind. Der Erzbischof dankte in wohlgesetzten Worten.

Als Nächster erhielt unser Vorsitzender, Superintendent Klaus Eberl, das Wort. Er betonte, dass wir nicht da wären, um in irgendeiner Form Proselyten zu machen. Aber, so sagte er, es sei notwendig, dass die Christen gemeinsam ihre Verantwortung für die Menschen wahrnehmen. Der Erzbischof verwies auf die Dreifaltigkeit, die oft in drei Engeln dargestellt würde, von denen jeder seine eigene Aufgabe habe. So sei es auch mit den christlichen Gemeinschaften und der Kirche. Hier wurde uns genau der Platz zugewiesen, der uns aus seiner Sicht zukam.

Als Nächste erhielten zwei weitere Erzbischöfe das Wort, und Eusebius dankte in kleinen Erwiderungen.

Nach der hierarchischen Ordnung hätte der Oberbürgermeister längst an der Reihe sein müssen. Wenn ich richtig beobachtet habe, erteilte er sich schließlich selbst das Wort. Er sprach von der Bedeutung der Jubiläumsfeier für Pskow, von der großen sozialen Aufgabe der Stadt, von der Zukunft der Bürger. Er brachte den Toast auf das Wohl der Stadt aus. Von der Kirche kein Wort, vom Erzbischof keine Erwiderung.

Die Protestanten sind keine Kirche – keine gleichberechtigten Partner

Das zweite Beispiel ist schlimmer. Eusebius hatte uns gedemütigt und wohl geglaubt, er verteidige die Orthodoxie, die Rechtgläubigkeit, die allein seiner Kirche zustehe.

Anlässlich der 1.100-Jahr-Feier der Stadt führten wir am 6. September 2004 in Pskow eine Deutsche Woche durch mit Ausstellungen und vielen Veranstaltungen und vor allem auch der Eröffnung von drei sozialen Einrichtungen, die im Wesentlichen durch uns geschaffen worden waren.

Ein Tag war auch hier der Kirche gewidmet. Der Präses der Evangelischen Kirche im Rheinland, Nikolaus Schneider, reiste extra dafür an.

Es war an sich schon schwierig, mit dem Erzbischof zu konkreten Vereinbarungen zu kommen. Mehr als ein Jahr vorher sprach ich ihn darauf an. Er antwortete stets unverbindlich, mit dem Zusatz: „Bis dahin ist noch so viel Zeit."

Da vom Erzbischof sich trotz mehrerer Nachfragen nichts rührte, unterrichtete ich den Erzpriester der Dreifaltigkeitskathedrale, Vater Joan, von unseren Wünschen. Drei Vorschläge unterbreiteten wir:

- Ein Grußwort unseres Präses im zentralen Gottesdienst
- Eine Veranstaltung zum Friedensauftrag der Kirche mit Ansprachen des Bischofs und unseres Präses unter Teilnahme der Priester der Diözese
- Die gemeinsame Eröffnung des 2. Bauabschnitts der Werkstatt.

Vater Joan trug unsere Wünsche dem Metropoliten vor, doch eine Antwort blieb aus.

Die Stadt drohte der Diözesanverwaltung: Der Geschäftsführer der Initiative, Dieter Bach, ist Anfang August zu letzten Vorbereitungsgesprächen in der Stadt; wenn es dann nicht zu konkreten Absprachen mit der deutschen Seite käme, könne die Kirche mit keiner finanziellen Unterstützung der Deutschen rechnen, auch nicht mit der Übergabe der geplanten 10.000 € für ein neues Versammlungszentrum der Kirche. Das wirkte.

Am 4. August empfing mich der Erzbischof zusammen mit meinem sehr verlässlichen Freund, Bürgermeister Iwan Kalinin. Wir erklärten ihm, ein Präses sei ein Bischof. Zu seiner Diözese gehörten fast drei Millionen Gläubige. Ich glaubte, das imponierte unserem Gegenüber, ist er doch nur Oberhaupt von 600.000 Christen. Aber weit gefehlt. Ein langes, immer zäher werdendes Gespräch setzte ein. Doch Eusebius blieb hart. Er wollte nichts zusagen, außer dass unser Präses zum Festessen der Kirche eingeladen würde. Er käme ja am Feiertag zu Ehren von Alexander Newskij, einem großen Kriegsmann aus dem 13. Jahrhundert. So war der Tag zugleich der Feiertag des Militärs und der Gottesdienst war ein Militärgottesdienst.

Besonders Iwan Kalinin führte immer neue Argumente an mit allem diplomatischen Geschick. Er erklärte schließlich, wenn unsere Wünsche nicht akzeptiert würden, könne der Tag der Kirche mit allen angekündigten Folgen nicht stattfinden.

Endlich lenkte Vladika Jewsewij ein. Folgende Absprache kam zustande:
- Im Gottesdienst dürfe unser Präses nicht sprechen. Das dürften nur die geweihten orthodoxen Priester. Aber nach dem Gottesdienst fände zu Ehren von Alexander Newskijs eine Prozession um die Kirche statt. Bevor die Gläubigen die Kirche verließen, auf jeden Fall noch im Gotteshaus, könnte das Grußwort erfolgen. So sei es doch in die Liturgie eingebettet.
- Der Vortrag zum Friedensauftrag könne stattfinden. Der Erzbischof würde selbst sprechen.
- Der zweite Bauabschnitt der von uns errichteten Werkstatt für Menschen mit Behinderungen könne vom Erzbischof und Präses gemeinsam eröffnet werden.
- Der Präses und eine vierköpfige Begleitergruppe seien zum Mittagessen im Festzelt eingeladen.

Wir waren froh, dieses Ziel erreicht zu haben. Nikolaus Schneider gab die endgültige Zusage, anzureisen.

Die Wirklichkeit freilich sah ganz anders aus:
- Der feierliche Gottesdienst fand statt. Die Prozession setzte ein. Unser Präses erhielt keine Gelegenheit für sein Grußwort. Nach der Prozession, vor der Kirche – nicht in der Kirche! – durfte er sprechen.
- Beim Festessen saßen am Ehrentisch der Erzbischof, der Abt des Klosters, Tichon, zwei Priester, Oberbürgermeister Choronin. Unser Präses saß mit uns am Nebentisch.
- Wir verließen alle pünktlich das Essen, auch der Erzbischof. Wir waren alle pünktlich um 14.00 Uhr zur Eröffnung der Werkstatt am Rande der Stadt. Nur der Erzbischof kam um 14.35 Uhr.

- Der Vortrag zur Friedensfrage fand statt. Der Erzbischof las ab, was wohl der Abt Tichon erarbeitet hatte. Unsere Gruppe war mit allen 50 Personen vertreten. Von orthodoxer Seite waren anwesend der Erzbischof, der Abt, der Erzpriester. Die Priester waren nicht eingeladen.

Wir haben uns am Abend lange mit Nikolaus Schneider darüber unterhalten. Es war schon ein Affront gegen die Protestanten und ihren Präses. Aber wir waren uns auch einig: Wir müssen diesen Weg gehen um alles zu tun, damit die Ökumene zur Russisch-Orthodoxen Kirche nicht zerbricht. Allerdings war auch nicht damit zu rechnen, solange Eusebius Erzbischof, jetzt gar Metropolit in Pskow ist, dass unser Präses 2011, 70 Jahre nach dem Überfall der deutschen Wehrmacht, nach Pskow kommen würde, um mit uns gemeinsam nach 12 Jahren Bauzeit den letzten Bauabschnitt der Werkstatt zu eröffnen.

22. Juni 2011 – ein Gottesdienst ohne den Erzbischof

Der 22. Juni war für uns in Russland zu einem wichtigen Tag geworden. Möglichst viele Ereignisse legten wir auf dieses Datum, um immer wieder zu unterstreichen, dass der Versöhnungsgedanke ein herausragender Punkt für unser Engagement in Russland war.

Der 22. Juni 2011 machte hier keine Ausnahme. Wir hatten einige Versammlungen vorgesehen. An anderer Stelle werde ich davon berichten.

An einem Tag war von unserer Seite wieder ein ökumenischer Gottesdienst vorgesehen. Ich bat den Gouverneur, dem Metropoliten mitzuteilen, unser Interesse an einem gemeinsamen Gottesdienst mit ihm sei groß, allerdings nur, wenn beide Seiten ihn als gleichberechtigte Partner auch gemeinsam vorbereiteten und durchführten. Dann sei auch eine erneute Teilnahme von Präses Nikolaus Schneider denkbar. Die Nachricht wurde überbracht. Eine Antwort erfolgte nicht. Aus langen Erfahrungen schlossen wir daraus: Antworten die Russen nicht, dann heißt das klar und eindeutig: njet.

Also sprach ich meinen Freund, Erzpriester Wladimir Popow, an.

Wir hatten in Russland wie in Deutschland schon mehrere gemeinsame Gottesdienste gestaltet. Er scheute sich auch nicht, dazu meinen Talar anzuziehen.

Ich fuhr zu seiner Wohnung in der Nikolausgemeinde. Wladimir öffnete die Tür, umarmte mich, gab mir den Bruderkuss und führte mich in sein Wohnzimmer, ein schmaler Schlauch mit zwei einander gegenüberstehenden Sofas. Seine Frau begrüßte mich nicht weniger herzlich und kam kurze Zeit später mit Tee und Gebäck.

Erzpriester Wladimir Popow
(Foto: Volker Raettig)

Eine Zeit lang tauschten wir uns aus über Deutschland und Russland sowie unsere Planungen zum 11. Juni 2011. ‚Wladimir', sagte ich schließlich, ‚können wir in deiner Kirche einen russischen, deutschen Gottesdienst durchführen?'

‚Es ist mir eine große Ehre', antwortete er sofort. ‚Bekommst du dann mit deiner Leitung keine Schwierigkeiten?' Selbstbewusst antwortete der Erzpriester: ‚In meiner Kirche hat mir niemand hineinzureden.'

Wie geplant, so ist es geschehen. Der Erzbischof hatte kurz vor dem 21. Juni die Stadt verlassen.

Der erste Stellvertreter des Generalkonsuls, Dr. Ferdinand von Weyhe, der mit seiner Familie den Gottesdienst besuchte, erklärte, von allen hochkarätigen Veranstaltungen in diesen Tagen sei der Gottesdienst das Schönste gewesen. Ich sagte das Grußwort, Wladimir Popow und der protestantische Pfarrer Dr. Titus Reinmuth predigten, wir sangen und beteten gemeinsam und der berühmte Ljubjatow-Chor gab dem Ganzen einen festlichen Rahmen."

„Und das Resümee?", fragte Martha Vahrenkamp.

„Mit einzelnen Priestern der Orthodoxen Kirche, um nur zwei von ihnen zu nennen, Wladimir Popow und Pavel Adelheim, klappte die Zusammenarbeit vorzüglich, ob es um Alte, behinderte Menschen, Kinder und Notleidende ging. Aber auch über politische und gesellschaftliche Themen konnten wir uns gut austauschen. Mit den hochrangigen Vertretern der Amtskirche gelingt es nur punktuell. Jedenfalls in Pskow ist ihr Interesse als Diözese an sozialen Fragen sehr gering. Für die Werkstatt für Menschen mit Behinderungen haben wir von ihr keine Kopeke bekommen. Und die Kirche wird nur von einer Institution vertreten – der Russisch-Orthodoxen Kirche."

Der Lubjatowchor
(Foto: Volker Raettig)

13. Der Durchbruch gelingt

2010: Der neue Gouverneur geht neue Wege

Das Geld fehlt und die Gouverneure schweigen

Zwischen 2006 und 2009 hatten wir mit unserer Arbeit in Pskow eine Durststrecke zurückgelegt, von der wir meinten, schlimmer könne es nicht mehr werden. In Wahrheit tat sich nach 2011 ein noch tieferer Graben auf. Die Brücke, auf der wir hofften, ans andere Ufer zu gelangen, wurde immer baufälliger. Die Gefahr, dass sie zusammenbrach, wuchs von Tag zu Tag.

Doch der Reihe nach: Für die Schwierigkeiten zwischen 2006 und 2009 waren drei Gründe verantwortlich:

Die Auseinandersetzung zwischen Stadt und Oblast Pskow nimmt immer bizarrere Formen an

Kampf um HPZ und Werkstatt

Michail Choronen, noch Oberbürgermeister und Stadtpräsident in diesen Tagen, hielt eisern daran fest, die Vorzeigeprojekte Schule und Werkstatt bei der Stadt zu behalten. Dafür tat er alles. Dafür verkaufte er das ‚Tafelsilber' der Stadt und riskierte zugleich die Feindschaft der Gouverneure.

Die Spitze der Region wollte eben diese beiden Projekte für sich. Solange das nicht gelang, drehte sie den Geldhahn zu. Immer wieder versuchte man, die am Bau und an der Unterhaltung beteiligten Deutschen auf die eine oder andere Seite zu ziehen. Wir wollten uns an den Grabenkämpfen aber nicht beteiligen. Politische Stellungnahmen können im Reich Putins die ganze soziale Arbeit gefährden. So betonten wir wieder und wieder: Uns geht es allein darum, dass Menschen mit Behinderungen auch unter menschenwürdigen Bedingungen leben können, ganz gleich, wo die politische Verantwortung für sie liegt.

Das aber führte zum zweiten Grund:

Die Gouverneure schweigen

Wir haben beste Beziehungen zur Führungsspitze in der Stadt, zumal Klaus Eberl und ich als ihre Ehrenbürger direkten Zugang haben zu allen

Handlungsebenen. Das aber brachte es mit sich, dass sich die Gouverneure immer mehr vor uns verschlossen. Wir erreichten untergeordnete Beamte, aber nicht sie selbst, ob sie nun Michailow, Kuznezow oder Turtschak heißen. Wir schrieben Brief um Brief. Aber man würdigte uns nicht einmal einer Antwort. Die untere Beamtenebene aber legte uns immer wieder nahe: Sagt euch von der Stadt los, und alles wird sich zum Besseren wenden.

Die Geldströme für Russland drohen immer mehr zu Bächen und schmalen Rinnsalen zu werden

In den Hungerjahren 1998–2002 war die Spendenbereitschaft in Deutschland groß. Doch dann tauchten immer mehr russische Oligarchen in Westeuropa auf, Männer, die zum allergrößten Teil durch Betrug und Steuerhinterziehung zu Millionären, gar sehr bald zu Milliardären geworden sind.

Schmuckgeschäfte lockten in den Metropolen mit Bedienung in russischer Sprache, die besten Hotels in den schönsten Landschaften Europas wurden von den Oligarchen besetzt. Ganze Fußballklubs wurden gekauft. Auch die Präsidenten Russlands hielten sich hier kaum zurück.

Jelzins Tochter baute sich in Garmisch-Partenkirchen ein Haus mit goldenen Wasserhähnen, und von Wladimir Putin hieß es bald, dass er zu den reichsten Männern der Welt gehöre.

Die Reichen Russlands aber sind zum allergrößten Teil spendenresistent und an sozialen Fragen nicht interessiert. Dazu tragen gewiss auch die Steuergesetze bei. Wer in Russland spendet, entzieht seiner Firma Geld für betriebsfremde Einrichtungen oder Personen. Deshalb muss er für die gespendeten finanziellen Mittel eine Sondersteuer zahlen. – Wenn das in Deutschland gelten würde? – Auch der Staat ist an sozialen Fragen nur am Rand interessiert. Im Grunde hat der Satz nach wie vor eine große Bedeutung: Wer nichts leistet, der ist auch nichts.

Ich erinnere an den Satz: *„Wir haben viele Renten, die nur 2.000 Rubel betragen." Das sind ca. 45 €. Zur gleichen Zeit steigen die Preise. Die Rentner haben nichts zuzusetzen. Die absolute Mindestsumme zum Leben beträgt 3.000 Rubel.*

Das war die Situation, die wir 2006 vorfanden. Der dritte Bauabschnitt der Werkstatt war gerade fertig geworden. Zwei Drittel waren gebaut. Aber ein Drittel fehlte noch. Zwischen den erbauten Werkräumen und dem Heizungshaus klaffte ein großes Loch. Der vorgelagerte Speisesaal stand nur in den Bauunterlagen, und vernünftige Räume für die Verwaltung fehlten fast ganz.

Reimar Kirchhoff überschlug die Kosten. Sie würden 2006 circa 700.000 € betragen. Verzögerungen schlugen jährlich mit 10–13 % Teue-

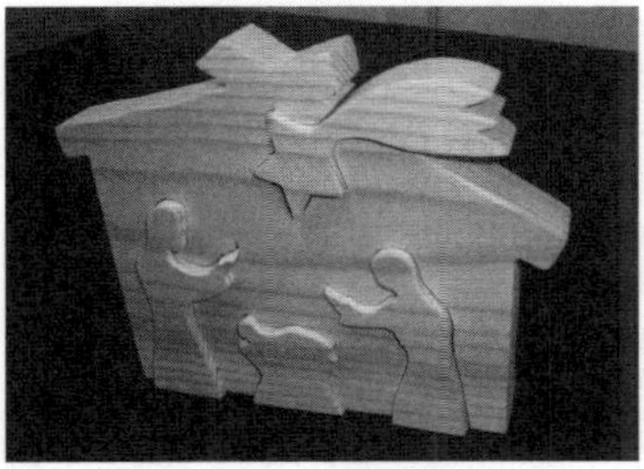

Ein Produkt der Werkstatt
(Foto: Valerij Andreew)

rungsrate zu Buch, das hieß 2010 etwa eine Million Euro. Unsere Rücklagen für den Werkstattbau betrugen 50.000 €.

Eins war sicher: Bisher hatte die deutsche Seite die Baukosten ganz getragen. Das würde nicht mehr gelingen. Wenn die Russen nicht selbst einen erheblichen Teil einbringen würden, käme von deutscher Seite kaum noch etwas.

So galt es, eine doppelte Strategie zu fahren: die Russen dazu zu bewegen, 50 % der Kosten zu übernehmen, und auf deutscher Seite bis zu 500.000 € zusammenzubringen.

Auf russischer Seite war die Stadt nicht in der Lage, auch nur 1.000 € aufzubringen, und unsere Bemühungen beim Oblast und bei der Zentralregierung in Moskau liefen ins Leere.

Also blickten wir zunächst auf die deutsche Seite, aber schon unter der Devise: 50:50. Wir bringen 50 % auf, wenn die Russen das Gleiche tun.

Die Solidaritätsaktion in Mülheim an der Ruhr

9. Mai 2005: Podiumsdiskussion in der Katholischen Akademie ‚Die Wolfsburg' zum Thema „60 Jahre nach der Beendigung des Krieges". Die Wolfsburg war ehemals eine Ausflugsgaststätte mitten im Mülheimer Wald, Luftlinie nur drei Kilometer von der Rheinischen Akademie entfernt.

Die katholische Kirche hatte ihr Haus zu einer Bilderbuchakademie ausgebaut mit einem großen Saal, technisch gut ausgestatteten Tagungsräumen und 70 Übernachtungsplätzen für auswärtige Gäste.

Die Zusammenarbeit zwischen beiden Akademien verlief vorzüglich. Die beiden Teams trafen sich in regelmäßigen Abständen, bereiteten gemeinsame Tagungen vor. Der Leiter, Dr. Michael Schlagheck, und ich waren zu Freunden geworden.

Am 9. Mai saßen die Oberbürgermeisterin von Mülheim, Dagmar Mühlenfeld, und ich gemeinsam auf dem Podium. Ich hatte den Auftrag, den Gedanken der Versöhnung mit Russland einzubringen.

Im Rückblick auf die Woche „Russische Kultur an Rhein und Ruhr" vor 10 Jahren gelang das sehr anschaulich. In unserer konsequenten friedenspolitischen Einstellung verstanden die Oberbürgermeisterin und ich uns von Anfang an gut. Uns gelang es, in der Diskussion dafür eine solide Grundlage zu schaffen.

Nach Beendigung der Veranstaltung wandte sich Dagmar Mühlenfeld an mich: „Herr Bach, unter meinem Vorgänger, Oberbürgermeister Specht, und der Evangelischen Akademie gab es eine sehr intensive Zusammenarbeit. Sonst hätte die Kulturwoche in unserer Region gewiss nicht ein so gutes Echo gefunden. Inzwischen ist das leider eingeschlafen. Ich hätte Lust, gerade im Hinblick auf Russland die Kooperation neu zu beleben." Begeistert stimmte ich zu. Für den Herbst vereinbarten wir einen Termin für ein Planungsgespräch.

Am Dienstag, dem 6. September 2005, war es so weit. Um 9.00 Uhr saßen wir am großen ovalen Tisch im Büro der Oberbürgermeisterin zusammen.

„Die Stadt Mülheim ist zu einer intensiveren Zusammenarbeit mit Ihrer Initiative bereit", eröffnete Dagmar Mühlenfeld das Gespräch. „Ich habe es im Stadtrat vorgeklärt. Es gibt keine Einwände, solange es die Stadt kein Geld kostet, denn sie ist, wie Sie sicherlich wissen, hoch verschuldet. Also: Was können wir gemeinsam tun?"

„Da ich nicht mehr für die Evangelische Akademie zuständig bin, scheidet eine gemeinsame Tagungsarbeit zu politischen und gesellschaftlichen Fragen leider aus. Mülheim hat als Stadt kein Geld. Eine direkte Bezuschussung ist somit nicht zu erwarten." Die Oberbürgermeisterin nickte. „Am meisten Sorgen bereitet mir zur Zeit die Errichtung des letzten Bauabschnitts der Werkstatt für Menschen mit Behinderungen", fuhr ich fort. Ich schilderte kurz die Schwierigkeiten, die sich zu der Zeit auftaten. Die Oberbürgermeisterin schaltete schnell: „Direkt können wir nichts tun. Aber wie wäre es, wenn wir die Einwohnerinnen und Einwohner der Stadt zu einer Solidaritätsaktion aufriefen?"

Ich blickte ein wenig ungläubig. „Seien Sie nicht so skeptisch", fuhr die Oberbürgermeisterin lächelnd fort. „Unterschätzen Sie nicht meinen Einfluss in der Stadt. Und auch Sie haben viele Kontakte, die wir nutzen können."

Ich schämte mich meiner Zweifel und sagte entschlossen: „Toll, wenn wir es gemeinsam versuchen." – „Dann lassen Sie uns die Eckdaten festsetzen." Nach einer Stunde konnten wir befriedigt auf das Ergebnis zurückblicken:

Thema: Mülheim an der Ruhr SOLIDARITÄT Werkstatt für Behinderte in PSKOW

- Zeitraum: 1. Januar 2006 bis 1. September 2007
- Angestrebtes Ziel: 100.000 € für den 4. Bauabschnitt der Werkstatt
- Schirmherrschaft: Die Oberbürgermeisterin der Stadt Mülheim und der Generalkonsul der Russischen Föderation in Bonn
- Verbündete: Der Superintendent des Evangelischen Kirchenkreises, Helmut Hitzbleck, der Dechant des katholischen Dekanats, Manfred von Schwartzenberg, Vertreter der Schulen, der Vereine, der Parteien und der Presse

– Stationen: Erste Zwischenstation als Mülheimer Festwoche vom 30. August bis 8. September 2006, Abschlussveranstaltung 30. August bis 2. September 2007

Wir verabschiedeten uns mit dem Versprechen, in ständigem Kontakt zu bleiben. Und das gelang tatsächlich für den ganzen Zeitraum. Die Tätigkeit und das Engagement der Oberbürgermeisterin waren so groß, dass sie am Ende der Kette als Ehrenmitglied der Initiative Pskow aufgenommen wurde.

Dagmar Mühlenfeld und ich richteten uns mit einem Aufruf an die Einwohnerinnen und Einwohner der Stadt:

Wir vollenden die Werkstatt in Pskow

– Die Mülheimer Solidaritätsaktion

Mülheim an der Ruhr erklärt sich solidarisch mit der beschützenden Werkstatt in Pskow.

Dagmar Mühlenfeld, Oberbürgermeisterin von Mülheim, und Dieter Bach haben dazu aufgerufen …

Die Ziele:

1. *Ein praktischer Beitrag zur Friedensarbeit zwischen Russen und Deutschen. Denn nicht nur Mülheim, auch die Stadt Pskow macht mit!*
2. *Eine noch stärkere Sensibilisierung breiter Bevölkerungskreise dafür, behinderte Menschen als ihresgleichen anzunehmen.*
3. *Der vierte und letzte Baustein der Behindertenwerkstatt soll auf solides Finanzfundament gestellt werden. Dafür sollen mindestens 100.000 € zusammenkommen.*[56] Das Echo war beeindruckend.

Der russische Generalkonsul, Fedor Khorokhordin, kannte unsere Arbeit gut. Er erklärte sich sofort bereit, die Schirmherrschaft zu übernehmen.

Jochen Leyendecker, der bekannte Mülheimer Künstler, stellte sich ganz in den Dienst dieser Sache. Er bereitete die Plakate vor, die an allen Stellen der Stadt kostenlos aufgehängt wurden. Er entwarf den Handzettel für Geschäfte, Warenhäuser, Kirchen und Schulen. Er entwickelte eine Spardose, die in Schulen, Geschäften und Kirchen aufgestellt wurde. Er bereitete Veranstaltungen vor und wirkte in ihnen mit.

Die Lokalzeitungen, NRZ und WAZ, verpflichteten sich, regelmäßig zu berichten.

Die katholische und die jüdische Gemeinde waren aktiv beteiligt. Die Russlanddeutschen bereiteten eigene Veranstaltungen vor. Künstler von hohem Rang waren zu Benefizkonzerten bereit.

Ich besuchte mehr als 20 Schulen und berichtete von unserem Vorhaben. Eine ganze Reihe ihrer Rektoren erklärte: Wir haben schon ein spezielles Engagement in Asien oder in Afrika oder in Südamerika. Ich erklärte dann stets: „Wir wollen Sie durch unsere Aktion auf keinen Fall von Ihrem Einsatz abbringen. Bleiben Sie dabei. Wir suchen Schulen, die sich noch nicht engagieren." Und wir fanden sie. Sponsorenläufe wurden gestartet, Spardosen aufgestellt, spezielle Veranstaltungen in Szene gesetzt.

Als Erster startete der Evangelische Kirchenkreis mit Helmut Hitzbleck. Er blieb auch unser treuester Verbündeter.

Der Kirchenkreis gab unter anderem seit 1999 einen Hoffnungspreis heraus. Praktisch als Einstiegsveranstaltung wurde er am 29. November 2005 an die Initiative Pskow verliehen, verbunden mit einem geschmiedeten Turmhahn – er steht heute in der Pskower Werkstatt – und einem Preisgeld in Höhe von 1.500 €.

„Durch die Arbeit der Initiative hat sich Pskow zur sozialsten Stadt Russlands entwickelt. Sie hat entscheidend zur Bewusstseinsbildung bei dem Umgang mit Behinderten beigetragen. Aus bescheidenen Anfängen 1991 sind über 30 Projekte sozialer Arbeit erwachsen", nannte Superintendent Helmut Hitzbleck die Gründe für die Wahl.

Der Bürgermeister von Pskow, Nikolaj Michailow, und die Schatzmeisterin der Initiative, Martha Vahrenkamp, bedankten sich. Martha Vahrenkamp sprach die aktuelle Planung für den 4. Bauabschnitt der Werkstatt für behinderte Jugendliche in Pskow an. „Ich bin sicher, dass wir das mit ihrer Hilfe auch schaffen", sagte Vahrenkamp zuversichtlich vor 300 Zuhörerinnen und Zuhörern.[57]

Die Mülheimer Festwoche[58]

In der Festwoche vom 30. August bis zum 8. September 2006 reihte sich eine Veranstaltung an die andere.

Schon am **21. August** wurde im Foyer des Mülheimer Rathauses die Ausstellung **Spuren in die Zukunft** eröffnet. Sie zeigte die Geschichte der Stadt Pskow, besonders ihr Leiden im Ersten und Zweiten Weltkrieg, und dann die in deutsch-russischer Partnerschaft entstandenen sozialen Projekte. Einen besonders breiten Raum nahmen dabei die Schule und die Werkstatt ein. Die Ausstellung wurde sofort sehr positiv angenommen und über Jahre erreichten uns Anfragen, wann sie auch in anderen Städten gezeigt werden könnte.

Am Mittwoch, dem **30. August,** wurde dann in der Mülheimer Petri-Kirche eine zweite Ausstellung eröffnet, **Zeitgenössische russische Kunst** in Anwesenheit des Malers Eduard Scharipow, Pskow. Er zeigte vor allen Dingen Landschaften in Herbst- und Winterstimmungen und Tusch-Grafiken. Wer je die Landschaften um Pskow erlebt hat, der erkannte diese Atmosphäre wieder, weiß: ja, so ist es, so fühlt es sich an. Umrahmt wurde die Eröffnung durch den großartigen Saxofonisten Arkadi Galkowsiki.

Am Abend des gleichen Tages fand der **Solidaritätsempfang** im großen Saal des evangelischen Altenhofes statt. Nach der Begrüßung durch den Vorsitzenden Klaus Eberl erinnerte Präses Nikolaus Schneider an die Ideologie von der Überlegenheit der „arischen Rasse" gegenüber den slawischen Völkern und die daraus resultierende Vernichtungsabsicht. Um nach diesem Desaster an Versöhnung auch nur denken zu können, musste zuerst ein neues Denken erarbeitet werden. Die weltpolitische Entwicklung mit dem Ende des Kalten Krieges habe dann die neuen Beziehungen erst ermöglicht. Versöhnung bleibe „eine Aufgabe zwischen Christen, die sich aus der schrecklichen Geschichte ergibt".

Die Mülheimer Oberbürgermeisterin Dagmar Mühlenfeld zitierte Albert Schweitzer: „Das wenige, das du tun kannst, ist viel." Wir müssen uns, sagte sie, als Menschen dieser einen Welt begreifen und uns gegenseitig helfen.

Der Bonner Generalkonsul Fedor Khorokhordin versprach seine Unterstützung beim weiteren Aufbau der Kontakte. Diese seien inzwischen viel enger und vertrauensvoller als noch vor 10 Jahren.

Michail Choronen, Pskower Stadtpräsident und Oberbürgermeister, dankte den Freunden der Stadt in der Initiative, in Wassenberg, in Mülheim und Neuss: „Ich bin überzeugt, in unseren gemeinsamen Bemühungen schaffen wir es, das Werk zu vollenden."

Helmut Hitzbleck: „Es gilt, die Menschenwürde zu achten mit allen Behinderungen, Eigenarten und ihren schönen Seiten. Er erinnert an den ‚Pskower Engel' aus der Behindertenwerkstatt und an das Symbol des Engelflügels als Logo der Mülheimer Solidaritätsaktion.

Katholische Gemeinden und Einrichtungen haben die Aktion besonders intensiv unterstützt. Statt aber daran in einer Rede zu erinnern, sagte Dechant Manfred von Schwartzenberg: Ich möchte mit ihnen singen. Und er sang kräftig, ausdrucksvoll und anrührend: ‚Wir wünschen, dass die Kinder auf dieser Welt lachen. Wir singen diesen Wunsch, bis er sich erfüllt.' Sein Lied widmete er den Kindern und Jugendlichen in Pskow – ganz gewiss der ungewöhnlichste und berührendste Beitrag dieses Abends.

Ich gab schließlich bekannt, dass bisher 70.000 € an Spenden eingegangen waren. – Am Ende der Festwoche waren es mehr als 77.000 €.

Am **Freitag, dem 1. September,** fand das eindrucksvolle **Benefizkonzert** der georgischen Pianistin **Elisabeth Leonskaja** in der ausverkauften Petri-Kirche statt. Die Westdeutsche Allgemeine Zeitung schwärmte „… stimmungsgeladen zwischen tiefer Verzweiflung und perlender Leichtigkeit, in sich gekehrt, höchst konzentriert, erzählt die Künstlerin am … Flügel die höchst emotionalen musikalischen Chopin-Geschichten". Zuvor hatte der Weltstar die Gasteiner Sonate von Franz Schubert gespielt.

Musik prägte auch den **Ökumenischen Gottesdienst am 2. September.** Das Vokalensemble der Petri-Kirche unter Leitung von G. Burger und der Ljubjatow-Chor aus Pskow wurden immer wieder mit Beifall bedacht. In der Predigt führte Oberkirchenrat Harald Bewersdorff aus, dass der Friede, in dem Waffen zu Gebrauchsgegenständen werden, nur von Gott geschaffen werden kann. Aber Christen wie Juden, die dieses Heil von Gott erwarten, seien aufgefordert, sich auf den Weg der Gewaltlosigkeit zu begeben.

Am **8. September** feierte **die Mülheimer Diakonie** ihr 85-jähriges Bestehen. Die Straßen rund um den Kirchenhübel glichen einem Basar, darunter waren auch sechs Stände der Initiative Pskow. Sie informierten die Mülheimer über ihre Arbeit und verkauften Holzspielzeug aus der Pskower Werkstatt. Original russische Blinis und Piroggen, die von Vita, einer russlanddeutschen Frau, gebacken wurden, fanden reißend Absatz. Viele Mitglieder der Initiative wirkten mit, damit das Fest gelang. Die Polizei hatte wetterfeste Stände geliefert und aufgestellt. Menschen in Mülheim, die die Initiative Pskow bisher nicht kannten, gewannen einen vielfältigen Eindruck von der Arbeit und dem Engagement ihrer Mitglieder.

Die Abschlussveranstaltungen 2007[59]

Ein weiteres Jahr fanden viele Veranstaltungen in Mülheim statt. Im August 2007 war es dann so weit. Das Ziel war erreicht. 100.000 € hatte man sich bei der Planung vorgenommen. 111.000 € waren es geworden.

Oberbürgermeisterin Dagmar Mühlenfeld lud zur Abschlussveranstaltung am **30. August** in den Rittersaal des Broicher Schlosses ein.

„Der Traum hat sich erfüllt. 111.000 € hat die Solidaritätsaktion erbracht“, führte ich zur Einleitung aus. „Aber der eigentliche Erfolg liegt nicht im Finanziellen, sondern in der neu entstandenen Projektpartnerschaft zwischen beiden Städten.“

Fröhliche Zuschauer – nicht nur in Mülheim
(Foto: Volker Raettig)

Bürgermeister Michailow überreichte Auszeichnungen der Stadt Pskow an Personen und Institutionen, die sich bei der Aktion besonders engagiert hatten.

Der Höhepunkt des Abends war die Verleihung der Ehrenmitgliedschaft an Dagmar Mühlenfeld durch den Vorsitzenden der Initiative Pskow, Klaus Eberl.

In der Urkunde zur Ehrenmitgliedschaft hieß es: „Sie hat die langjährige Verbindung, die zwischen Mülheim an der Ruhr und der russischen Stadt bestand, im Jahre 2005 anlässlich der Erinnerung an das Kriegsende vor 60 Jahren aufgegriffen und zu neuem Leben gebracht. Drei Ziele hat sie für diese Solidaritätsaktion benannt: den Gedanken der Versöhnung zu vertiefen, für das Leben behinderter Menschen zu sensibilisieren und Geld zu sammeln für den vierten und letzten Bauabschnitt der Werkstatt."

Am **Weltfriedenstag, dem 1. September 2007,** führte die Initiative ihre abschließende Veranstaltung durch. Sie fand in der Kirchengemeinde Duisburg-Wedau statt unter dem Thema **Pskow als Zeichen der Versöhnung unter den Völkern.**

Dr. Dietmar Kehlbreier, Mitarbeiter im Öffentlichkeitsausschuss der Initiative Pskow, schrieb:

Da der Protestantismus keine Heiligen kennt, sollte der Weltfriedenstag am 1. September im Vordergrund stehen. Dennoch rückte genauso unvermeidlich wie berechtigt der zweite Anlass für den Empfang der Initiative Pskow (IP) in der Trinitatis-Kirche in Duisburg-Wedau in den Vordergrund: Der 75. Geburtstag Dieter Bachs, ihres Mitbegründers und bis heute tatkräftigen Motors.

Der Rheinische Präses Nikolaus Schneider war gekommen und dankte Dieter Bach für sein langjähriges nachhaltiges Engagement in der Versöhnungsarbeit von den Anfängen Mitte der 80er-Jahre („Versöhnung mit den Völkern der Sowjetunion") über die Akademiearbeit in Mülheim bis zur Initiative Pskow: „Dein Weg ging immer nach Osten – der weitaus schwierigere Weg", erinnerte Schneider an die Notwendigkeit, sich mit der schmerzhaften deutschen Geschichte auseinanderzusetzen, statt sie zu verdrängen. Dieter Bach habe wesentlich dazu beigetragen und „alle möglichen Freunde genervt", dass sich bis heute die Rheinische Kirche als Ganze dem Thema verpflichtet weiß.

Klaus Eberl, Vorsitzender der IP, benutzte das Bild der Matrjoschka, um die verschiedenen Gesichter Dieter Bachs zu vergegenwärtigen: das des Geschäftsführers, des Theologen, des Familienvaters. Das „Wunder von Pskow" (Rheinische Post) sei eng mit seiner Person verknüpft. Das bestätigten einmal mehr die russischen Stimmen unter den Gästen wie Larissa Fedotowa, Direktorin der Werkstatt: Diese seien Vorbild für ganz Russland und stünden für die Integration behinderter Menschen in die russische Gesellschaft.

Dagmar Mühlenfeld, Mülheims Oberbürgermeisterin, neues Ehrenmitglied der Initiative, und Superintendent Helmut Hitzbleck signalisierten, dass die Osteuropaarbeit weiterhin ein Kristallisationspunkt in der Christen- und Bürgergemeinde der Ruhrstadt einen Schwerpunkt hat, die zuletzt mit ihrer Solidaritätsaktion tatkräftig mitgeholfen hatte.

Zuvor hatten über 150 Menschen unter dem Titel „Pskow als Zeichen der Versöhnung unter den Völkern" einen Gottesdienst zum Weltfriedenstag … gefeiert. In ihrer gemeinsamen Predigt legten die Pfarrerinnen Gabriele Bach und Ute Sawatzki das Gleichnis vom Verlorenen Sohn als Zeichen für Gottes Versöhnungsangebot aus. Gottes ausgestreckte Hand ermögliche erst alle menschlichen Bemühungen um Versöhnung."

Die Solidaritätsaktion auch in Pskow

„Wenn die Stadt Mülheim eine Solidaritätsaktion zugunsten der Werkstatt in Pskow durchführt, dann darf die Stadt Pskow nicht abseits stehen“, erklärte Iwan Kalinin.

Er war der Beauftrage der IP in seiner Stadt. Als geschickter Organisator brachte er Männer und Frauen zusammen, die sich für Sammlungen in der russischen Stadt einsetzen. Und er hatte Erfolg damit.

Im Juni 2007 wurde die Aktion im Pskower Rathaus feierlich abgeschlossen. Oberbürgermeister Choronen überreichte Urkunden an Einzelpersonen und an Vertreter von Institutionen und Firmen.

„400.000 Rubel sind gespendet worden. Dazu noch einmal Sachspenden, vor allem Baumaterial im Wert von 390.000 Rubel. Das erscheint nicht besonders viel, wenn man die Summe nach dem Kurs 2007 von 1:34 in Euro umrechnet (etwa 23.400 €). Es sieht anders aus, wenn man bedenkt, dass 2007 ein gut ausgebildeter Akademiker etwa 8.000 Rubel im Monat verdient, und es ist überwältigend, wenn man erfährt, dass sich etwa 2.400 Spender beteiligten, dass es öffentliche Führungen durch die Werkstätten gab, Spardosen an den Kassen von Supermärkten. Die Rubel kamen von Menschen, die knapp dran sind, von kleinen Geschäften, Apotheken, Schulen – keine einzige Bank, kein großer Betrieb, keiner der „neuen Reichen“. Iwan Kalinin … sagt ziemlich bitter: „Unsere Reichen waren die Ärmsten.“ (Eckhard Pohlmann)

Der finanzielle Grundstock ist gelegt – wohin mit dem Geld?

Das Trainingshaus entsteht

Mehr als 170.000 € standen 2007 für den vierten Bauabschnitt der Werkstatt zur Verfügung, die Sammlung in Pskow nicht eingerechnet. Heftige Diskussionen entwickelten sich in den beiden nächsten Jahren im Vorstand der Initiative Pskow. Von russischer Seite ist nichts zu erwarten, sagten die einen. Jedes Echo auf unsere Anfragen bleibt aus. Ihr kennt doch die russische Gepflogenheit: Keine Antwort heißt nein, wir machen nicht mit. Die Stadt kann nicht, und der Oblast will nicht. Die Schule hat das abgebrannte Holzhaus an die Werkstatt abgetreten. Wir müssen es wieder aufbauen. Das übrige Geld nehmen wir zum Ausbau der Verwaltung im fertiggestellten Teil.

Wir brauchen unbedingt eine Rücklage, sagen die anderen. Rührt sich die russische Seite doch, müssen wir unseren Eigenanteil einbringen, sonst geschieht gar nichts.

Wir fanden schließlich zu einem Kompromiss: Unser Ziel war es, bis zum 22. Juni 2011, 70 Jahre nach dem Überfall auf die Sowjetunion, die Werkstatt fertigzustellen. Dazu benötigten wir eine Rücklage von wenigstens 100.000 €. 70.000 € verwandten wir zum Aufbau des abgebrannten

Holzhauses. Sollte bis 2011 von russischer Seite nichts geschehen, würden wir auch die Rücklage verbauen.

Tatsächlich wurde das abgebrannte Haus 2008 fertiggestellt und in den Werkstattbau eingegliedert. Seitdem diente es als Trainingshaus, um neu aufgenommene Menschen mit Behinderungen an die Arbeit heranzuführen und herauszufinden, für welche Tätigkeit sie am besten geeignet waren.

Die Verantwortlichen des Sozialbereichs kommen und gehen

Ein Teil der von uns geschaffenen sozialen Einrichtungen war auf der Grundlage des neuen Gesetzes an den Oblast übergegangen, nicht aber das HPZ und die Werkstatt.

Die überführten Einrichtungen hatten langfristige Verträge mit uns. Um hier zu Übereinstimmungen zu kommen, muss der Oblast Verbindung mit uns aufnehmen. Wir waren damit sehr einverstanden, hofften wir doch, auf diesem Wege weiterzukommen.

2006 wurde Fedor Kachanow durch den Gouverneur als Leiter der Sozialabteilung des Oblast berufen. Seine Position ist in etwa vergleichbar mit der eines beamteten Staatssekretärs eines Bundeslandes.

Er nahm mit uns Kontakt auf. Wir luden ihn nach Deutschland ein. Er nahm die Einladung gerne an. Wir behandelten ihn wie einen König: Kontakte zu Mülheim und Duisburg wurden hergestellt. Er hospitierte in Förderschulen und Werkstätten für Menschen mit Behinderungen.

Fedor Kachanow war von unserer Arbeit begeistert. Er versprach, sich in Pskow ganz für uns einzusetzen, die Werkstatt auch dort sofort zu besuchen. Doch kaum war er in die russische Stadt zurückgekehrt, wurde er von seinem Posten abberufen.

Wladimir Konjachin wurde sein Nachfolger. Das Spiel wiederholte sich: Wir luden ihn nach Deutschland ein. Er nahm die Einladung gerne an. Wir behandelten ihn wie einen König: Kontakte zu Mülheim und Duisburg wurden hergestellt. Er hospitierte in Förderschulen und Werkstätten für Menschen mit Behinderungen.

Wladimir Konjachin war von unserer Arbeit begeistert. Er versprach, sich in Pskow ganz für uns einzusetzen, die Werkstatt auch dort sofort zu besuchen. Doch kaum war er in die russische Stadt zurückgekehrt, wurde er von seinem Posten abberufen.

Im Frühjahr 2008 rückte der Armenier Armen Mnazakanjan auf diese Stelle nach. Wir hatten zunächst wenig Vertrauen, dass er sich länger halten würde als seine Vorgänger. Aber wir brauchten dringend den Kontakt zum Oblast. So nahmen wir umgehend zu dem neuen Staatsekretär die Verbindung auf. Er war bisher Museumsdirektor in Puschkin-Berge. Welche Fähigkeiten brachte er für das neue Amt mit?

Bei unserem ersten Besuch 2008 in seinem Dienstzimmer empfing uns Armen Mnazakanjan sehr freundlich. Ich spürte bald, dass die „Chemie“

zwischen uns stimmte. Wir fassten Vertrauen zueinander und konnten uns Vertrauliches mitteilen. Bis zum Sommer 2014 wurde es nicht enttäuscht.

Das Ende des Schweigens?

Im Februar 2009 wurde Andrej Turtschak von Wladimir Putin als neuer Gouverneur eingesetzt. Er war noch keine 40 Jahre alt. Den Doktorgrad hatte er in der Weltraumforschung erworben. Nach Tätigkeiten in St. Petersburg vertrat er den Oblast im Föderationsrat. An die Spitze des Oblast berief er neue Leute. Aber Armen Mnazakanjan ließ er in seinem Amt.

Unmittelbar nach dem Wechsel ermutigte mich Armen, an den Gouverneur zu schreiben, unsere Arbeiten im Sozialbereich vorzustellen und um einen Termin zu bitten.

Der Leiter des Sozialamtes hatte unsere Einrichtungen besucht. Besonders begeistert war er von der Werkstatt. So etwas hatte er in Russland noch nicht gesehen. Wir luden ihn nach Deutschland ein, führten ihm alle Facetten des Behindertenbereichs vor. Nach dem Besuch war er überzeugt: Das brauchen wir in Russland auch. Pskow wird zum Muster für sein Land. Er förderte unsere Arbeit mit aller Kraft.

Ich folgte seinem Rat und schrieb an den Gouverneur. Vom Februar bis zum September 2009 waren es insgesamt acht Briefe. Der Inhalt war ähnlich. Mein letzter Brief vom September 2009 lautete:

Duisburg / Pskow, 16. September 2009
Pskow als Modell für die Arbeit mit Menschen mit geistigen Behinderungen in Russland

Hier: Bitte um einen Gesprächstermin
Bezug: Mein Brief vom 31. Mai 2009

Sehr geehrter Herr Gouverneur Dr. Turtschak,

in einer über ein Jahrzehnt währenden Zusammenarbeit zwischen den russischen Partnern und der deutschen Initiative Pskow ist es gelungen, gerade im Bereich der Arbeit mit behinderten Menschen in Pskow Einrichtungen zu schaffen, die gewiss Vorbildcharakter haben.

Der Leiter der Sozialabteilung des Oblast, Armen Mnazakanjan, hat in einer sehr vertrauensvollen Zusammenarbeit zum Gelingen wesentlich beigetragen.

Um den nächsten Schritte tun zu können, die nicht nur für den Oblast Pskow, sondern für Russland von Belang sind, gilt es, eine Reihe von Problemen zu lösen, bei denen wir Sie um Ihren Rat und Ihre Unterstützung bitten möchten.

Im Einzelnen:

1. Pskow als ein Modell für Russland
Im Augenblick vernetzen wir die Kooperation und Koordination zwischen 10 Städten in Russland. In der Eröffnungskonferenz in Pskow im

April dieses Jahres haben die Vertreter der Städte die Leistungen auf dem Pskower Gebiet gesehen und hoffen, über die Anerkennung als Modell diese Arbeit in Russland weiter ausdehnen zu können.

2. Kinder mit geistigen Behinderungen
Solche Kinder sollten in Zukunft in familienähnlichen Einrichtungen in dem Ort aufwachsen, in dem sie geboren wurden. Wir haben dafür Vorbereitungen getroffen, die ohne Ihre Unterstützung nicht zum Ziel gebracht werden können.

3. Vollendung des Baus der beschützenden Werkstatt
Bisher sind allein von deutscher Seite 2/3 der beschützenden Werkstatt für Menschen mit geistigen Behinderungen gebaut worden. Sie ist in ihrer Größe und Professionalität die einzige bisher auf russischem Gebiet. Die Vollendung des Baus bedarf einer russisch-deutschen Partnerschaft.

4. Veranstaltung „Die beschützende Werkstatt – ein starker Partner für die Wirtschaft"
Für Freitag, den 13. November, ist die Veranstaltung geplant „Die beschützende Werkstatt – ein starker Partner für die Wirtschaft".

Ihre Beteiligung haben sowohl der deutsche Generalkonsul als auch die Stadt Pskow zugesagt.

Unsere Bitte an Sie ist, Sie ebenfalls als Referenten begrüßen zu dürfen zu dem Thema: „Die Beteiligung der Industrie an den sozialen Aufgaben des Staates."

5. Weiterbildung in der Altenpflege
Mit großer Unterstützung der Sozialabteilung des Oblast wurden in einer ersten Stufe 20 Leiter von Altenheimen weitergebildet. Um diese Arbeit erfolgreich fortzusetzen, sollte in einer Mustereinrichtung beispielhaft die Fortbildung vom Leiter bis zum Pfleger aufgenommen werden.

Ich wäre Ihnen sehr dankbar, sehr geehrter Herr Gouverneur Dr. Turtschak, wenn Sie mich zu einem Ihnen genehmen Termin zu einem Gespräch empfangen würden. Mir ist die Sache so wichtig, dass ich bereit bin, dazu gesondert aus Deutschland anzureisen.

Mit freundlichen Grüßen
Dieter Bach, Geschäftsführer der Initiative Pskow

Wieder erfolgte keine Antwort. Ich wurde wütend. Beim nächsten Zusammentreffen mit Armen Mnazakanjan erklärte ich: „Was bildet sich dieser Gouverneur eigentlich ein?

Wenn ich an den Oberbürgermeister von Düsseldorf schreibe, er vertritt etwa so viele Menschen wie der Oblast Einwohner hat, bekomme ich postwendend eine Antwort. Wir setzen uns seit fast zwanzig Jahren für die Stadt und den Oblast ein. Ich lasse mir das nicht länger bieten. Teile das bitte deinen Vorgesetzten mit."

Armen Mnazakanjan versuchte, mich zu beruhigen. Aber er spürte auch, wie groß meine Verärgerung war. Er wurde aktiv. Es stellte sich heraus, dass keins meiner Schreiben den Gouverneur erreicht hatte. Ein Beamter, der später seines Postens enthoben wurde, hatte sie nicht weitergeleitet.

Nun ging alles verhältnismäßig schnell, wenn auch zunächst ein Erfolg nicht zu erkennen war.

Schon für den 14. Oktober 2009 wurden unser Vorsitzender Klaus Eberl und ich zu einem Gespräch mit dem ersten Stellvertreter des Gouverneurs, Sergij Pernikov, eingeladen.

Um 18.00 Uhr betraten wir zusammen mit Armen Mnazakanjan das sehr geräumige Vorzimmer.

Drei junge Damen demonstrierten große Arbeitsbelastung. Links ging die Tür ab ins Zimmer des Gouverneurs, hinten rechts in das des ersten Vizegouverneurs. Schon nach fünf Minuten wurden wir hereingebeten. Hinter einem großen Schreibtisch, bedeckt mit Papieren, saß Sergej Pernikov. Er machte einen müden Eindruck. Erkältet zu sein schien er auch. Neben einer aufgeschlagenen Akte stand ein Wasserglas, lagen Tabletten. Wir nahmen an dem in den Schreibtisch integrierten Tischchen Platz. Angeboten wurde nichts, nicht einmal Wasser.

Obwohl durch Alexandra Pyshowa und Armen Mnazakanjan die verschiedensten Grundlagenpapiere vorbereitet wurden, der Vizegouverneur gab sich als völlig uninformiert aus, oder gehört das zu seiner Taktik?

Klaus Eberl schilderte ganz knapp die Entwicklung unserer Arbeit in Pskow seit 1991 und hob die Einmaligkeit des Modells in der Arbeit mit behinderten Menschen für Russland hervor. Er betonte, wie wichtig für die Weiterarbeit die Anerkennung durch den Oblast sei. Er fügte hinzu: Seit einiger Zeit sei im Gespräch, die Werkstatt an den Oblast zu übertragen. Wenn sich Stadt und Oblast darin einig seien, würde die deutsche Seite sich selbstverständlich in diese innerrussische Angelegenheit nicht einmischen. Sie gehe allerdings davon aus, dass die mit der Stadt abgeschlossenen Verträge übernommen würden.

Sergej Pernikov saß in seinem Schreibtischsessel, anscheinend uninteressiert, sagte kaum ein Wort. Ich hatte den Eindruck, Klaus Eberl gab resigniert auf.

Ich wollt die Gelegenheit nicht ohne Erfolg verstreichen lassen. Ich wies auf die einzelnen Projekte hin, die in deutsch-russischer Zusammenarbeit geschaffen wurden. Ich rief Armen Mnazakanjan zum Zeugen auf. Er schwieg. Schließlich sagte ich: „Herr Gouverneur, sehen ist mehr wert als 1.000 Worte. Kommen Sie bitte und sehen sich Schule und Werkstatt mit eigenen Augen an." – „Ich werde es noch in diesem Jahr tun", sagte Sergej Pernikov.

Er wandte sich an Armen Mnazakanjan:

„Ich brauche umgehend folgende Unterlagen:

– Entwicklung der Werkstatt in den einzelnen Stufen
– Die Belegung durch Behinderte
– Eine Liste des Personals
– Die Kosten der Werkstatt
Von der Initiative Pskow benötige ich
– Ihre Anbindung an Stadt und Oblast
– Ihre Finanzierung
– Ihre Geldquellen
– Ihren Beitrag zur weiteren Entwicklung."
Hier schaltete ich mich noch einmal ein: „Wir stellen die Unterlagen sofort zusammen. So viel kann ich jetzt schon sagen: Die letzte Baustufe der Werkstatt kostet, wenn 2010 damit begonnen wird, eine Million Euro. Die deutsche Seite ist bereit, 500.000 € aufzubringen, wenn die gleiche Summe von russischer Seite kommt."

Jetzt war es heraus. Der Vizegouverneur ließ sich nicht anmerken, wie das auf ihn wirkte.

Er erhob sich aus seinem Schreibtischsessel und reichte uns die Hand. Wir waren entlassen.

Der Zug nimmt Fahrt auf

„Der erste Eindruck ist oft der Entscheidende", sagt eine Redensart. Aber auch nur ‚oft'. In Sergej Pernikov hatte ich mich gründlich getäuscht. Am 11. Dezember erschien er mit der Vizegouverneurin für Bildung und Soziales, Vera Emeljanova, und mit Armen Mnazakanjan in Schule und Werkstatt. Vertreter von Presse und Fernsehen hatte er gleich mitgebracht. Der erste Stellvertreter des Gouverneurs zeigte sich bestens informiert über die Arbeit und unsere Initiative. Die Direktorin, Larissa Fedotowa, hatte die Führung übernommen. Hans Paskert, Iwan Kalinin und ich begleiteten die kleine Gruppe. Sergej Pernikov zeigte sich äußerst interessiert. Immer wieder befragte er die Mitarbeiterinnen und Mitarbeiter. Mit augenscheinlicher Bewunderung blickte er auf das, was die Menschen mit Behinderungen schafften.

In der anschließenden Besprechungsrunde erklärte der Erste Vizegouverneur: „Ich bin sehr beeindruckt von dem russisch-deutschen Projekt. Hier wird Großes geleistet für Menschen, die soziale Hilfe brauchen. Ich werde Dr. Turtschak sofort über das informieren, was hier geleistet wird. Ich bin überzeugt, in naher Zukunft wird er in die Schule und in die Werkstatt kommen, um sich selbst ein Bild zu machen." Und dann folgte der entscheidende Satz: „Der Oblast wird sich im Weiterbau der Werkstatt engagieren und das Haus zu einem guten Abschluss führen."

Iwan Kalinin und ich machten Sergej Pernikov darauf aufmerksam, dass inzwischen mehr als 10 Städte in Russland das Projekt in Pskow kennen und es auf ihren Ort übertragen wollten. Deshalb sei es wichtig, das Pskow als Modell für Russland anerkannt würde. „Das ist das geringste Problem", sagte der Vizegouverneur.

An Ort und Stelle gab er mit mir zusammen ein Fernsehinterview. Er stellte die bisher geleistete Arbeit noch einmal dar und wies auf den geplanten positiven Abschluss hin. Die deutsch-russische Zusammenarbeit wurde dabei besonders betont.

„Das ist ein Wunder"

Am 28. Februar 2010 besuchten der Generalgouverneur Ilja Glebanow und Gouverneur Andrej Turtschak mit einem großen Tross, zu dem wieder Presse, Rundfunk und Fernsehen gehörten, Schule und Werkstatt. Ein Zufall kam uns zu Hilfe. Im Februar war der neue Pskower Gouverneur ein Jahr im Amt. Der Generalgouverneur musste eine Beurteilung für die Zentralregierung in Moskau schreiben. Die sozialen Projekte, die mithilfe der Initiative Pskow entstanden sind, bildeten dafür einen wichtigen Eckpunkt.

Während die Führungsspitze noch das HPZ besuchte, wiesen die Mitarbeiterinnen der Werkstatt die Behinderten ein: „Während der Besichtigung müsst ihr schaffen wie die Kesselflicker. Zeigt denen mal, was ihr könnt."

Behinderte sind gute Schauspieler. Als die Delegation die Werkstatt betritt, herrschte höchste Betriebsamkeit, dazu in der Schreinerei ein Höllenlärm. Während die Gouverneure den großen Raum betraten, wurde eine Maschine nach der andern abgestellt, und in die Stille hinein hörte man die Aussage eines der großen Herren: „Das ist ein Wunder." Ich habe erst überlegt, was soll hier ein Wunder sein? Dann ist es mir eingefallen: Menschen mit geistigen Behinderungen gelten in Russland als arbeitsunfähig. Sie können höchstens beschäftigt werden. Und nun sehen die Gouverneure das Gegenteil: Diese Menschen können nicht nur arbeiten, sie stellen auch wunderbare, präzise gestaltete Produkte her. Das war für sie tatsächlich ein Wunder.

Noch während des Rundgangs unterrichteten wir die Gouverneure, dass nach der Werkstatt ein Soziales Viertel in der Stadt gebaut werden soll für Behinderte, Alte und Familien mit ihren Kindern.

Gouverneur und Generalgouverneur trugen sich in das Gästebuch der Werkstatt ein. Letzterer schrieb: *„Ein großes und wunderschönes Ereignis ist mein Besuch in der Schule und in der Werkstatt. Ich hoffe, die Arbeit erfüllt nicht nur die Eltern und die Behinderten, sondern auch sie als Mitarbeiter in diesem Projekt mit großer Freude. Ich bewundere ihren Einsatz für diese Menschen."*[60]

Hoffnungen, die in den Himmel steigen (Foto: Volker Raettig)

In der Fernsehsendung am Mittag und am Abend teilte Generalgouverneur Glebanow mit: Der Gouverneur hat eine sehr gute Arbeit geleistet. Der Fertigbau der Werkstatt wird Hilfe durch die Föderation erfahren. Aus dem Interview mit mir wurde festgehalten, dass die soziale Arbeit in Pskow Anerkennung durch die Zentralregierung erfahren soll.

Mit dem Generalgouverneur wurden folgende Absprachen getroffen:
- Die Werkstatt soll bis zum 21. Juni 2011 fertiggestellt werden.
- Die russische und die deutsche Seite teilen sich die Kosten von circa einer Million Euro zu je 50 %.
- Es wird davon ausgegangen, dass die Werkstatt an den Oblast übergeht.
- Die Werkstatt soll als gesamtrussisches Modell anerkannt werden.
- Nach der Werkstatt soll in der Stadt ein Soziales Viertel gebaut werden für Behinderte, Alte und Familien mit Kindern.

Umgehend wurde eine Broschüre über die geleistete Arbeit erstellt, die durch den Generalkonsul in Moskau vorgelegt wurde.

500.000 € – woher nehmen und nicht stehlen?

Ich hatte mich weit aus dem Fenster gelehnt. 500.000 € hatte ich von der deutschen Seite zugesagt, ohne durch einen Vorstandsbeschluss gedeckt zu sein. Aber ich wusste, ohne den von uns zugesagten Anteil wäre nichts zustande gekommen. Darüber hinaus lag der sichtbare Fortschritt in der Tatsache: Bisher hatten wir alle Baukosten zu 100 % von deutscher Seite aufgebracht. Jetzt wurden sie zum ersten Mal geteilt.

Wie froh war ich, dass wir die 100.000 € aus Mülheim nicht verbaut hatten. So lag immerhin ein Grundstock bereit. Und der Vorstand der Initiative Pskow ließ mich nicht im Stich. Gemeinsam überlegten wir, wie wir das Geld beschaffen konnten. Unser Richter, Folker Nießalla, machte zum Beispiel den Vorschlag: Wir haben 350 Mitglieder. Wenn jeder und jede für ein Jahr monatlich 50 € zahlt, ergeben das schon 210.000 €. Wir haben den Vorschlag an unsere Mitglieder weitergegeben. Natürlich haben nicht alle mitgemacht. Aber viele haben sich mit 20, 30, 50 oder gar 100 € auf die Bitte eingelassen. Am Ende wurden daraus weitere 100.000 €.

Ich fuhr zu unserem ersten Förderer, der Werner-Peter-Schmitz-Stiftung. Wieder saßen Michael Dirkx und ich uns im freundlichen Sitzungsraum gegenüber. Ich trug unser Problem vor. „Du weißt“, sagte Michael Dirkx, „dass wir uns allmählich von Russland zurückziehen. Bis 2015 soll unsere finanzielle Hilfe bei null angekommen sein.

Mehr als 50.000 € wird unser Vorstand nicht genehmigen.“ – „Das ist schon eine große Hilfe“, sagte ich und fragte gleich weiter: „Was hältst du von der Software-AG-Stiftung? Sie hat uns schon oft geholfen. Meinst du, eine Anfrage lohnt sich?" – „Warum denn nicht? Wenn es Erfolg verspricht, fahre ich auch gerne mit dir nach Darmstadt."

Nach Hause zurückgekehrt, schrieb ich gleich an die Stiftung, zu Händen von Professor Dirk Randoll. Er hatte uns schon mehrmals geholfen, war auch in Pskow und kannte die Projekte vor Ort. Ich bot gleichzeitig unseren Besuch an. Dirk Randoll schrieb zurück: Sie können gern kommen. Aber mehr als 30.000 € sind nicht zu erwarten.

Also fuhren Michael Dirkx und ich im Juni nach Darmstadt. Die Stiftungsgebäude liegen wunderschön in einem Park am Eichenwäldchen. Dirk Randoll empfing uns in einem stilvoll eingerichteten Büro zusammen mit seinem Kollegen Konrad Lambert. Gemeinsam schilderten Michael Dirkx und ich die Ergebnisse der Verhandlungen in Pskow und die Aussichten, die sich für die Zukunft boten: 2011 könne die erste Werkstatt für behinderte Menschen in ganz Russland fertig sein.

Die beiden hörten aufmerksam zu. Sie luden uns zum Mittagessen ein. Beim abschließenden Espresso erklärte Dirk Randoll: „Herr Bach, stellen Sie an unseren Vorstand einen Antrag über 100.000 €. Ich denke, diese Summe könnten wir noch einmal zuschießen."

Voller Dankbarkeit setzten sich Michael Dirkx und ich ins Auto und fuhren nach Düsseldorf zurück. Auf der Autobahn sagte der Geschäftsführer der Schmitz-Stiftung: „Wenn die Software-AG-Stiftung 100.000 € gibt, dann können wir nicht zurückstehen."

400.000 € standen zur Verfügung. Den „Rest" erhielten wir aus kleinen und größeren Spenden.

Kurt Holz und Wilhelm Lascho erzählen, wie sie als Beispiel in ihren Städten einen Beitrag geleistet hatten.

Dr. Kurt Holz, Vorsitzender des Presbyteriums der Evangelischen Kirchengemeinde Monheim

„Es war im Frühjahr 2010, als mich Hans Gottschling, ehemaliger Presbyter und Baukirchmeister der Evangelischen Kirchengemeinde Monheim, ansprach und mich als Vorsitzenden des Presbyteriums um ein Gespräch bat. Weil es dabei auch um Geld ging, zumindest gehen könnte, sollte Ralf Mische, Kirchmeister unserer Gemeinde, bei dem Gespräch dabei sein. Was er mit uns besprechen wollte, verriet Hans Gottschling nicht.

Wir drei trafen uns also, und Hans Gottschling kam schnell zur Sache: Wir wüssten ja, dass er schon lange bei der Initiative Pskow aktiv sei, wir wüssten auch, dass er immer wieder zu einem Senioreneinsatz nach Pskow reise, um dort in der Werkstatt für Behinderte zu arbeiten – zu reparieren, zu erneuern, kurz: Arbeiten auszuführen, zu denen handwerkliches Geschick vonnöten sei, für die aber im Etat der Werkstatt kein Geld zur Verfügung stehe. Und wir wüssten ja auch, dass er als ehemaliger Mitarbeiter eines großen Chemieunternehmens im Düsseldorfer Süden (= Henkel) von dort immer wieder Geld- und Sachspenden erhalte, die er bei seinen Einsätzen in der Werkstatt der ‚Initiative Pskow' einsetze.

Ralf Mische und ich konnten dem Gesagten bis hierher folgen, wussten aber nicht, was Hans Gottschling bezweckte. Noch einmal fing er einen Satz mit ‚Ihr wisst ja, dass …' an, um dann zum Kern zu kommen: Derzeit werde in Pskow der vierte Bauabschnitt der Werkstatt für Menschen mit Behinderung errichtet – die eine Hälfte der Kosten trage die Russische Föderation, die andere Hälfte, immerhin 500.000 Euro, müssten in Deutschland aufgebracht werden.

Bevor Ralf Mische und ich in Ohnmacht fallen konnten, meinte Hans Gottschling schnell, die Evangelische Kirchengemeinde Monheim müsse nicht die halbe Million übernehmen, aber mit einem kleinen Be(i)trag könnten wir uns vielleicht einbringen. Den größten Teil der halben Million Euro habe Dr. Dieter Bach, der Geschäftsführer der ‚Initiative', bereits bei Groß- und Kleinspendern akquiriert. Das hörte sich interessant an, vor allem mit der nachgeschobenen Bemerkung von Hans Gottschling, dass ‚ein paar Tausend Euro aus Monheim schon Wunder bewirken' würden.

Dieter Bach kannte ich seit Langem, wusste daher auch um sein Osteuropa-Engagement.

Jetzt ging es *nur* noch darum, das Monheimer Presbyterium für die Idee der auf ein halbes Jahr befristeten lokalen Mitträgerschaft zu begeistern. Ehrlich gesagt, die Monheimer Presbyterinnen und Presbyter waren nicht von Anfang an Feuer und Flamme für das Projekt. Es musste in den folgenden Monaten viel Überzeugungsarbeit geleistet werden. Schließlich gab es in der September-Sitzung des Gremiums ‚grünes Licht' für die lokale Mitträgerschaft. Den Ausschlag hatte wohl die offizielle Anfrage der ‚Initiative Pskow' gegeben.

Auf das positive Votum des Presbyteriums hoffend, waren bereits erste Überlegungen innerhalb eines kleinen Kreises angestellt worden, wie das halbe Jahr mit Veranstaltungen, Konzerten, Lesungen, Ausstellung usw. zu gestalten sei.

Einvernehmen bestand, dass der Eintritt jeweils frei sein, am Schluss aber kollektiert werden sollte – mit dem eindeutigen Verwendungszweck ‚Vierter Bauabschnitt Werkstatt der ‚Initiative Pskow'.

In der Steuerungsgruppe arbeiteten mit mir zwei Vertreter der Initiative Pskow und einige Gemeindemitglieder. Es war eine angenehme und sehr konzentrierte Arbeit, die wir gemeinsam leisteten.

Uns war schnell klar, dass wir bekannte Namen und Gesichter als Werbeträger für die Monheimer Aktion zugunsten der ‚Initiative Pskow' haben müssten. Pfarrer Gert-René Loerken, Superintendent des Evangelischen Kirchenkreises Leverkusen, war sofort bereit, die Schirmherrschaft zu übernehmen. Neben ihm, so hatten wir überlegt, wäre Monheims junger Bürgermeister Daniel Zimmermann bestens geeignet für diese repräsentative Aufgabe. Dieter Bach und ich waren vor dem Gespräch mit dem Bürgermeister unsicher, aber wir mussten nicht viel Überzeugungsarbeit leisten, denn das Stadtoberhaupt war über die Aktivitäten der ‚Initiative Pskow' bestens unterrichtet – dem Internet sei Dank! Selbstverständlich wäre er gern bereit, Schirmherr zu werden. Die größte Überraschung kam am Ende des Gesprächs, als Bürgermeister Zimmermann Dieter Bach fragte, ob er ein Aufnahmeformular für die ‚Initiative Pskow' dabei habe. Selbstverständlich hatte er!

Den Auftakt für die lokalen Aktivitäten in Monheim bildete ein Gespräch mit Vertretern der lokalen Medien am 7. Januar 2011. Bei dieser Gelegenheit wurde ich gefragt, an welchen Betrag ich denke, der am Ende der lokalen Mitträgerschaft auf das Konto der ‚Initiative Pskow' überwiesen werden könnte. ‚6.000 Euro wären schon ein großer Erfolg"', antwortete ich, und Dieter Bach fügte hinzu: ‚Das wäre ein großer Beitrag für unser Vorhaben.' Am Ende sollten es 6.413,16 Euro werden, die durch Kollekten nach den Veranstaltungen zusammenkamen; hinzu kam noch eine 5.000-Euro-Spende von Henkel, die Hans Gottschling initiiert hatte.

Den offiziellen Auftakt bildete der Gottesdienst mit den Pfarrern Dieter Bach und Hans-Werner Völker im EKi-Haus am 16. Januar 2011. Dann folgten – Schlag auf Schlag – ein Konzert des Klarinettisten Mark Rovner in Hitdorf, ein Konzert von Laura Kalnina und Mariya Knirel (Klavier und Violine) in der Altstadtkirche, ein Konzert der beiden Baumberger Chöre in der Friedenskirche, der musikalische Abschluss der Singewoche im EKi-Haus, ein Konzert der Gruppe „Russisches Souvenir", ebenfalls im EKi-Haus, die Eröffnung der Ausstellung ‚Pskow 1941 bis 2011 – von der zerstörten zur sozialen Stadt' im Schelmenturm, die Aktivitäten der Evangelischen Kirchengemeinde Monheim beim 2. Monheimer Stadtfest sowie eine literarische Matinee im Lesegarten der Stadtbibliothek.

Damit nicht genug: Mehrere Kreise der Kirchengemeinde luden Mitglieder der ‚Initiative Pskow' zu einem Vortrag ein – anschließend ging der Klingelbeutel rund. Auch die Kindergärten stellten sich in den Dienst der guten Sache für Pskow: Sie haben gebastelt, gebacken, Kuchen verkauft – und Spendendosen für Pskow aufgestellt. Die Konfirmanden beschlossen, die Kollekte in ihren jeweiligen Konfirmationsgottesdiensten für Pskow zu verwenden. Im Rahmen einer Projektwoche haben sich Schülerinnen und Schüler des Otto-Hahn-Gymnasiums Monheim intensiv mit der Arbeit der Initiative Pskow und der Arbeit mit Menschen mit Behinderungen befasst. Nicht zu vergessen, es gab auch die eine oder andere Einzelspende. Was offiziell mit einem Gottesdienst im Rahmen des Neujahrsempfangs der Kirchengemeinde begonnen hatte, ging am 10. Juli 2011 mit einem Gottesdienst und einer Bilanz der Aktion zu Ende.

Es wurde dabei auch über das gesammelte Geld gesprochen, vor allem aber über die Arbeit der ‚Initiative Pskow'.

Monheims Bürgermeister Daniel Zimmermann weilte dienstlich in New York. Von dort übermittelte er als Schirmherr ein schriftliches

Grußwort, in dem er darauf verwies, dass es in dem halben Jahr der intensiven Beschäftigung mit Pskow in der Stadt gelungen sei, ‚weitere Zeichen der Menschlichkeit' zu setzen. Auch Superintendent Gert-René Loerken lobte die Monheimer Kirchengemeinde, die mit ihrem Engagement für Pskow Verantwortung übernommen habe.

Für mich hatte das halbe Jahr intensiver Beschäftigung mit Pskow eine damals nicht vorhersehbare Auswirkung: Nach meinem Besuch in Pskow im Juni 2011 – 70 Jahre nach Beginn des Einmarsches der deutschen Truppen in die damalige Sowjetunion – bin ich dem Engagement treu geblieben. Ich bin seitdem Vorsitzender des Beirates geworden, in dem kleinere Gruppierungen und Einrichtungen im Umfeld der ‚Initiative Pskow' zusammengeschlossen sind."

Wilhelm Lascho, Mitarbeiter des Kreativkreises der Initiative Pskow:

Erinnerung wachhalten – Versöhnung gestalten
Eine Projektwoche in Kleve 22. Juni bis 10. Juli 2011

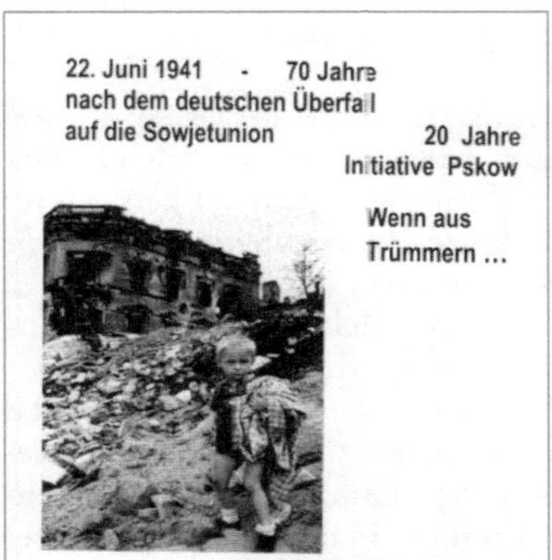

Projekt Kleve
(Foto: Wilhelm Lascho)

„Die Anregung ging vom Kreativkreis der Initiative Pskow aus. Diese Anregung habe ich aufgenommen. Es folgte die Umwandlung ins Eigene und in die Chancen einer Kleinstadt. Freundinnen und Freunde fanden Zugang zu den Plänen, ließen sich einfangen, mitzudenken, weiterzudenken, zu ergänzen und zu kritisieren. Fast ein Dreivierteljahr dauerten die Vorbereitungen. Und dann stand sie, ‚unsere' Projektwoche. Wir hatten ihr den Untertitel gegeben *Wenn aus Trümmern Zukunft wächst.* Diese Aktion der Initiative Pskow geschah in Zusammenarbeit mit der Volkshochschule Kleve, dem Katholischen Bildungswerk, den Kirchengemeinden am Ort, dem Verein ‚Hafen der Hoffnung', einer Selbsthilfeorganisation der Russlanddeutschen. Die Schirmherrschaft hatten der Generalkonsul der Russischen Republik, Jewgenij Schmagin (Bonn) und der Bürgermeister der Stadt Kleve, Theo Brauer, übernommen.

Wo Höhepunkte in diesem vielseitigen Programm mit seinen 15 Veranstaltungen und Projekten lagen, das ist schwer zu ermessen – zu vieles hängt von der Wahrnehmung der sehr unterschiedlichen Besucher ab.

Im ökumenischen Eröffnungsgottesdienst in der katholischen Stiftskirche legte Dieter Bach die Geschichte von der Witwe zu Zarpath aus, der dank der Zuversicht des Propheten Elia Öl und Mehl nicht ausgehen: Dieter Bach bekannte: ‚Oft blickte auch ich in *Topf und Krug*, d.h. in den Spendentopf für unsere Projekte in Pskow, und meinte, er sei völlig leer. Blick ich auf meine Geschichte zurück, darf ich dankbar sagen: Gott zeigt sich auch heute. Er zeigt sich … in Menschen, die uns immer wieder die Hände füllen. …Gott wird dafür sorgen, dass Topf und Krug nicht leer werden. Er wird immer wieder Menschen finden, die nachfüllen.‘

Einbezogen in Planung und Durchführung war auch die große Gruppe der Russlanddeutschen. *Raus mit ihnen, dass die Fetzen fliegen,* hatte Stalin im August 1941 befohlen. Deportation und Vertreibung haben etwa eine Million Russlanddeutscher erleiden müssen. Die Probleme ihrer Nachfahren kamen an einem Gesprächsabend mit ihnen zur Sprache.

Sehr eindrucksvoll war im Rahmen der *Bedenkzeiten* in der Kleinen Kirche an der Böllenstege die Lesung aus Fred Uhlmans Novelle *Der wiedergefundene Freund* und die anschließende Meditation zum Thema: *Aufgehoben im Geist* … das kann eine mutige Interpretation der Auferstehung sein. Hingerichtet, aber aufgerichtet im Geist.

Professor Karsten Fischers Vortrag ‚Erinnern und Vergessen – Zwei Formen von Vergangenheitsbewältigung‘ hat interessierte Bürger stark beeindruckt: Herr Fischer griff einen Gedanken des Historikers Meyer auf, der sich kritisch von einem Schablonendenken abgrenzt: *Wer die Vergangenheit nicht erinnern kann, ist verurteilt, sie zu wiederholen.* Ob das wirklich zutrifft, mag mit guten Gründen bezweifelt werden. Die Deutschen haben sich ihrer Niederlage im Ersten Weltkrieg sehr gut erinnert – um sie im Zweiten sehr viel schlimmer zu wiederholen. … Wir müssen das Verhältnis von Erinnern und Vergessen komplexer und kritischer angehen. … Das Vergessen ist nötig für das weitere unmittelbare Zusammenleben in einer Gesellschaft. Andererseits: Erinnern in der Globalität unserer Kommunikation … ist dann gleichzeitig ein gegenwarts- und zukunftsorientiertes Projekt, wie die Initiative Pskow das ja vorbildlich beweist.

Vor dem Abschlussgottesdienst fand auf den beiden Klever Soldatenfriedhöfen eine kurze Gedenkstunde statt. In eindrucksvollen Worten und einfühlsam haben die beiden ehemaligen Soldaten auf den Friedhöfen der gefallenen englischen, kanadischen und deutschen Soldaten gedacht – ungefähr 13.000 Soldaten sind in den schweren Kämpfen im Reichswald gefallen, zahlreiche Zivilsten sind ebenso dort bestattet.

Abschlussgottesdienst

Im Altarraum erinnerten Birkenkreuze an die zahlreichen provisorisch beerdigten Soldaten auf den Schlachtfeldern. Ein Foto eines Baumes auf dem Philosophenweg nach Bedburg stand neben dem Altar: Ein ukrainischer Kriegsgefangener hatte es wohl in einer Arbeitspause in einen niederrheinischen Baum geritzt: Ukraina hatte er in kyrillischen Buchstaben in ein Herz geritzt, über das ein Stacheldraht gezogen war: Heimwehelend – Sehnsuchtstrauer.

Vom Psalm 46 inspiriert – von der Zuversicht auf die Stadt Gottes, die fein lustig bleiben soll mit ihren Brünnlein –, predigte Okko Herlyn über Versöhnung auch in großem Leid. In den vielen konkreten Versöhnungszeichen, die es in der Welt gibt, kann die Zuversicht aufleuchten: *Gott ist bei ihr drinnen, darum wird sie fest bleiben. Gebe Gott, dass auch wir fest bleiben. Fest bleiben im Erinnern. Fest bleiben im Benennen von Unrecht. Fest bleiben in der Bitte um Vergebung. Fest bleiben in Zeichen der Versöhnung.*

Das Kirchenkonzert *Wort und Klang* stellt mit einem Werk der russischen Komponistin Sofia Gubaidulina hohe Anforderungen an die Zuhörer. Anders das heitere Benefizkonzert am letzten Samstag, in dem sich die beiden Gruppen mit ihrer an der Klezmer-Musik inspirierten Beiträgen an Spielfreude gemeinsam überboten.

Ausstellungseröffnung der Initiative Pskow in der Versöhnungskirche (Photo: Bernd Stadtmann)

Zwei Ausstellungen haben die Projektwoche mit ihren Fotos, Bildern und Texten begleitet: die Ausstellung der Initiative Pskow in der Versöhnungskirche und die der Berliner Friedensgesellschaft in den Räumen der

Volkshochschule zum Thema: Das Geheimnis der Versöhnung ist Erinnerung.
Anklang gefunden haben auch die Angebote, die Klever Künstler gemacht haben, die ihre Werke für die Aktion der Initiative Pskow gespendet hatten.

Natürlich hätten wir uns insgesamt ein noch größeres Interesse bei den Bürgern der Stadt und der Kirchengemeinde an den unterschiedlichen Veranstaltungen gewünscht, aber das ist schwer zu erreichen in einer Verwöhnungsgesellschaft, die an ihren eigenen Angeboten zu ersticken droht. Wirklich enttäuschend war nur, dass trotz persönlicher Vorstellung, ergänzt durch viele gute Materialien für den Unterricht, keine einzige Schule sich an diesem Projekt beteiligt hat.

Nicht vorgesehen war, dass ich mir vier Stunden vor der Ankunft des russischen Generalkonsuls den rechten Fuß gebrochen habe, meine Frau an meinem Krankenbett nur darauf gewartet hat, dass ich nach der Operation wieder die Augen aufschlug, um dann im Bürgermeisteramt ‚ihren/Ihren Mann' zu stehen. Das ist ihr und dem gesamten Team sehr gut gelungen. Alle zu lesenden oder vorzutragenden Texte standen im Computer abrufbereit. Am Ende der Projekttage konnte ich dem Vorbereitungsteam und auch den anderen Mitwirkenden aufrichtig danken. Viele Spender haben uns großzügig bedacht, so dass wir etwas über 500.000 Euro übrigbehalten konnten. Einige Spender und einige Besucher mehr hätten den Betrag allerdings noch gut erhöhen können."

Am 11. Juli 2011 standen uns für den vierten Bauabschnitt 537.000 € zur Verfügung.

Seinen Beitrag hat auch unser Architekt Reimar Kirchhoff eingebracht. Er schloss einen Festvertrag mit dem russischen Generalunternehmer ab. Tatsächlich wurden die Baukosten von einer Million Euro nur um 8.000 € überschritten.

14. Das Wunder von Pskow – sichtbar für ganz Russland

22. Juni 2011 – Ein Freudentag für Oblast und Stadt

Der Wille und das Geld sind da, aber die Gesetze sind dagegen

Am 28. Februar 2010 erfolgte die Zusage der russischen Seite: Die Werkstatt wird zu Ende gebaut. Am 22. Juni 2011 sollte die Eröffnung des gesamten Projektes erfolgen. Wir hatten also über ein Jahr Zeit, um die Arbeiten durchzuführen, dachten wir Deutschen.

Aber wir hatten wieder nicht mit den russischen Behörden gerechnet. Der Bauplan wurde schon 2001 fertiggestellt und genehmigt. Die zweite und dritte Baustufe konnte auf dieser Grundlage verhältnismäßig problemlos durchgeführt werden. Eine verlässliche Baufirma stand auch jetzt zur Verfügung. Sie hatte bisher alle Aufgaben zu unserer Zufriedenheit erfüllt. Selbstverständlich sollte sie auch die letzte Baustufe übernehmen.

Aber jetzt meldeten sich die russischen Bedenkenträger aus den Behörden. Und von denen gab es viele:

Ängstlich wurde zurückgefragt: Die letzten Baumaßnahmen liegen vier Jahre zurück. Sind die genehmigten Unterlagen überhaupt noch gültig? Welche Gesetzte gelten jetzt für uns?

Bisher hatten wir mit einer Kommune zusammengearbeitet. Jetzt aber war mit dem Oblast eine staatliche Einrichtung der Träger. Da gelten ganz andere Gesetze und Vorschriften.

Müssen wir wirklich alle neuen Bestimmungen des Feuerschutzes, die inzwischen erlassen worden sind, berücksichtigen? Warum muss die letzte, die vierte Baustufe international neu ausgeschrieben werden? Unsere Erfahrungen mit dem bisherigen Bauträger waren sehr gut.

Die Kostenverteilung zwischen der deutschen und russischen Seite musste vertraglich neu festgelegt werden. Unerfindlich, warum der alte Vertrag nicht noch weiterhin gelten konnte.

Wie konnte überhaupt das „deutsche Geld“ investiert werden, ohne gegen Finanzgesetze zu verstoßen? Das waren nur einige wesentliche Fragen von vielen, vielen anderen.

Der Sommer kommt und geht.
Der Herbst kommt und geht.
Nicht ein Stein wird auf den anderen gesetzt.
Die Baustelle ruht.

Je mehr Tage, Wochen und Monate vergingen, desto größer wurde unsere Angst: War der 22. Juni 2011, der uns als Versöhnungstag so wichtig war, überhaupt noch zu halten?

Hätte Sergej Pernikov, der erste Stellvertreter des Gouverneurs, nicht immer wieder energisch eingegriffen, vielleicht verhandelten wir heute noch, und die Baukosten wären inzwischen um weitere 40 % gestiegen.

Zwischen Pernikov und mir hatte sich im Laufe der Monate ein fast freundschaftliches Verhältnis entwickelt. Seit er uns im Frühjahr in Deutschland besucht hatte und persönlicher Gast von Mitgliedern unseres Vorstandes und von meiner Familie war, hatte ich freien Zugang zu ihm, und begleitet von Armen Mnazakanjan konnten wir ein Hindernis nach dem andern beseitigen. Allerdings musste der leitende Beamte immer darauf achten, dass er im Rahmen seiner Gesetze handelte.

Hier möchte ich an einen anekdotischen Witz erinnern, der von den Russen gern erzählt wird: *Ein Passagierschiff gerät in Seenot und droht zu sinken.*

Alle Kinder, Frauen und Männer müssen in die Rettungsboote steigen. Sie kommen der Anordnung willig nach. Nur ein Deutscher, ein Amerikaner und ein Russe verweigern den Befehl und wollen unbedingt an Bord bleiben. So viel der Kapitän auch auf sie einredet, die drei bleiben stur. Als der Kapitän schon genervt aufgeben will, kommt der Schiffsjunge und sagt: „Kapitän, darf ich es einmal versuchen?" Schlimmeres kann nicht mehr passieren. Also nickt der Kapitän zustimmend. Der Schiffsjunge geht auf die drei zu, flüstert jedem etwas ins Ohr und schon steigen alle drei willig ins Rettungsboot.

„Wie hast du das nur gemacht?" fragt der Schiffsführer voller Bewunderung.

„Es war ganz einfach", sagt der Schiffsjunge: Dem Deutschen habe ich gesagt: Es steht im Gesetz. Du musst.

Dem Amerikaner habe ich erklärt: Die Fahrt mit dem Rettungsboot dient dem Ruhm und der Ehre der USA.

Den Russen habe ich wissen lassen: Es ist verboten, das sinkende Schiff zu verlassen."

Warum die Russen diese Anekdote so gern erzählen? Es gibt kaum ein Land mit strengeren Gesetzen als Russland. Wird ein neues Gesetz verkündigt, denkt kaum einer daran, es infrage zu stellen. Im Alltag jedoch beginnt jeder zu überlegen: Wie kann ich dieses Gesetz umgehen?

Das Ziel ist erreicht, das Haus wird vollendet

Mitten im strengen russischen Winter, am 15. Dezember, wurde bei 20 Grad Minus mit den Bauarbeiten begonnen. Zehn Stunden standen die Maurer bei eisiger Kälte auf dem Gerüst. Der Generalunternehmer, unser Vertrauter seit über zehn Jahren, erwies sich erneut als großartiger Manager. Zeitweise hatte er siebzig Mitarbeiterinnen und Mitarbeiter auf dem

Gelände. Maurer, Anstreicher, Elektriker, Sanitärfirmen waren oft gleichzeitig da. Unser fast 85-jähriger Architekt Reimar Kirchhoff flog immer und immer wieder von München aus in Pskow ein, um die Arbeiten mit dem Unternehmer und den Handwerkern abzustimmen.

Für eine reguläre Bauaufsicht wäre eine tägliche Anwesenheit nötig gewesen. Aber das ließ sich natürlich nicht machen. So wurde manches vergessen: So mussten eben die Stromanschlüsse im großen Speise- und Tagungssaal nachträglich installiert werden. Aber die russische Firma holte alles anstandslos und ohne Nachberechnungen nach. Nur so konnte der Festabschluss der anfallenden Kosten eingehalten werden.

Am 20. Juni 2011 war alles wie auf wundersame Weise doch fertig: Die erste und bisher einzige Werkstatt in Russland für Menschen mit einer mehrfachen und geistigen Behinderung war vollendet.

Vor der Werkstatt

Tanzgruppe vor dem Pskower Engel

Folklore

Der Gouverneur lädt zum abendlichen Fest

(Fotos: Volker Raettig)

Das Wunder von Pskow – sichtbar für ganz Russland

Am 22. Juni 2011 war Pskow eingehüllt in strahlenden Sonnenschein. Kein Wölkchen war am Himmel zu sehen. Die goldene Kuppel der Dreifaltigkeitskathedrale überstrahlte die Stadt. Sie selbst war in ein Festtagsgewand gekleidet. Blau-weiß-rote Wimpel hingen an den Brückenpfeilern und Laternen.

Eine große japanische Limousine, ein Auto des Oblast, holte die Leitung der deutsche Delegation am Hotel Riga ab. Wir fuhren durch die festlich geschmückte Stadt. Als wir das breite Eingangstor zur Werkstatt passierten, sahen wir vor uns eine große Menschenmenge: die Behinderten selbst, die in der Werkstatt arbeiteten, ihre Eltern, die Kinder und Eltern des HPZ von nebenan, zahlreiche Mitglieder der Initiative Pskow und viele, viele Interessierte der Stadt, die mit eigenen Augen sehen wollten, was sie eigentlich nicht glauben konnten: eine Werkstatt für Menschen mit einer geistigen Behinderung. Als wir aus dem Auto stiegen, klang uns laute, melodische Musik entgegen. Die Helikon Brass Band des Kinderfamilienhauses ließ es sich nicht nehmen, zu diesem Fest aufzuspielen. Da saßen die Jungen und Mädchen in ihren schicken beigefarbenen Westen und schwarzen Hosen mit ihren Trompeten, Tuben und Waldhörnern, mit Trommeln und Pauken. Alexandr Roor dirigierte mit seiner silbernen Trompete zur Einstimmung den Husarenmarsch von Andrej Petrov.

Die Prominenz der Stadt und des Oblast traf fast gemeinsam mit uns ein, der Stadtpräsident, der Gouverneur, sein erster Stellvertreter, Vizegouverneure, die Vorsitzenden der DUMA des Oblast und der Stadt und aus St. Petersburg vom deutschen Generalkonsulat der erste Stellvertreter des Generalkonsuls, Dr. Ferdinand von Weyhe, der unsere Arbeit seit Jahren aufmerksam begleitet und nach Kräften unterstützt hatte. Von der Werner Peter Schmitz-Stiftung war der Geschäftsführer Michael Dirkx gekommen und von der Bosch Stiftung Dr. Almut Satrapa-Schill, die Abteilungsleiterin der Bosch Stiftung für das Gesundheitswesen. Der neue, einladend gestaltete große Eingang war mit bunten Luftballons geschmückt.

Presse, Rundfunk und mehrere Fernsehsender standen aufnahmebereit. Wir spürten: Hier wurde nicht nur ein Ereignis der Stadt gefeiert, das ging ganz Russland an: Wie es mit der Schule für geistig und körperlich behinderte Jungen und Mädchen vor fast 20 Jahren begonnen hatte, so gewann die Behindertenarbeit für Erwachsene mit der Werkstatt in diesem Staat eine völlig neue Qualität.

Der Gouverneur, Dr. Andrej Turtschak, eröffnet die Feierlichkeiten:

Als ich im Februar zusammen mit Ilja Glebanow, dem Generalgouverneur, die Werkstatt zum ersten Mal besichtigte, sah ich mit meinen Augen, was ich bis dahin nicht für möglich gehalten habe: Menschen mit geistigen Behinderungen schufen in den verschiedensten Bereichen, wie zum Beispiel in der Schreinerei, hochqualifizierte Produkte. Das ist ein Wunder, entfuhr es meinem Mund. Hatten wir doch in Russland lange geglaubt, geistig Behinderte sind weder lern- noch förderungsfähig. Diese Werkstatt beweist handgreiflich das Gegenteil. Darum habe ich mich dafür eingesetzt, dass auch der vierte Bauabschnitt vollendet wird.

Heute dürfen wir ihn der Öffentlichkeit übergeben.

Ich danke allen, die daran mitgewirkt haben, an erster Stelle der Initiative Pskow, die bisher alle Kosten des Bauens getragen hat und zum letzten Abschnitt noch einmal 500.000 € beisteuerte. Ich danke den deutschen Stiftungen und dem Architekten Reimar Kirchhoff für seine vorzügliche Arbeit. Ich danke der Stadt Pskow mit Stadtpräsidenten Iwan Tsetzerski. Sie haben die Arbeit der Werkstatt bis 2010 mitgetragen und finanziell unterstützt. Dann wurde sie vom Oblast übernommen. Ich danke den Mitarbeiterinnen und Mitarbeitern des Oblast. Sie haben die Bauarbeiten mitgetragen, an ihrer Spitze der Leiter der Sozialabteilung, Armen Mnazakanjan. Ich danke den Bauleuten, die ihre Arbeit in einer Rekordzeit durchgeführt haben.

Was ist Zufall?, beginne ich meinen Beitrag.

War es Zufall, dass nicht Kiew, wie wir ursprünglich vorhatten, sondern Pskow zu unserer Partnerstadt wurde? War es Zufall, dass der Bürgermeister von Neuss auf unsere Initiative verwies, als die Werner Peter Schmitz-Stiftung nach sozialen Projekten in dieser Stadt fragte? War es Zufall, dass Iwan Kalinin und ich in Suhl in Thüringen auf die Vertreterin der Robert Bosch Stiftung stießen, die uns nachhaltig in unserer Arbeit für diese Stadt begleitet hat? War es Zufall, dass die Oberbürgermeisterin von Mülheim an der Ruhr mit mir 1995 auf einem Podium in Deutschland saß und dann eine Solidaritätsaktion für die Werkstatt in Pskow vorschlug und sie auch durchführte? War es Zufall, dass die sozialen Projekte, die unsere Initiative mitgefördert hat, an den Oblast übergingen, als der in Andrej Turtschak einen Gouverneur bekommen hatte, dem die Lösung sozialer Probleme wichtig ist?

Mögen es andere Zufall nennen, ich nenne Zufall alles, was Gott uns zufallen lässt.

Und in diesem Sinne danke ich für den Zufall, dass wir heute, 70 Jahre nach dem Überfall auf Russland, diese erste russische Werkstatt für Menschen mit Behinderungen dem Oblast Pskow übergeben können. Die behinderten Menschen, die darin arbeiten können, haben wir eingeschlossen in die Solidarität aller arbeitenden Menschen. Sie sollen und können so arbeiten, wie wir alle arbeiten. So wird der 22. Juni erneut zum Tag der Versöhnung.

Die Brassband spielte, der deutsche Architekt und die russische Direktorin der Werkstatt zerschnitten das rote Band, die große Glastür wurde geöffnet, wir traten ein in den breiten Gang. Vor der weißen Wand am Eingang hob sich ein dunkles Marmorrelief von Werner Peter Schmitz scharf ab. Nach ihm, unserem selbstlosen Spender, ist die Werkstatt benannt. Wir besichtigten die neuen Räume. Uns beeindruckte besonders der hohe, helle Speisesaal.

Alles war an dem Tag auf die Eröffnung abgestimmt. In dem neuen Werkraum befand sich eine große Bühne. Künstler- und Tanzgruppen traten auf, darunter der Chor der Werkstatt und die Volkstanzgruppe. Ihre Darbietungen riefen Begeisterungstürme hervor.

In einem Raum fand eine besondere Veranstaltung statt. Die Vizegouverneurin, Vera Emeljanowa, hatte angeregt, dass russische Künstler Gemälde spenden und die Reichen der Stadt sie ersteigern. Und siehe da: Die Vizegouverneurin rief, und etliche Reiche kamen. Für 5.000 € wurden in einer Stunde Bilder versteigert. Der Erlös kam der Werkstatt zugute.

Der Grundstein wird gelegt

Doch dann zogen die offiziellen Repräsentanten und Vertreter der Initiative Pskow weiter in den Stadtteil am anderen Ende von Pskow. Hier hatte der Oblast ein Gelände erworben zur Errichtung des Sozialen Dorfes, oder besser gesagt, des Sozialen Viertels. Es war gut eingebettet in den Stadtteil in unmittelbarer Nachbarschaft zum SOS-Kinderdorf, das erst kürzlich eröffnet wurde.

Rolf Gillmann im Gespräch
vor der Werkstatt
(Foto: Volker Raettig)

Die Initiative Pskow hatte zwei Experten benannt, die sich der Entwicklung des Sozialen Viertels besonders annehmen sollten: Hans Paskert und Rolf Gillmann. Er hatte viele Jahre mehrere Werkstätten in Deutschland geleitet.

In einem kleinen, aber feierlichen Akt wurde jetzt der Grundstein zum Sozialen Viertel gelegt. In Volkstracht gekleidete Frauen empfingen uns mit Brot und Salz. Eine Folkloregruppe tanzte. Wieder erhielt der Gouverneur als erster das Wort:

Die Grundsteinlegung und die Ehrengäste

Grundsteinlegung
(Foto: Volker Raettig)

Gouverneur Dr. Andrej Turtschak
(Foto: Volker Raettig)

Der Stadtpräsident
Iwan Tsetzerski
(Foto: Volker Raettig)

Der erste Stellvertreter des deutschen
Generalkonsuls Dr. F. von der Weyhe
(Foto: Volker Raettig)

Ich freue mich, heute, an dem Tag, an dem die Werkstatt vollendet wurde, den Grundstein für ein neues Projekt legen zu dürfen. Es ist praktisch der letzte Baustein in der Arbeit mit behinderten Menschen. Ein integrierter Kindergarten wurde im Januar eröffnet, das HPZ arbeitet seit 1993 und wird demnächst noch einmal erweitert. Das Frühförderungszentrum ist im besten Sinne aktiv. Die Werkstatt wurde heute ihrer Bestimmung übergeben. Aber noch immer werden Behinderte und alte Menschen, die keinen mehr haben, der für sie sorgt, in die Heime abgeschoben weit draußen in den Wäldern und einsamen Dörfern. Das wollen wir ändern. Deshalb soll dieses Dorf gebaut werden, in dem Alte, Behinderte und Familien mit Kindern gemeinsam leben können, mitten unter der Bevölkerung der Stadt. Sie sollen nicht länger separiert, sondern integriert werden in die Gesellschaft.

Eckhard Feddersen, der Sozialarchitekt aus Berlin, war zur Grundsteinlegung mitgekommen. Die eindrucksvollen Tage in Pskow hatten ihn erkennbar begeistert. Das verrieten auch seine Worte bei der Eröffnung:

Inklusion ist das neue Zauberwort in der Arbeit mit und für Menschen mit Behinderungen. Inklusion, das heißt: Alle Barrieren sollen wegfallen. Das ist für dieses Viertel wörtlich zu verstehen: keine Schwellen, keine Treppen, brei-

te Gänge und Türen für Rollstühle, behindertengerechte Toiletten und vieles andere. Aber im übertragenen Sinne gilt das auch für Menschen, die hier leben sollen: Behinderte und Alte sind inkludiert, hineingenommen in die Gesellschaft. Da gibt es kein draußen und drinnen mehr. Sie alle gehören zusammen. Ich freue mich, dass der Oblast mich berufen hat, an dieser wichtigen Aufgabe für Russland mitzuwirken. Ich tue es gern und mit ganzem Herzen.

Brot und Salz
(Foto: Volker Raettig)

Andrej Turtschack und ich enthüllten den Stein. Er trug in russischer und deutscher Sprache die Inschrift: Hier entsteht das Soziale Dorf; 22. Juni 2011.

Der Gouverneur lud alle ein zum fröhlichen Fest, mit dem der Tag beschlossen wurde. In herrlichem Abendsonnenschein saßen weit mehr als 100 russische und deutsche Menschen zusammen. Die Tische waren gedeckt mit allen Getränken, die man sich nur wünschen konnte. Schmackhafte Speisen standen in großer Auswahl bereit. Sängerinnen und Folkloregruppen bestritten ein umfangreiches Programm, das immer wieder Begeisterungsstürme auslöste.

Der erste Stellvertreter des Gouverneurs, Sergij Pernikow, der großen Anteil am schnellen Fertigbau der Werkstatt hatte, führte durch den Abend. Er verteilte Blumen und Diplome an die Mitwirkenden. Zu ihnen gehörten besonders die „drei Musketiere“, die mit all ihrer Kraft den Werkstattbau seit 1999 gefördert hatten: Reimar Kirchhoff, Hans Paskert und ich.

15. Den Gulag überlebt – von Mörderhand getötet

August 2013: Vater Adelheim, der die Gerechtigkeit liebte

Pavel Adelheim war ein Mensch, der die Wahrheit und die Gerechtigkeit liebte. Sah er beides verletzt, konnte er nicht schweigen. Er musste laut sagen, ja geradezu verkündigen, wo er Fehlentwicklungen sah, sei es beim Staat oder sei es bei der Kirche.

So ging und geht es vielen Menschen. Gegen den Strom zu schwimmen bringt Unannehmlichkeiten, Abschiebungen an den Rand der Gesellschaft zu den Verachteten, Verfolgung, nicht selten den Tod.

Das erlebte zum Beispiel der deutsche Theologen Martin Niemöller. Weil er öffentlich gegen Hitler aufbegehrte, brachte man ihn ins Konzentrationslager Buchenwald. Dort lernte er auch ehrliche und aufrechte Kommunisten kennen. So trat er sehr früh für die Versöhnung mit den Menschen der Sowjetunion ein.

1955 nahm er zum Beispiel an der vielbeachteten Reise des rheinischen Präses, Heinrich Held, nach St. Petersburg und Moskau teil. Auch dafür wurde er angefeindet. Zwei Mal erhielt er den Leninorden. Die Rechten forderten immer wieder, den müsse er zurückgeben, herrsche doch in Russland Gewalt. Auch dagegen hat er Widerstand geleistet. Aber er blieb seiner Überzeugung treu.

Kind ohne Eltern

Nicht anders war es bei Pavel Adelheim, ein Russe der ersten Stunde, der für Menschen mit körperlichen und geistigen Behinderungen eintrat und seit 1991 die Arbeit für Menschen mit Behinderungen in Pskow sehr unterstützt hat. Sein tragischer Tod durch die Hand eines Mörders 2013 ist bezeichnend dafür, wenn er auch nicht unmittelbar etwas mit seinem Bekennermut zu tun gehabt haben mag.

Pavel Adelheim entstammte einer Familie mit deutschen Wurzeln. 1938 wurde er geboren. Da waren seine Großeltern schon seit einem Jahr tot. Der Großvater war einmal Fabrikbesitzer in der Nähe von Kiew, nach der Enteignung Direktor im ehemaligen Eigentum. Großvater und Großmutter wurden ein Opfer der Gewalt.

Den Vater hat Pavel nicht gekannt. Er wurde 1939 verhaftet und im Gefängnis ermordet. Die Mutter wurde verschleppt. Lange wusste der Junge nicht, wo sie ihr Leben fristete. Er kam zu Verwandten und von dort in ein sogenanntes Kinderheim, Straflager für Kinder, deren Eltern vom sowjetischen Staat verfolgt wurden.

1949 endlich erfuhr Pavel, dass seine Mutter in Karaganda lebte. Es gelang ihm, sich zu ihr durchzuschlagen und fortan mit ihr zusammenzuleben. Er fand Kontakt zur Orthodoxen Kirche, ließ sich taufen und beschloss, Mönch zu werden. So besuchte er von 1956–1958 das geistliche Seminar des Höhlenklosters in Kiew. Nach der Weihe zum Diakon drang der Leiter der Schule in ihn, das Seminar zu verlassen. Pavel wusste nicht warum. Viel später erfuhr er, dass der geistliche Rektor auch zum KGB gehörte.

Pavel Adelheim ging zurück nach Karaganda. Er wollte Priester werden. Dazu musste er verheiratet sein. Ein Priester in Kiew sagte ihm, weit draußen in der Steppe wohne ein Mädchen, das für ihn bestimmt sei. Er fuhr dorthin, fand das Mädchen. Sie heirateten mit kirchlichem Segen. Das musste heimlich geschehen, damit sie nicht dem Spott und der Verfolgung der kommunistischen Dorfjugend ausgesetzt wurden.

Verfolgt auch im Gulag und dann ohne Arbeit

Nach kurzer Priestertätigkeit in Karaganda wurde Vater Adelheim nach Taschkent berufen. Die Kirche dort war total verfallen. Wer Pavel Adelheim kannte, der wusste, mit welcher Energie er daranging, sie wieder aufzubauen. Es geschah viel schneller, als man es normalerweise erwarten konnte. Das aber machte Adelheim verdächtigt. Da konnte doch nur Korruption und Bestechung im Spiel gewesen sein! Pavel wurde ins Gefängnis geworfen. Wie erstaunt war er, dort als Eingekerkerte dem Bürgermeister des Ortes und dem ersten Sekretär der Partei zu begegnen. Beide waren wohl seinetwegen verhaftet worden, der Bürgermeister, weil er an der angeblichen Korruption beteiligt gewesen sein soll, der erste Sekretär wegen mangelnder ideologischen Wachsamkeit.

Adelheim wurde bald in ein Lager verschleppt. Dort musste er hart arbeiten. Er war stark. Er schaffte das. Aber beliebt gemacht hatte er sich wegen seines Strebens nach Wahrheit und Gerechtigkeit dort auch nicht. Eines Tages kam auf den Schienen ein schwerer Kran auf ihn zugerast. Nur durch einen raschen Sprung konnte er sein Leben retten. Doch sein linkes Bein wurde vom Kran zerquetscht. Ein Zufall oder ein Versuch, ihn gewaltsam zu töten? Noch im Gulag wurde ein Bein amputiert. Nach sieben Jahren Lagerhaft von 1972–1979 wurde Pavel Adelheim entlassen.

Er fand keine Anstellung. Zu sehr war er als Staatsfeind gezeichnet. Er wollte nicht klein beigeben.

Er fuhr nach Moskau zum Gebäude des KGB am Dserschinskij-Platz. Er ahnte nicht, dass die Uhr im Giebel des Hauses aus der gesprengten lutherischen Kirche stammte. Er schaffte es tatsächlich, empfangen zu werden, und forderte: Entweder erlaubt ihr mir zu arbeiten oder erschießt mich an Ort und Stelle.

Die Geburt der geistig behinderten Tochter

Er wurde gehört. Nach Pskow verwies man ihn an die Kirche der Myrrhe tragenden Frauen. Dort blieb er als Priester bis zu seinem gewaltsamen Tod, den er in der eigenen Wohnung erlitt.

Er baute in der kommunistischen Zeit eine kleine Gemeinde auf. Auch hier war die Kirche mehr eine Ruine als ein Gotteshaus. Er renovierte sie von Grund auf. Unter Metropolit Wladimir führte er ein anerkanntes Leben, wurde bald zum Erzpriester ernannt.

Als seine Tochter mit einer geistigen Behinderung geboren wurde, erkannte er, wie miserabel es den Behinderten in der UdSSR ging. Von Anfang an hatte er sich den Menschen am Rande der Gesellschaft zugewandt. Jetzt gehörten die Menschen mit einer geistigen Behinderung dazu. Der Staat lehnte sie als nicht lern- und förderungsfähig ab. Wer nichts leistet, der ist auch nichts. Damit war die Angelegenheit für den Staat erledigt. Er brachte die Menschen nicht um, wie es die Deutschen 50 Jahre vorher getan hatten. Aber er ließ sie weit draußen in der Wildnis in den sogenannten psycho-neurologischen Internaten verkommen. Seine Kirche war in weiten Kreisen der Meinung, nur Eltern, die gesündigt hätten, würden mit einem solchen Kind bestraft.

Adelheim schloss sich mit den Eltern zusammen, die auch ein behindertes Kind hatten. Sie versuchten, Rechte für ihre Kinder zu erstreiten. Vor allem sollten sie eine Schule besuchen. Aber sie rannten mit ihren Forderungen immer vor eine Wand. ‚Was wollt ihr?', war die lapidare Antwort. Steht in den Papieren eurer Kinder nicht: ‚nicht lern- und förderungsfähig'? Also lasst uns mit euren unsinnigen Anträgen in Frieden.

Vom Rand in die Mitte gerückt

1991 gab es ein neues Hoffnungszeichen für den Erzpriester. Die Deutschen aus dem Rheinland wollten zu einer Versöhnungsfahrt im Juni in seine Stadt kommen. Vorher waren im Mai 70 Pskower Bürgerinnen und Bürger an den Rhein eingeladen. Pavel Adelheim durfte mit ihnen fahren und begegnete in Wassenberg dem jungen Pfarrer Klaus Eberl.

Mit ihm gemeinsam wurde die Situation der Menschen mit geistigen Behinderungen von Grund auf verändert. Die Schule, das HPZ, entstand. Auch Adelheims Tochter wurde aufgenommen.

Das genügte dem Priester allerdings längst nicht. Natürlich arbeiteten alle allgemeinen Schulen weiter wie vor der Wende. Aber in welchem Geist taten sie es? Der Leninismus-Sozialismus hatte sich als hohl erwiesen. Er war mit der Wende 1991 zusammengebrochen. Doch was war an seine Stelle getreten? Der nackte Kapitalismus? Der Glaube an Gott allein kann zum Neuanfang führen, davon war Pavel Adelheim fest überzeugt. Er gründete eine kirchliche Schule. Mit großem Eifer baute er eine Ruine auf dem Kirchengelände um, die ihm von der Stadt zur Verfügung gestellt wurde. Inzwischen hatte er einen eigenen deutschen Partner gefunden, Christen im Kreise Lennep. Für viele Jahre unterstützten sie Adelheim, auch finanziell. Die Schule wurde zu einem Schmuckstück mit vorzeigbaren sanitären Anlagen. Alle Fächer wurden unterrichtet. Hinzu kamen Religionsunterricht, Chorgesang und der obligatorische Gottesdienstbesuch am Samstag. Alle, die ihre Kinder in diese Schule schickten, mussten die Bedingungen unterschreiben. Die Schule erhielt die Anerkennung der Stadt. Sie florierte.

Vater Adelheim war bald in der ganzen Stadt bekannt, als ein liebevoller Seelsorger, der sich voll für andere einsetzte. Immer wieder nahm er Kinder in seine Familie auf, die kein gutes Elternhaus hatten. Neben seinen drei Kindern war sein Tisch immer auch von Fremden besetzt. Das kostete Geld. Eines Tages verkaufte er deshalb die Titanprothese, die ihm die Gemeinde Wassenberg geschenkt hatte. Seitdem zog er sein Bein wieder hinter sich her.

Aber Vater Adelheim war auch stur. Wo er Wahrheit und Gerechtigkeit verletzt sah, kämpfte er in aller Öffentlichkeit dagegen an. Dass zwar einige Priester sich sozial sehr stark engagierten, aber seine Kirche nicht, schmerzte ihn. Mit Veröffentlichungen ging er dagegen vor. Sie wurden auch ins Englische übersetzt.

Er geißelte die Sache, aber nie die Menschen. Sein Erzbischof ermahnte ihn. Doch die Wahrheit war Vater Adelheim wichtiger. Er schwieg nicht. Daraufhin wurde durch Einspruch der Kirche seine Schule geschlossen. Er wurde degradiert, durfte in Zukunft nicht mehr Erzpriester sein, sondern nur Priester, dem in seiner eigenen Gemeinde ein anderer vorgesetzt wurde. Adelheim gab nicht auf. War seine Schule geschlossen, baute er eben ein Wohnhaus für Menschen mit Behinderungen. Es war viel zu groß und konnte seinen Zweck nicht erfüllen.

Aber eine Kerzenproduktion mit behinderten Menschen kam zustande. Die 500.000 Kerzen bei der Eröffnung des Kölner Kirchentages kamen aus dieser Produktion. Doch auch sie wurde Adelheim eines Tages verboten.

Ich habe es einmal selbst miterlebt, wie Priester Adelheim von seinem Bischof demütigend behandelt wurde. Ich fragte einen anderen Priester, wie das zu erklären sei. Darauf pfiff dieser eine Melodie. Ich fragte: Was pfeifen sie da? Er erwiderte: Das ist ein Lied auf Stalin: Stalin ist der

Größte, Stalin ist der Beste, Stalin ist der Herrlichste. Und?, frage ich weiter. Der Erzbischof möchte, dass wir dieses Lied jetzt auf ihn singen.

Ermordet

Seelsorge gehörte zu den wesentlichen Aufgaben des Priesters Adelheim. Viele wussten das. Sie kamen zu ihm zur Beichte und zur Beratung.

In Moskau lebte ein junger Mann, 27 Jahre alt. War er Regisseur? Er hatte die Filmhochschule besucht. Er drehte Filme. Zuletzt arbeitete er an einer Dokumentation über Serienmörder. Er war psychisch nicht gesund. Zeitweise fühlte er sich vom Satan besessen. Eine Stimme hatte ihm gesagt: Wenn du einen Priester ermordest, wirst du von der Besessenheit frei.

Er sollte in eine psychiatrische Anstalt. Vorher wollte die Familie sich Rat holen bei Vater Adelheim. Der kannte den jungen Mann wohl schon. Er lud ihn zu sich ein. Der Vater brachte ihn nach Pskow. Lange Gespräche fanden zwischen Priester und Hilfesuchendem statt. Dann holte der Vater ihn ab. Jetzt sollte er in die Klinik. Doch auf der Fahrt floh der Filmemacher zu Adelheim zurück. Es war der 5. August 2013.

Der Priester nahm ihn erneut auf. Sie saßen am Abendbrottisch. Auf ihm lag immer ein großes Messer, um Brot oder andere Nahrungsmittel zu schneiden.

Plötzlich, ohne Vorwarnung, nahm der junge Mann das Messer und stach zu. Pavel Adelheim verblutete.

Der Schock war groß. Verdächtigungen wurden laut. Adelheim hatte sich öffentlich für vieles eingesetzt, für die Duldung der Homosexuellen zum Beispiel, für ein stärkeres soziales Engagement der Kirche. Hatten hier Politiker, hatte hier die Kirche die Hand im Spiel? Hatte man sich eines psychisch Kranken bedient, um einen unbequemen Mann zu beseitigen? Nichts davon lässt sich belegen.

Die Beerdigung fand unter sehr großer Beteiligung der Bevölkerung statt. Durchgeführt wurde sie vom Erzpriester Wladimir Popow, der immer viel Verständnis für seinen Mitbruder zeigte. Der Metropolit schickte einen Beileidsbrief an die Familie.

Die Initiative verlor in Adelheim einen Wegbereiter in der Arbeit mit behinderten Menschen. Klaus Eberl, der Vorsitzende, schrieb in seinem Nachruf:

„Dass Pavel Adelheim auf so grausame Weise ermordet wurde, erfüllt mich mit tiefer Trauer … (Er) blieb stets ein kritischer und engagierter Vertreter der russischen Orthodoxie … Dieser aufrechte und furchtlose Christenmensch war nicht nur ein großer Theologe, sondern auch ein Bürge für eine gerechte russische Gesellschaft.“[61]

16. „Geld zu verdienen kann doch nicht alles sein“

Werner Peter Schmitz – Stifter und Förderer

Ein lebender Heiliger

„Werner Peter Schmitz ist der einzige lebende Heilige, den ich kenne.“

Auf einer meiner ausgedehnten Vortragsreisen, um Geld für unsere Projekte in Pskow zu sammeln, stand ich am 1. März 2005 in Engelskirchen im Westerwald vor einem großen Zuhörerkreis. Mehr als 100 Frauen und Männer befanden sich im Saal.

Mein Thema: „Wir bauen in Pskow die sozialste Stadt Russlands.“

Werner Peter Schmitz
(Foto: Volker Raettig)

„Werner Peter Schmitz ist der einzige lebende Heilige, den ich kenne.“ Ich sagte diesen Satz. Die Anwesenden blickten mich erstaunt, ja skeptisch an.

Ein evangelischer Theologe spricht von einem Heiligen? Wie kommt er auf diesen Irrweg, schienen einige zu fragen.

„Ich kenne keinen mehrfachen Millionär“, fuhr ich fort, „der sich so radikal von seinem ganzen Besitz getrennt hat, um es für die einzusetzen, die sich selbst nicht helfen können, wie Werner Peter Schmitz.“

Auf der Heimfahrt im Auto dachte ich weiter über meinen Satz nach. Ich kannte den ehemaligen Großindustriellen seit fünf Jahren. Bei der ersten Begegnung machte er einen starken Eindruck auf mich. Es dauerte nicht lange, da wurde für mich, den Achtundsechzigjährigen, der damals Fünfundachtzigjährige zu einem großen Vorbild.

Lagen andere Vorbilder nicht weit hinter mir? Es gab bisher drei in meinem Leben. Der erste war mein Vater, der mich zum kritischen Denken erzogen hatte und dazu, auch gegen Mehrheiten meine Meinung zu vertreten. Der zweite war mein Deutschlehrer, der in den Jahren unmittelbar nach dem Krieg mit uns nur ein Thema behandelte: die wahre Menschlichkeit in der Literatur. Das hatte er durchgezogen vom Nibelungenlied bis zur Gegenwartsliteratur. Vor allem aber: Diese Menschlichkeit hatte er mit uns, seinen Schülern, auch täglich neu gelebt. Der dritte war der

Superintendent, bei dem ich in die Lehre ging. Er hatte sich tapfer im Dritten Reich für die Juden, später für die Kriegsgefangenen eingesetzt und dafür als Vater von vier Kindern Schmähungen, Berufsverbot und Gehaltlosigkeit in Kauf genommen. Aber all das lag 45 und mehr Jahre zurück.

Und nun trat ein Mann in mein Leben, der für mich, den Alten, erneut zum Vorbild wurde. Was hatte er an sich, dass er mich so in seinen Bann schlug?

Ein lebender Heiliger? Wen darf ich einen Heiligen nennen? Ich kam zu der Lösung: Es ist ein Mensch, der von der Liebe Gottes so durchdrungen ist, dass er loslassen kann und sich selbst und alles, was er hat, einsetzt in der Liebe zu den Menschen.

War Werner Peter Schmitz ein solcher Mann? War er von Kind auf so, oder ist er erst später dazu geworden? Wie wird man zu einem Heiligen? Wie ist Werner Peter Schmitz dazu geworden?

Ich wollte es für mich wissen, aber auch für die, denen ich von ihm erzählte. Und so forschte ich seinem Leben nach in vielen Gesprächen, in persönlichen Begegnungen mit ihm und in den wenigen schriftlichen Aufzeichnungen, die es über ihn gibt.[62]

Zum Literatur- und Kunstliebhaber geboren

Nein, der Heilige war ihm nicht in die Wiege gelegt worden. Dazu bedurfte es eines langen Weges.

„Meine Brüder spielten mit der Eisenbahn, ich lieber mit Puppen", ist eine Aussage von Werner Peter über seine Kindheit. Sein Vater, Dr. Peter Schmitz, war Industrieller. Sein Hauptwerk lag in Düsseldorf, ganz in der Nähe des „Düsseldorfer Tors", in dessen obersten Etagen heute die Staatskanzlei der Landesregierung residiert. Der Vater war alleiniger Geschäftsführer der Walzmaschinenfabrik August Schmitz. Darüber hinaus besaß er zahlreiche Immobilien vor allem in Deutschland und in der Schweiz. Die Mutter kam ebenfalls aus einer sehr angesehenen Familie, Julia-Gisela Hille. Der erste Sohn, Eduard, wurde 1912 geboren und der dritte, Gerhard, 1919 in der Schweiz. Werner Peter erblickte im April 1914 das Licht der Welt.

Sowohl die Familie Hille als auch die Familie Schmitz wurzelten im katholischen Glauben. Sie fühlten sich mit der Kirche verbunden, ohne in ihr aufzugehen. Ihre Spendenbereitschaft war nicht gering.

Dr. Peter Schmitz widmete sich ganz seiner Arbeit, der Geschäftsführung der Fabriken und der Verwaltung der Immobilien. Die Erziehung lag im Wesentlichen bei der Mutter. Sie lebte die Liebe zu ihren Kindern. Werner Peter hat das sehr gespürt. Ihre Liebe gab ihm Halt in seinem Leben.

Kurz nach dem verlorenen Ersten Weltkrieg zog die Familie nach Thun in der Schweiz. Werner Peter war fünf Jahre alt. Der Vater kaufte ein großes Grundstück in der Nähe des Sees und ließ eine feudale Villa bauen, Haus Schönegg. 1927 wurde sie von der Familie bezogen und blieb Familiensitz bis 1973.

Werner Peter besuchte ausschließlich Schweizer Schulen. Sein Abitur machte er in Lausanne und besuchte anschließend noch die Handelsschule in Lausanne und die Sorbonne in Paris.

Die Schulnoten zeigten schon, wo seine besonderen Begabungen lagen. Beste Noten hatte er in Französisch und in Naturkunde.

Sprachen hatten es ihm besonders angetan. Er sprach fließend Italienisch, Spanisch, Französisch, Englisch und Deutsch. Merkwürdigerweise sprach er in den letzten Wochen seines Lebens nur noch Englisch. Werner Peter konnte, je nach der Zusammensetzung des Gesprächskreises, mühelos vom Deutschen ins Englische, ins Französische oder auch ins Italienische hinüberwechseln.

Als der junge Mann 18 Jahre alt war, wechselte die Familie wieder nach Düsseldorf und blieb dort bis zum Kriegsende von 1932–1945.

Für den Vater war es selbstverständlich, dass alle Kinder den Ingenieurberuf erlernten, um später in den Fabriken leitende Positionen zu übernehmen. Eduard und Gerhard kamen dem Wunsch nach. Werner Peter sagte von sich: „Alle lieben den Geruch von Maschinenöl. Ich hasse ihn." Sein Wunsch war die Beschäftigung mit Kunst und Literatur. So studierte er Literaturwissenschaften.

20 Jahre in Amerika

Aber schon vier Jahre nach der Rückkehr aus der Schweiz ging Werner Peter 1936 nach Amerika. Er sollte sich dort um den Absatz der Industrieprodukte des Walzwerkes kümmern.

Die Überfahrt geschah damals selbstverständlich per Schiff. Die Schifffahrt genoss Werner Peter Schmitz zeit seines Lebens.

Ich erinnere mich, dass wir schon nach der Jahrtausendwende in Düsseldorf über die Rheinpromenade schlenderten. Am Jachthafen verweilten wir und bewunderten die stolzen Schiffe. „Ein solches Boot hätte ich auch gerne", sagte Herr Schmitz versonnen. „Nicht so ein prächtiges wie jene Jacht dort. Ich hätte lieber so ein kleines Boot", und er wies auf ein Schiffchen mit einer bescheidenen Kajüte hin „dann könnte ich nach Herzenslust über den Rhein schippern", fügte er hinzu.

Am Düsseldorfer Hafen
(Foto: Michael Dirkx)

Die Stahlkocherzeit war verhältnismäßig kurz. Nur wenige Monate verbrachte er in einer Stahlfabrik im Süden der USA. Dann widmete er sich, neben der Erfüllung seines Auftrags, der Kunst und der Literatur.

Die Oper, Schauspiele, Konzerte besuchte er leidenschaftlich gern. Dabei verliebte er sich offensichtlich in eine junge Schauspielerin. Ihre Schönheit und ihr Charme hatten es ihm angetan. Die Liebe wurde erwidert, brach aber eines Tages ab.

Während der Zeit in Russland war Alexandra Pyshowa seine besondere Vertraute. Sie erzählte mir einige Jahre nach dem Tod des russischen Wohltäters:

„In St. Petersburg besuchten wir gemeinsam das Theater, Werner Peter Schmitz, sein junger Geschäftsführer Michael Dirkx und ich. Mein Platz war zwischen den beiden Männern. Es trat eine Sängerin auf, sehr jung und sehr schön. Als ich nach links sah, erkannte ich, wie Tränen über das Gesicht von Herrn Schmitz liefen. Er flüsterte: ‚Haben Sie ein Taschentuch?' Ich reichte ihm eins. Er wischte sich über das Gesicht und flüsterte erneut: ‚So jung und so schön war sie auch.' Als wir in der Pause unsere Plätze verließen, bat er mich: ‚Sagen Sie niemandem etwas davon, auch Michael nicht.' – ‚Ich habe es für mich behalten', schloss Alexandra, ‚bis nach seinem Tod'."

Der Gottsucher, den Gott fand

1956 trat im Leben des Kunstliebhabers und Theaterfreundes eine sichtbare Wandlung ein. Die Mutter schrieb: „Dein Vater und Dein Bruder sind schwer erkrankt. Komm bitte in die Schweiz zurück." Sofort stand der Entschluss fest: Ich muss umgehend nach Europa zu meiner Familie.

Seine Rückkehr war zugleich ein neuer Anfang. Ich würde es mir zu leicht machen, wenn ich sagte, das war die Midlifecrisis des Zweiundvierzigjährigen.

Forsche ich in seinem Leben nach, in dem, was er mir selbst anvertraute, und in dem, was seine Freunde von ihm erzählen, komme ich zu dem Schluss: Der Gottsucher ist von Gott gefunden worden. Das ist kein einmaliger Akt: Die Suche nach Gott begann früh in seinem Leben und sie hörte nach 1956 nicht auf: Suchen und finden, finden und suchen, das begleitete ihn bis in sein Sterben hinein, mystisch durchdrungen und zugleich in einem ganz kindlichen Glauben, oder anders ausgedrückt: ein glaubender Mensch, der die Suche nie aufgibt.

An einigen wenigen Stationen, die der über sein Leben Verschwiegene preisgab, lässt es sich festmachen. Ein gläubiger katholischer Christ war Werner Peter Schmitz von seiner Kindheit an, und er blieb es bis zu seinem Tod.

Als Kind sammelte er durch gute Werke Strohhalme, damit das Christkind weich gebettet in der Krippe liegt. Und als den Sterbenden am Heiligen Abend ein Priester im Altenheim in seinem Zimmer besuchte und ihn segnete, das Kreuzzeichen auf seiner Stirn nachzeichnete mit den Worten „Gott segne Sie“, da antwortete er: „The same for you.“

Vom Sammeln der Strohhalme bis zur Segnung des Priesters durch den Sterbenden hatte sein Glaube nichts Statisches an sich. Er war vielmehr gewachsen, reich und reif geworden. Jede dogmatische Rechtgläubigkeit war ihm fremd. Als evangelischer Theologe hatte ich von der ersten Begegnung 2001 an gespürt, dass mir ein im tiefsten Inneren überzeugter Christ gegenübersaß, aber lange wusste ich nicht, ob er evangelisch oder katholisch war. Wir waren uns bei jeder Verabschiedung bald so vertraut, dass wir uns gegenseitig zuflüstern konnten: „Ich bete für Sie.“ Wir haben es bewusst geflüstert, weil es so intim war, dass es einen Dritten nichts anging.

Als ich ihn im Frühsommer 2002 in seinem bescheidenen Appartement des Altenheimes am Thuner See besuchte, warf ich einen Blick auch in seine Schlafklause. Spartanisch war sie eingerichtet wie die Zelle eines Mönches. Und wie ein Mönch wollte er auch leben. Gegenüber von dem Bett hing eine russische Ikone. Sie war so angebracht, dass der im Bett liegende sie unmittelbar vor Augen hatte.

Ich fragte erstaunt „Eine Ikone der Russisch-Orthodoxen Kirche?“ Er hat diese Frage gar nicht verstanden oder sie bewusst nicht verstehen wollen, sondern geantwortet: „Im Anblick dieser Ikone kann ich, wenn ich im Bett liege, sehr schön meditieren und beten.“ Das meditierende Gebet spielte in seinem Leben eine zentrale Rolle.

Der damals Siebenundachtzigjährige fuhr auch da noch monatlich nach Düsseldorf, um an den Sitzungen der Schmitz-Stiftungen teilzunehmen. Auf meine Frage, ob er den Weg von Thun nach Düsseldorf mit dem Flugzeug zurücklege, schüttelte er den Kopf. „Ich fahre mit dem Zug“, war seine Antwort. „Aber das Flugzeug ist doch schneller und viel bequemer, besonders wenn man die erste Klasse benutzt.“ Er wurde fast unwillig: „Mit der ersten Klasse fliege ich nicht. Da sitzen mir zu viele Gangster. Aber wichtiger ist: Im Zug habe ich Zeit, um zu beten.“

So undogmatisch wie er selbst war, so undogmatisch waren auch die katholischen Priester, Nonnen und Mönche, die sein Leben zumindest zeitweise begleiteten.

Von vielen Seiten aus seiner Kirche hat er Anregungen erhalten. Viele Einrichtungen, Kirchen und Klöster hat er immer wieder besucht, sich zu Meditationen dorthin zurückgezogen, ihre sozialen Projekte unterstützt.

Schon in den Fünfzigerjahren, unmittelbar nach seiner Rückkehr aus Amerika, begab er sich nach San Giovanni Rotondo zu Padre Pio. Auch in der Zukunft blieb er eng mit ihm verbunden.

Padre Pio gab ihm ganz konkrete Anstöße für seine soziale Arbeit. Zugleich aber wurde sein Haus auch zu einer regelmäßigen Pilgerstätte.

Nicht weniger verbunden war Werner Peter Schmitz mit den Salesianern von Don Bosco. Auch mich hat er mit ihnen zusammengebracht. Und bis heute bekomme ich ihre Nachrichten. Don Bosco kümmerte sich zunächst um die Straßenkinder in Turin, ist aber inzwischen in vielen notleidenden Ländern aktiv. Ihre Devise wurde auch zu einem der Schmitz'schen Leitsprüche: „Das Beste, was wir auf Erden tun können, ist Gutes zu tun und fröhlich zu sein."

Als sein großes Vorbild hat er Franz von Assisi angesehen. Wie würde er sich freuen, wenn er noch erlebt hätte, dass ein Papst nicht nur seinen Namen angenommen hat, sondern auch nach seinen Grundsätzen lebt.

Wo immer Werner Peter Schmitz war, besuchte er die Gottesdienste, selbst wenn er eine halbe Stunde dorthin laufen musste. Die Sankt-Martins-Kirche in Thun war seine Heimatgemeinde.

War er vor Ort, versäumte er keine Messe. In das Altenheim hatte er eine Kapelle einbauen lassen, in der an jedem Freitag ein ökumenischer Gottesdienst stattfindet. Ökumene zwischen den christlichen Kirchen war für ihn ein selbstverständliches Gebot.

Das erlebte ich sehr hautnah bei seiner Beerdigung am 6. Januar 2009 am Thuner See. Am Vorabend saßen wir im kleinen Kreis zusammen, in unserer Mitte der Priester, der ihn beerdigen sollte. Auch von der Eucharistiefeier war die Rede. „Ich würde sehr gern daran teilnehmen", sagte ich. „Aber ich fürchte, als evangelischer Christ werde ich Sie als Katholiken damit in Verlegenheit bringen." Fast entsetzt sah mich der Geistliche an: „Zur Eucharistiefeier sind selbstverständlich alle eingeladen. Ich wäre sehr traurig, wenn Sie nicht kämen:" Natürlich nahm ich teil. Und ich muss sagen: Einen so tief berührenden Abschiedsgottesdienst wie bei Werner Peter Schmitz habe ich selten erlebt.

So undogmatisch wie sein Glaube war, so tolerant war er auch. Nicht tolerant in dem Sinne, jeden nach seiner Facon selig werden zu lassen, sondern tolerant, indem er den anderen Glauben neben sich anerkannte und bereit war, von ihm zu lernen auf der Suche nach Gott.

Ich erlebte es etwa in der Einschätzung der Russisch-Orthodoxen Kirche. In der Arbeit im Oblast Pskow erfuhr ich täglich neu, wie völlig unsozial sie war. Sie tat zum Beispiel nichts für Menschen mit Behinderungen. Als ich meinem Ärger darüber in seiner Gegenwart einmal Luft machte, sagte er: „Der Neubeginn nach der Wende 1991 ist noch sehr jung. Vielleicht lernt diese Kirche es noch und erkennt auch ihre soziale Verpflichtung. Aber ihr gottesdienstliches Leben bereichert mich sehr. Gern lausche ich ihren liturgischen Gesängen. Sie berühren meine Seele."

Was für die anderen christlichen Kirchen galt, das spielte für Werner Peter Schmitz auch bei den Weltreligionen eine große Rolle.[63] So setzte sich der Fünfunddreißigjährige in Amerika mit dem Leben Rama Krishnas auseinander. Auf der Suche nach Gott fand er auch hier Antworten. „Die Lehre Rama Krishnas weist den Weg zu einer Gottesliebe, die er mehr und mehr in der Stille und im Gebet findet.

Das Entscheidende an Rama Krishnas Lehre ist, dass ein Mensch Kraft des Gebetes schon zu Lebzeiten Gott auf der Erde wirklich begegnen kann.“[64]

Auch unter den Buddhisten in Thailand fühlte er sich wohl. „Er hat Verständnis für den Glauben anderer. Denn wer den Glauben der anderen herabsetzt oder nicht achtet, missachtet somit die eigene Religion.“

Die Geschichte, wie er Mahatma Gandhi fand, ist vielen bekannt. Er war in Lausanne. „Zufällig traf Werner Peter Schmitz, der diese Geschichte gerne selbst erzählte, einen befreundeten Schriftsteller (vermutlich ein Biograf Rama Krishnas). Dieser lud ihn für abends zu sich ein. ‚Es ist jemand zu Gast, den du treffen sollst.‘ Und dieser Gast war Gandhi.“[65]

Andere Religionen waren für unseren Gönner Stationen auf dem Weg der Gottsuche. Auf die Frage aber, welche Religion er am höchsten schätze, erwiderte er ohne zu zögern: „Das Christentum ist die beste Religion.“

Diese Suche nach Gott, in der er Gott immer wieder fand, war zugleich der Wendepunkt in seinem Leben. Er hatte erkannt: In der Liebe vollendet sich diese Suche. Neben der Liebe der Mutter war es diese Liebe, die ihn nach Thun zurückkehren ließ.

Charity beginns at home

Nächstenliebe beginnt zu Hause

Sterben und Tod bestimmten das Leben von Werner Peter Schmitz in den nächsten 13 Jahren.

Sein älterer Bruder Eduard starb schon als Zweiunddreißigjähriger 1944. Es herrschte Krieg. Die Familie lebte zu der Zeit in Deutschland.

Werner Peter hatte keine Chance, zu dem Sterbenden zurückzukehren. Anders war es, als die Bitte der Mutter ihn erreichte. Das Familienleben spielt sich wieder in der Schweiz ab. Ohne zu zögern, folgte der Sohn ihrem Ruf.

Von nun an bestimmte die Begleitung Sterbender seinen Weg. Mehrmals hat er mir erzählt, dass sein Vater, seine Mutter und der ältere Bruder buchstäblich in seinen Armen gestorben sind. Das hat den anderen Leitsatz in seinem Leben Wirklichkeit werden lassen **„Charity beginns at home“** (Nächstenliebe beginnt zu Hause). Er hat dann stets hinzugefügt: „Wer in seiner eigenen Familie, wer sie seinen Freunden gegenüber nicht lebt, wie kann er sie dann andern Menschen gegenüber ausüben? Das wird ihm nicht gelingen."

Geld zu verdienen kann doch nicht alles sein

Mit der Wende in seinem Leben war die Bibel für Werner Peter Schmitz immer wichtiger geworden. Er las täglich in ihr, machte davon aber kein Aufhebens und erzählte es nur selten.

Eines Tages stieß er auf folgende Geschichte:

Ein junger Mann kommt zu Jesus und fragt: Meister, was muss ich tun, um ganz zu Gott zu gehören? Der antwortet lapidar: Halte die Gebote. Welche? Fragt der junge Mann. Jesus erwidert: Du sollst nicht töten. Du sollst nicht ehebrechen. Du sollst nicht stehlen. Ehre Vater und Mutter. Und: Du sollst deinen Mitmenschen lieben wie dich selbst. Der Frager antwortet selbstbewusst: Das halte ich alles. Was fehlt mir noch? Jesus erklärt: Gehe hin, verkaufe alles, was du hast, und gib es den Armen. Dann gehörst du ganz zu Gott. Als der junge Mann das hörte, ging er betrübt weg, denn er war sehr begütert. Jesus wendete sich an seine Jünger und fügt hinzu: Es ist leichter, dass ein Kamel durch ein Nadelöhr geht,[66] *als dass ein Reicher ganz zu Gott gehört.*[67]

Das Wort vom Kamel und vom Nadelöhr hat Werner Peter Schmitz oft zitiert. Und immer, wenn ich in meinen Vorträgen von ihm erzähle, sage ich: Er hat fertiggebracht, was der junge Mann, von dem die Bibel erzählt, und auch was ich selbst nicht fertigbringe: Er hat alles um der Armen willen verkauft. Deshalb ist er für mich der einzige lebende Heilige.

Als 1969 sein Bruder und sein Onkel Eu, der lange Zeit die Fabriken verwaltet hatte, sterben, war Werner Peter Schmitz der Erbe eines großen Vermögens: Die Fabriken gehörten dazu, die Liegenschaften in der Schweiz, die Thuner Villa auf einem großen Grundstück, das Aktienpaket und viele, viele Kunstwerke.

Nun erbte alles der einzige überlebende Sohn. Für ihn aber stand inzwischen fest: Geld zu verdienen kann doch nicht alles sein. Er verkaufte wohl überlegt und sich stets beraten lassend alles: die Fabrik, die Liegenschaften und 1973 auch die Villa Schönegg. Er arbeitete zunächst über Immobilienfirmen, bei denen er zeitweise selbst Geschäftsführer war. Immobilien hielt er für eine gute Kapitalanlage. Die Gewinne gingen zum größten Teil in die Dritte Welt. Doch dann kam ihm mit seinem Freund Dr. Walter Böhme die Idee, eine Stiftung zu gründen. Alles Geld konnte er nach und nach in sie hineinfließen lassen und über die Stiftungsurkunde selbst bestimmen, wohin es fließt, und kontrollieren, ob es richtig angewandt wurde.

In Zürich, im Hotel Baur Au Lac, saßen 1984 Werner Peter Schmitz und Walter Böhme zusammen und entwarfen die Stiftungsurkunde. Schon 1985 wurde sie vom Regierungspräsidenten in Düsseldorf genehmigt. 1996 kam die Schmitz-Hille-Stiftung in der Schweiz hinzu. Gedacht war an die Hilfe für Entwicklungsländer.
Der wichtigste Stiftungszweck wird unter Punkt 3 formuliert:

Hilfe bei der Durchführung örtlicher Selbsthilfemaßnahmen, die der Ernährung und dem Handwerk dienen, einschließlich der Ausbildung von Jugendlichen und Erwachsenen für Berufe, die dieses Ziel zu fördern geeignet sind, und der Schaffung hierfür erforderlicher Einrichtungen.[68]

Bei einer späteren Überarbeitung des Stiftungszweckes wurden gerade auch im Hinblick auf unsere Erfahrungen in Russland hinzugenommen:

- *Erziehung und Fürsorge für alte und kranke Menschen, einschließlich der hierfür erforderlichen Einrichtungen.*
- *Unmittelbare Unterstützung hilfsbedürftiger Personen*[69]

Ich habe selbst in Russland viele Verträge mit kleinen Handwerksbetrieben mit unterstützt. Feste Bestandteile waren immer:

- Wie umfangreich ist die Hilfe als zinsloses oder sehr niedrig verzinstes Darlehen?
- In welchen Raten sind die gewährten Gelder zurückzuzahlen?
- Unbedingter Bestandteil ist die Ausbildung von jungen Menschen.

In Russland gingen von den zurückgezahlten Geldern 50 % an die Initiative Pskow, 50 % an eine Einrichtung, die das Schmitz'sche Geld in Russland verwaltete. „So kann mein Geld doppelt Gutes tun", sagte Werner Peter Schmitz schlicht.

Die Stiftung nahm einen rasanten Aufschwung. Bald arbeitete sie in Indonesien, Kambodscha, Laos, Philippinen, Sri Lanka, Vietnam, Bolivien, Ecuador und Peru. So konnten die Mitarbeiter dem Jubilar zum 80. Geburtstag am 19. April 1994 dieses Märchen schenken:

„In der Schweiz lebt ein moderner König. Dieser wollte sich einen Traum erfüllen, nicht einen Traum für sich selbst, sondern einen Traum, an dem die Menschen auch teilhaben könnten. So geschah es an einem wunderschönen Frühlingstag im Jahre 1984. Da saßen der König und sein oberster Ratgeber (Anm. der Redaktion: Walter Böhme), der auch sein Freund war, am See in all seinem Glanz und entwarfen die Grundsätze zur Erfüllung des Traumes. Es baten immer mehr Menschen den König und seine Stiftung um Hilfe. Da trug der König seinem obersten Ratgeber auf: ‚Sprich doch einmal bei dem Orden der Salesianer Don Bosco vor. Dieser Orden denkt genau so wie wir. Und frage, ob er mithelfen könnte, uns bei unserem Vorhaben mit Rat und Tat zur Seite zu stehen.'"[70]

Was wäre aus unserer Arbeit in Russland ohne die Schmitz-Stiftung geworden?

Dienstag, 22. Juli 1997. Bei meiner gerade beendeten Reise deutete sich in Pskow an, dass wir etwas tun mussten für die über achtzehnjährigen Behinderten. Andrej Zarjow, der Leiter des HPZ, hatte kürzlich diese Frage an uns herangetragen. 1998 sollten die ersten Schüler mit 18 Jahren seine Schule verlassen. Was sollte dann mit ihnen geschehen? Weder die russische Stadt noch wir Deutschen hatten aber das Geld dafür, weitere Aufgaben zu übernehmen.

Im dem Augenblick konnte ich gar nicht daran denken. Zum 31. August sollte ich pensioniert werden. Die Tagungen für das zweite Halbjahr mussten dann stehen. Die Übergabe musste abgewickelt werden.

Die Görlitzer Kirche fragte, wann ich kommen könne, um die halbfertige Tagungsstätte weiterzubauen und eine ostdeutsche Akademie ins Leben zu rufen, die den Namen auch verdient.

Mitten in all diesen Wirren bekam ich einen Anruf von Michael Dirkx. „Ich vertrete die Werner Peter Schmitz-Stiftung mit Sitz in Düsseldorf", begann er. „Unsere Einrichtung fördert im Wesentlichen kleine Handwerksbetriebe in der Dritten Welt. Unser Stifter ist der Ansicht, Russland müsse leider dazu gerechnet werden. Wir suchen einen Anknüpfungspunkt. Neuss ist Partnerstadt von Pskow. Deshalb habe ich mich an Bürgermeister Reinartz gewandt, ob er in Pskow soziale Modelle benennen könne. Er hat mich an Sie verwiesen."

„Die Unterstützung von Handwerksbetrieben ist bitter notwendig", sagte ich. „Josef Stalin hat das Handwerk wissentlich zugrunde gerichtet. Er wollte keine selbständig denkenden und arbeitenden Menschen. Jeder soll nur ein Rädchen im Getriebe sein. Nur das Kollektiv zählte, nicht der einzelne Mensch. So gab es bald keine Schmiede, keine Schlosser, keine Schreiner mehr. Zugespitzt gesagt: Nur fünf zusammen konnten ein Brett bearbeiten. Nach 1991 versuchten die ersten wieder selbstständig zu werden. Aber sie haben es sehr schwer, zumal für Kredite zum Aufbau eines Betriebes 20–30 % Zinsen fällig werden." – „Da lohnte es sich anzufangen", sagte Herr Dirkx. Wir vereinbarten, uns im September nach meiner Pensionierung zusammenzusetzen, um die Möglichkeiten in Pskow zu bedenken.

Michael Dirkx und Dieter Bach (v. l.) (Foto: Volker Raettig)

Am 11. September 1997 traf ich dort zu einem ersten Besuch ein. Zum ersten Mal sah ich den Stifter: Auf einem Foto ein älterer Herr, schlank, weißes Haar, ein strahlendes Lächeln auf dem Gesicht, irgendwo in der Dritten Welt, umringt von Kindern.

Michael Dirkx betrat den Raum, ein ebenfalls schlanker, allerdings junger Mann von vielleicht 40 Jahren. Auch von seinen Gesichtszügen ging ein richtiges Strahlen aus. Ich spürte sofort: Er weiß sich in der Stiftung am richtigen Platz. Er begrüßte mich, wir setzten uns, er bot Kaffee und Tee an. Sofort fasste ich Vertrauen zu ihm. Es wurde nie enttäuscht. Bald wurden wir zu sehr guten Freunden.

Wir informierten uns über unsere Arbeit. Ich erzählte von den Anfängen in Pskow im politischen und gesellschaftlichen Bereich und sprach von der Arbeit mit Menschen mit Behinderungen. „Das ist im Augenblick das Hauptfeld unserer Tätigkeit", schloss ich.

„Unser wesentliches Ziel ist es, kleine Handwerksbetriebe zu fördern", entgegnete Michael Dirkx, nachdem er einen kurzen Überblick über die fünfzehnjährige Geschichte seiner Stiftung gegeben hatte. „Gerade daran ist der Stifter sehr interessiert."

Ich bot meine Mitarbeit an und benannte Ansprechpartner: Iwan Kalinin, Bürgermeister für Kultur und Soziales, und Alexandra Pyshowa.

„Sie ist im Augenblick noch Gastdozentin an der Rheinischen Akademie, kehrt aber1998 nach Russland zurück und wird dort beim Partnerschaftsamt im Wesentlichen zuständig sein für die russisch-deutschen Kontakte."

Michael Dirkx kündigte an, dass im nächsten Jahr ein Vorstandsmitglied nach Pskow reisen würde, um die Anknüpfungspunkte zu erkunden.

So geschah es. Bald erweiterte die Stiftung ihre Arbeitsbereiche und schloss die Fürsorge für Behinderte, Alte und verlassene Kinder und deren Einrichtungen mit ein.

Eine intensive Zusammenarbeit begann für die nächsten 15 Jahre. Ohne die Schmitz-Stiftung wäre es nicht gelungen, Pskow zur sozialsten Stadt Russlands zu machen. Abgesehen von der Förderung von 20 Handwerksbetrieben in der Stadt hat die Stiftung im Laufe der nächsten Jahre etwa 5 Millionen € in die gemeinsame Arbeit investiert. Darüber hinaus hat sie den Weg gebahnt zu anderen Einrichtungen wie zur Software AG-Stiftung, der Stiftung von Mirja Sachs, dem Ministerium für wirtschaftliche Zusammenarbeit, niederländischen Stiftungen und vielen anderen, die uns geholfen haben.

Begegnungen mit Werner Peter Schmitz

Ein Kriminalfall in St. Petersburg

Alexandra Pyshowa erzählt:

„Im Herbst 2000 kam Werner Peter Schmitz zum ersten Mal nach Russland. Begleitet wurde er von seinem Geschäftsführer Michael Dirkx.

Das deutsche Außenministerium hatte die Stiftung vor der Reise nach Russland gewarnt. Die Lage sei zur Zeit sehr unsicher. Banditen gefährdeten das Leben. Der Geschäftsführer rief mich vor Antritt der Reise an: ‚Wie gefährlich ist es zur Zeit bei euch?' Ich beruhigte ihn. ‚Ich bin oft in St. Petersburg', sagte ich. ‚Ich habe nie etwas von Banditen bemerkt, außer dass sie sich selbst bekämpfen. Außerdem hole ich euch mit einem Wolgaauto am Flughafen ab. Das ist unauffällig. Die Banditen haben es auf schwere Mercedes- und BMW-Karossen abgesehen. Komm nur. Es wird gewiss nichts passieren.'

Ich holte die beiden am Flughafen ab. Im Hotel Astoria checkten wir ein. Wir aßen gut zu Abend. Es war ganz friedlich.

Es war ein richtiger Altweibersommer. Bei herrlichem Sonnenschein unternahmen wir am nächsten Tag eine Stadtführung. In der Ermitage hatte ich eine Sonderführung bestellt. Die Führerin gab sich große Mühe. Aber dem Kunstkenner Werner Peter Schmitz waren die Ausführungen viel zu weitschweifig. Er nahm mich an die Seite. ‚Können Sie der Führerin sagen, sie solle jetzt ganz still sein? Ich möchte in Ruhe durch die Ausstellung gehen und selbst mit den Bildern Zwiesprache halten.' Notgedrungen schwieg die Dame.

Wir gingen anschließend zum Winterpalais. Ich selbst übernahm die Führung. Herr Schmitz sagte schon bald: ‚So ausführlich brauchen Sie es nicht zu erklären. Ich kenne das alles. Schon in meiner Jugend habe ich davon gehört. In der Schule hatte ich einen Freund aus der Orlow-Dynastie. Von ihm habe ich sehr viel über russische Kunst gehört. Er hat mich auch in die russische Geschichte eingeführt. Auch während meiner Pariser Zeit hatte ich zu russischen Künstlern einen sehr engen Kontakt.'

Zum Abschluss des Tages gingen wir noch ins Russische Museum. Auch hier betrachtete der Stifter die Gemälde für sich allein. Nur vor den Bildern von Philonov (gestorben 1941) stutzte er. Ihn kannte er nicht. ‚Wer war Philonov?', fragt er mich. ‚Es ist ein russischer Künstler. Er hat die Belagerung von Leningrad miterlebt. Er ist 1941 vor Hunger gestorben. Seine Schwester musste ihm vor dem Tod versprechen, keins seiner Bilder ins Ausland zu verkaufen. Er wollte, dass sie in Russland blieben.'

Am Abend wollten wir ein Jazz-Konzert besuchen. Ich sagte unserem Fahrer: ‚Bringen Sie uns zuerst zu unserem Hotel. Herr Schmitz möchte sich noch ein wenig ausruhen.' – ‚Zum Hotel können wir nicht fahren', erwiderte er. ‚Dort hat gerade eine Schießerei stattgefunden. Ein Krimineller wurde erschossen. Es soll ein Georgier sein.' Zur damaligen Zeit befand sich eine große Gruppe Krimineller dieses Staates in der Stadt. Es wäre nicht das erste Blutbad, das sie hier angerichtet hätten.

Wir ließen den Stifter einsteigen, dann fragte ich Michael Dirkx leise: ‚Wie sollen wir jetzt ins Hotel kommen, ohne dass Herr Schmitz etwas merkt?' – ‚Wir nehmen einen Nebeneingang', war die Antwort. Doch es stellt sich heraus, den gab es für uns nicht. Nur die Hauptpforte stand uns offen.

Es handelte sich um zwei Leichen. Sie lagen direkt vor dem Eingang. Wir mussten fast über sie hinwegsteigen. Ich erklärte Herrn Schmitz, dass es sich hier ausschließlich um die Auseinandersetzung unter Kriminellen handelte. Er erwiderte nichts. Wir gingen ins Hotel und suchten unsere Zimmer auf.

Nach 90 Minuten brachen wir zum Jazz-Konzert auf. Doch dort war es dem Stifter zu laut. Schon nach 20 Minuten verließen wir den Saal. Wir suchten ein kleines russisches Lokal auf und aßen zu Abend. Die Speisen waren gut. Leise russische Musik begleitete unser Zusammensein.

Als wir zum Astoria zurückkamen, wurde dort gerade eine Hochzeit gefeiert. Auch das Foyer war voller Musik. Selbst auf dem Vorplatz wurde getanzt. Die Leichen waren verschwunden. Die Braut war sehr schön. Herr Schmitz bemerkte es sofort. Er machte Michael Dirkx darauf aufmerksam. ‚Herr Schmitz, die Augen niederschlagen', sagte er scheinbar voller Ernst. Der erwiderte: ‚Schönheit ist immer zu bewundern.'

Den nächsten Tag ließen wir sehr ruhig angehen. Wir besichtigten den Peterhof. Mehr unternahmen wir nicht. Das Abendessen nahmen wir in unserem Hotel ein. Eine Dame spielte sehr schön auf der Harfe. Plötzlich sagte Herr Schmitz: ‚Dieses Hotel hat ein großartiges Angebot:

Gestern Nachmittag erlebten wir einen Krimi, am Abend eine Hochzeit mit einer sehr schönen Braut', lächelnd sah er dabei Michael Dirkx an und fuhr dann fort: ‚Und heute am Abend hören wir ein sehr schönes Harfenspiel.'

Mir fiel ein Stein vom Herzen. Wie hätte ich reagieren sollen, wenn unser Gönner verlangt hätte, das Hotel sofort zu verlassen? Damals war es noch nicht so einfach, in St. Petersburg eine adäquate Unterkunft zu finden. Aber Herr Schmitz reagierte auf die ganze Situation mit einem feinen Humor, als sei nichts Besonderes geschehen.

Am nächsten Morgen brachen wir auf zu unserer Arbeit nach Pskow.

Während der vierstündigen Fahrt mit dem Auto sprachen wir weiter über russische Kunst und Geschichte. Immer wieder fragte er nach der Zarenfamilie, von der er selbst viel wusste.

Ich merkte während des Gespräches: Hier redest du mit jemandem, der mehr von der Geschichte und der Kunst weiß als du selbst. Dabei hat er mehr gefragt als mit seinem eigenen Wissen geprotzt. Nie wollte er damit glänzen. Das war ihm zuwider.

In Pskow arbeiteten wir mehrere Tage sehr intensiv miteinander. Der Sechsundachtzigjährige war stets voll bei der Sache. Wird er nicht müde?, fragte ich mich oft. Er ließ es sich jedenfalls nicht anmerken. Dafür war seine Selbstdisziplin viel zu groß.

An zwei Tagen besichtigten wir zunächst die Handwerksbetriebe, die mit seinem Geld gefördert wurden. Vier waren es in der kurzen Zeit von zwei Jahren. Das Sägewerk hatte einen großen Schritt nach vorne gemacht und seine Belegschaft verdoppelt. Die Näherei des Heimatmuseums konnte ebenfalls neue Leute einstellen. Die kleine Möbelfabrikation hatte neue Modelle entwickelt. Sie war im Verzug mit den Rückzahlungen. Aber der Stifter erkannte, dass sie auf einem guten Weg waren, und gewährte Aufschub.

Bedauerlich war für Herrn Schmitz, dass zwar überall Auszubildende eingestellt wurden, wie es der Vertrag verlangte. Aber die Ausbildung selbst lag noch sehr im Argen. Es gab keine duale dreijährige Lehre wie etwa in Deutschland oder in der Schweiz. Der Auszubildende wurde lediglich angelernt. Das war in sechs Monaten abgeschlossen.

Am meisten Freude bereitete Herrn Schmitz die Schmiede. Er erkannte sofort: Hier waren zwei junge Leute tätig, die ihr Handwerk verstanden und gerade 50 handgeschmiedete Kandelaber für Paris anfertigten. Im heruntergekommenen Industriegelände hatten sie eine Ecke für sich hergerichtet. Verdreckt, verschmutzt mit nacktem Oberkörper arbeiteten sie an ihrem Projekt.

Der Stifter war von ihnen so begeistert, dass er ihnen sogar die Rückzahlung des ersten Zuschusses erließ.

Am dritten Tag des Aufenthaltes war das Waisenhaus an der Reihe, ein wesentlicher Grund, warum Herr Schmitz die Reise überhaupt angetreten hatte. Mit 50 Kindern sollte es in einen verlassenen Kindergarten einziehen. Er war ganz heruntergekommen und musste voll saniert werden. Der Stifter erkundigte sich sehr genau nach der Situation der Kinder in Pskow, hörte vom *Dach der Geborgenheit*, das sich 2000 in einem elenden Zustand befand, und vom Kinderasyl, das die Zahl der aufgegriffenen Straßenkinder kaum bewältigen konnte.

Der Förderer sagte zur Leiterin des Waisenhauses: „Stellen Sie einen Antrag, damit ich Sie unterstützen kann."

So ist es auch geschehen. Die Schmitz-Stiftung stellte insgesamt 100.000 € für die Renovierung zur Verfügung. Sie war dem Waisenhaus, das bald den Namen Kinderfamilienhaus erhielt, immer treu geblieben. Auch die Tourneen der Helikon Band nach Deutschland hat sie mit namhaften Summen unterstützt.

Das Waisenhaus bildete den Anfang, dem später viele Projekte in Pskow folgten."

Auf meinen Besitz zu verzichten, das tut nicht weh[71]

Im Mai 2002 kam es zu einer dritten folgenreichen Begegnung mit Werner Peter Schmitz.

Reimar Kirchhoff, der Architekt unserer Werkstatt, hatte einen kleinen Kreis von Menschen, die für die sozialen Einrichtungen in Pskow arbeiteten, in sein Sommerhäuschen in den Schweizer Alpen nach Soglio eingeladen. Wir verbrachten wunderbare Stunden in dem Haus hoch über dem Tal. Alexandra und ich wollten den Aufenthalt nutzen, um mit Werner Peter Schmitz über die zweite Stufe der Werkstatt zu sprechen. Der Gesamtentwurf von Reimar Kirchhoff lag vor. Nun wollten wir es erläutern. Wir waren angemeldet. Der Stifter erwartete uns.

Nach sechs Stunden Fahrt quer durch die Schweizer Berge kamen wir in Thun-Hünibach an. Seit 1990 wohnte Herr Schmitz in dem Altersheim, das er finanziert hatte. Sicher ein exklusives Haus mit allen nur erdenklichen Annehmlichkeiten, das der Millionär für sich und seine Freunde hatte bauen lassen. Darin waren wir uns einig.

Wir erreichten das Altersheim, ein gediegener, aber schlichter Bau mit Blick auf den See. Haus Schönegg hatte er es genannt, wie die elterliche Villa einst hieß. Die Rezeption war nicht besetzt. Im Speisesaal trafen wir eine Reinemachefrau. „Herrn Schmitz suchen Sie", sagte sie, „2. Etage links die letzte Tür." Erstaunt machten wir uns auf den Weg, stiegen in die zweite Etage und fanden an der Tür am Ende des Ganges das Schild W.P. Schmitz. Wir schellten. Sofort öffnete sich die Tür. Werner Peter Schmitz begrüßte uns wie alte Bekannte und bat uns hinein. Hatten wir eine Luxuswohnung erwartet, so konnte der Gegensatz zur Realität nicht größer sein. Aus dem kleinen Flur mit einer Kochnische ging es direkt ins Wohnzimmer, vollgestellt mit alten Möbeln. Auf einer Seite ein Durchgang ohne Tür, die Schlafnische.

Bevor wir uns setzen konnten, fragte unser Gastgeber: „Möchten Sie eine Tasse Kaffee?" – „Gerne nach der langen Fahrt", erwiderte ich. „Ich hole Ihnen eine." – „Soll ich nicht an Ihrer Stelle gehen?", warf ich ein. Schließlich bin ich 18 Jahre jünger, dachte ich. „Sie wissen doch gar nicht, wo es ist", antwortete Herr Schmitz lakonisch. Schon war er aus der Tür, fuhr mit dem Aufzug ins Erdgeschoss und kaufte in der Cafeteria drei Tassen Kaffee.

Im Handumdrehen fuhr er wieder nach oben und war in kürzester Zeit in seiner Wohnung. Alexandra und ich blickten uns erstaunt an. Ein siebenundachtzigjähriger Mann, zugegeben in der besten Verfassung, bediente uns im eigenen Haus. Hätten wir nicht in der Cafeteria angerufen und uns den Kaffee bringen lassen können? Ich sagte es zu Herrn Schmitz und fügte hinzu: „Zumal Ihnen doch das Haus gehört."

„Es gehört mir doch gar nicht", erwiderte er lachend. „Ich habe es längst der katholischen Kirche geschenkt." Er holte Gebäck, bat uns in die gemütliche Sofaecke, und schon waren wir in ein Gespräch über das Haus uns seine Bewohner vertieft. Sie setzten sich nicht aus einem erlesenen Freundeskreis zusammen. Das Haus stand für jeden Bürger und jede Bürgerin aus der Stadt und seiner Umgebung offen. „Ich wohne unter ihnen", sagte unser Gegenüber, „bin einer von ihnen und mische mich in die Heimleitung nicht ein. Freilich wissen alle, dass ich das Haus habe bauen lassen. Manchmal kommen sie dann auch zu mir, wenn sie Probleme haben. Ich kann dann indirekt das eine oder andere zurechtrücken."

„Wo haben Sie gewohnt, bevor Sie hier eingezogen sind?", fragte meine Begleiterin. „Direkt gegenüber. Ist Ihnen die lange Mauer aufgefallen, an der Sie vorbeigefahren sind?" Wir nickten. „Dahinter liegt das Haus meiner Eltern, in dem ich viele Jahre gelebt habe, ein schönes Haus auf einem großen Grundstück." – „Tut das nicht weh, jeden Tag an einem prächtigen Besitz vorbeizugehen und hier in einem Eineinhalb-Zimmerapartment zu wohnen?" – „Nein", sagte der alte Herr, und wieder spielte ein Lächeln um seinen Mund, „das tut nicht weh." Doch nach kurzer Zeit der Nachsatz: „Ich habe einmal Kunstwerke gesammelt, das hat wehgetan, sie zu verkaufen."

Schweigend tranken wir den Kaffee. Werner Peter Schmitz nahm das Gespräch wieder auf: „Sie sind sicher nicht gekommen, um etwas über das Leben eines alten Mannes zu hören." – „Nein", sagte ich. „Sie haben uns geholfen, den ersten Bauabschnitt zu vollenden für eine Werkstatt mit behinderten Menschen und haben 40 jungen Menschen die Chance für eine neue Zukunft gegeben. Sie sind alle geistig und körperlich behindert. Am 22. Juni 2001, im 60. Jahr nach dem Überfall auf die Sowjetunion, haben wir sie eröffnet. So wird auch die Werkstatt zum Zeichen der Versöhnung." Der Stifter nickte. „Benötigt aber werden 250 Plätze. Die Planungen dafür sind abgeschlossen." Wir breiteten die Baupläne vor unserem Gastgeber aus. Wir erklärten, wie wir uns den Weiterbau dachten.

„Und nun?", fragte Werner Peter Schmitz. „Die Werkstatt wird in drei weiteren Schritten vollendet. Im nächsten Schritt sollen weitere 50 Plätze geschaffen werden. Die Baukosten betragen 400.000 €. Aber das Geld haben wir nicht." Ich schwieg, sah mein Gegenüber gespannt an. Er stellte ein paar sehr gezielte Nachfragen. Dann schwieg auch er lange. Man spürte die Spannung, die im Raum lag.

Schließlich unterbrach der Mann, auf den wir so große Hoffnung setzen, das Schweigen. „400.000 € sind viel Geld", sagte er. „Sie wissen, ich habe auch noch andere Projekte." Wieder Schweigen, und dann: „200.000 € gebe ich Ihnen. Das andere müssen Sie an anderer Stelle besorgen."

Er hatte uns 200.000 € zugesagt in nicht einmal einer Stunde. Wir bedankten uns. Ich fragte, ob ich die Bauunterlagen dalassen sollte. Wieder das Lächeln, dann die Antwort: „Sehen Sie sich um, wie eng es hier ist. Wo sollte ich sie lassen? Packen Sie nur alles ein und nehmen es mit."

Für Werner Peter Schmitz war es selbstverständlich, uns zum Bahnhof zu fahren. Wir bestiegen an diesem heißen Maitag das aufgeheizte Auto, das unter einem Glasdach abgestellt war. Eine Garage hatte der alte Mann nicht. Am Bahnhof kümmerte er sich rührend darum, dass wir den richtigen Bahnsteig fanden und in den richtigen Zug stiegen. Freundlich winkt er uns nach, als der Express den Bahnhof verließ.

Wir saßen in dem wohltemperierten Zug und fuhren in die Nacht hinein, erfüllt von dem Gedanken, dass ein Mensch sagen kann: „Mich von all meinem Besitz zu trennen, das hat nicht wehgetan.“

Das Sterben

Im Jahr 2007 ließen die Kräfte des inzwischen Dreiundneunzigjährigen allmählich nach.

Noch wollte er es nicht zugeben. Täglich lief er seine 2–3 km. Täglich unternahm er sein Muskeltraining, um fit zu bleiben. Auch seinen Führerschein behielt er bis sechs Monate vor seinem Tod. Mit seinem inzwischen fast dreißig Jahre alten BMW war er hin und wieder unterwegs. „Ich fahre ja nur sonntags“, sagte er, „da ist wenig Verkehr. Außerdem fahre ich nur noch in einem sehr begrenzten Bereich.“

Noch einmal war unser Gönner im Herbst in Pskow. Wir besuchten die Stätten, die er gefördert hatte. Überall schlugen ihm Hochachtung und eine große Dankbarkeit entgegen. Die meiste Zeit verbrachten wir in der Werkstatt. Mit seiner Hilfe war 2006 der dritte Bauabschnitt fertig geworden. 120 Menschen mit Behinderungen konnten inzwischen aufgenommen werden.

Die beschützende Werkstatt trug inzwischen seinen Namen „Werner Peter Schmitz-Haus.“

Als ich es vorschlug, lehnte er es zunächst schroff ab. Er wollte nicht so hervorgehoben werden. Ich sagte dann: „Es gibt in Russland so viele reiche Leute. Sie haben bisher keinen Rubel für Menschen mit Behinderungen gegeben. Wenn sie über der Werkstatt Ihren Namen lesen, Ihr Porträt am Eingang sehen, dann fragen sie vielleicht, wer ist das, Werner Peter Schmitz? Dann können wir von Ihnen erzählen und sie dadurch zu Spenden anregen.“ – „Meinetwegen“, sagte er damals. „Vielleicht hilft es ja.“

2007 gingen wir durch die Werkstatt. Jede Abteilung interessierte ihn. Als wir in den Förderbereich der Schwerstbehinderten kamen, die oft nur liegen oder im Rollstuhl sitzen und vor sich hinsabbern konnten, sagte er: „Die armen Menschen. Was ist das für ein Leben?“ Ich erwiderte: „Durch Ihre Hilfe sind sie hier geborgen, und immer wieder spürt man, sie fühlen sich hier wohl.“

Nach der Fahrt schrieb ich einen Brief an unseren Gönner:

Gedenktafel in der Werkstatt
(Foto: Volker Raettig)

Duisburg, 9. Oktober 2007

Sehr geehrter, lieber Herr Schmitz,

ich möchte Ihnen noch einmal ganz herzlich danken für die guten und schönen Tage, die wir gemeinsam in Pskow verbringen durften.

Die Wege und Gespräche mit Ihnen haben sich meinem Gedächtnis tief eingeprägt.

Gerade war ich mit meinem neunzehnjährigen Enkel und seiner Freundin noch einmal in Pskow. Sie wollen nach dem Abitur 2008 in Russland in der Schule für geistig behinderte Kinder und im Werner Peter Schmitz-Haus, der Werkstatt, ein soziales Jahr verbringen.

Mit ihnen habe ich die Stätten besucht, an denen wir auch waren. Und ihr Herz für die Kinder war weit geöffnet. Am liebsten hätten sie jeder eins adoptiert.

So sehe ich Sie immer noch mit dem kleinen Jungen auf dem Schoß und höre Ihre Aussage: „Hier gehen wir gar nicht mehr weg."

Sie haben durch die Renovierung der Häuser, die Finanzierung der Musikinstrumente und vieles andere so unendlich viel für die Ärmsten der Armen getan. Kein Wunder, dass Ihr Name immer mit einer ganz großen Hochachtung ausgesprochen wird.

Ich bin glücklich, dass ich mich mit Ihnen verbunden fühlen und manches mit Ihnen gemeinsam tun darf.

Gott behüte jeden Schritt Ihres Lebens.

Mit ganz lieben Grüßen
Ihr Dieter Bach

Auch 2008 plante sein Büro Reisen zu seinen Projekten. Ebenfalls nach Pskow und Petrosawodsk war eine Tour vorgesehen. Immer wieder wurde sie verschoben. Schwindelanfälle ließen ihn befürchten, eine Fahrt nicht durchzustehen. Je näher der Termin der Reise rückte, desto größer wurden seine Befürchtungen. Stand der Termin dann vor der Tür, machte er einen Rückzieher

Ich sah Werner Peter Schmitz in Düsseldorf 2008 zum letzten Mal. Noch einmal konnten wir unsere Gedanken über die geplanten und die durchgeführten Maßnahmen austauschen. Zum letzten Mal flüsterten wir uns zum Abschied zu: „Ich bete für Sie."

Im Sommer nahmen seine Kräfte zusehends ab. Er brauchte eine Hilfe, die für ihn einkaufte. Ihm fiel es schwer, das zuzulassen. Zugleich dankte er für jede Unterstützung, die ihm zuteil wurde. Danke zu sagen, vergaß er niemals.

Im September fuhr er mit dem Zug zum letzten Mal nach Locarno. Wie immer stieg er in seinem Hotel ab, das ihm lieb geworden war. Den Hotelier schätzte er sehr.

Bei einem Spaziergang bekam er einen leichten Schlaganfall und stürzte. Der Hotelier eilte zu Hilfe. Später fuhr er ihn im Auto nach Hünibach. Lange winkte er dem Scheidenden nach.[72]

Bald konnte Werner Peter Schmitz sein Zimmer nicht mehr verlassen. Dankbar war er weiter für jede Hilfe. Er sprach nur noch Englisch. Die Zeit in den Staaten war wohl besonders wichtig für ihn, hatte er doch sogar die Staatsbürgerschaft der USA besessen.

Werner Peter Schmitz schlief viel. Am Heiligenabend reichte ihm sein Priester die Krankensalbung und segnete ihn. Der Stifter flüsterte: „The same for you." In der Nacht starb er friedlich.

Am 6. Januar 2009 wurde er unter großer Anteilnahme seiner Freunde auf dem Friedhof in Thun-Hünibach beigesetzt.

Der Gottsucher, den Gott gefunden hat

Auszug aus meiner Ansprache anlässlich der Gedenkfeier im Werner Peter Schmitz-Haus

Januar 2009

Die Männer, die Gottes Weisheit bewahrt und vielen Menschen den Weg zum Leben gezeigt haben, werden leuchten wie die Sterne am Himmel.
Daniel 12,3

Werner Peter Schmitz war ein Mann, der loslassen konnte.

Und er war ein Mensch, der sein ganzes Leben hindurch danach suchte, Christus nachzufolgen, seinen Willen zu erfüllen. Er wurde mir in den letzten 10 Jahren zum Vorbild.

Werner Peter Schmitz wurde im Reichtum geboren. In Amerika führte er ein Leben des Kunstliebhabers und des Theater- und Literaturliebhabers.

Zugleich studierte er die Bibel und viele Schriften der Weltreligionen auf der Suche nach Gott. Die Nachfolge Jesu wurde für ihn immer wichtiger.

Daneben liebte er Kinder und sehnte sich sehr nach einer Frau und eigenen Nachkommen. Aber auf beides verzichtete er bewusst.

1956 kehrte er in die Schweiz zurück und pflegte seinen Vater, seinen Bruder und seine Mutter bis zum Tod. Sie sind in seinen Armen gestorben. Aus dieser Zeit stammt sein Leitspruch „Nächstenliebe beginnt zu Hause."

Als Alleinerbe eines großen Besitzes ist ihm klar: Geld verdienen kann doch nicht alles sein. Er stößt auf das Wort der Bibel „Verkaufe, was du hast, und gib es den Armen".

Das Geld, das er und seine Familie erworben haben, dient nur noch einem Zweck: Menschen in Not zu helfen.

Vielen in aller Welt hat Werner Peter Schmitz geholfen. Die behinderten Menschen in Russland, in der Schule, in der Werkstatt, sie könnten nicht in der Geborgenheit leben, die sie jetzt genießen dürfen, hätte es Herrn Schmitz nicht gegeben. Das Blasorchester Helikon hätte nicht so fröhlich spielen können.

Der selbstlose Stifter hatte erkannt: Wirklich leben kann nur der, der aus der Teilhabe lebt, die den andern teilhaben lässt an dem, was Gott uns zugedacht hat.

Am 6. Januar, dem Tag der Weisen aus dem Morgenland, wurde er beerdigt. In Thun in der Schweiz fand ein Dankgottesdienst statt, gehalten von einem katholischen Priester, seinem Beichtvater, der den Gottesdienst sehr schön gestaltete. Ich als evangelischer Christ fühlte mich ganz in diese Gemeinschaft hineingenommen.

Es war der Dank, dass wir mit dem Menschen Werner Peter Schmitz ein Stück unseres Lebens gemeinsam gehen durften. Es war der Dank für den Segen, den Gott durch seine Hände gespendet hat.

17. Die politische Großwetterlage hat sich geändert
Mai 2015: 70 Jahre nach dem Ende des Zweiten Weltkriegs

Die Großwetterlage hat sich geändert

1985 habe ich die ersten Kontakte zu Russland, damals war es noch die Sowjetunion, aufgenommen. Damals gab es noch die Sowjetunion. Der Versöhnungsgedanke mit den Menschen in Russland, denen wir im Zweiten Weltkrieg so viel Leid zugefügt hatten, war der tragende Gedanke. Gesellschaftliche und kulturelle Überlegungen bestimmten das Handeln in vielen Tagungen der Rheinischen Akademie, in vielen Begegnungen und öffentlichen Veranstaltungen. Die Unterstützung in sozialen Fragen wurde als Erstes von Klaus Eberl und der Gemeinde Wassenberg aufgegriffen. Er baute und unterhielt das HPZ, die erste Schule in Russland für Kinder mit geistigen und schweren körperlichen Behinderungen.

Beide Bereiche haben sich in der Satzung der 1998 gegründeten Initiative Pskow niedergeschlagen, in der es heißt:

Der Verein gibt … Impulse für die Unterstützung kirchlicher, sozialer und kultureller Vorhaben sowie der Fort- und Weiterbildung in der Region Pskow einschließlich der sich daraus ergebenden Kontakte zu anderen Einrichtungen und Institutionen.[73]

Doch die Gesellschaft Russlands und die Wahrnehmung der russischen Regierung im Ausland haben sich sehr gewandelt. Unterschiedliche Bilder sind entstanden oder auf unterschiedliche Weise wahrgenommen worden, je nachdem, wie es das handlungsleitende Interesse vorgab.

Unter Michail Gorbatschow setzte sich bei den Russen immer stärker der Gedanke fest: So wie er die DDR preisgegeben hat, so kann er auch auf Dauer die Teilstaaten nicht in einer alle verbindenden politischen Union zusammenhalten. Zudem breitete sich der Mangel an Lebensmitteln und lebenswichtigen Gütern mehr und mehr aus. Die Geschäfte waren leer. Die Gehälter wurden über Monate nicht gezahlt. Das Alkoholverbot rief großen Unwillen hervor.

Als Boris Jelzin das höchste Staatsamt übernahm, wurde nichts besser. Jetzt verabschiedeten sich vor allem die peripheren Teilstaaten endgültig. Die Sowjetunion zerfiel. Schlupflöcher in der demokratischen Verfassung geschickt, legitim oder illegitim nutzend, griffen einige Mächtige raffgierig zu; es entstand das System der Oligarchen: finanzkräftige Mächtige, die ihren Reichtum zum größten Teil durch betrügerische Machenschaften erworben hatten. Heute sitzen sie fest im gesellschaftlichen Sattel. Und durch ihr protziges Auftreten machen sie den Namen Russlands heute stinkend.

Nach dieser Wandlung zum Schlimmen kam bei uns der Gedanke auf: Warum sollen wir Russland helfen? Sollen es doch ihre Reichen tun. Diese berechtigten Fragen haben uns nachdenklich und für kurze Zeit unsicher gemacht in unserer Zielsetzung.

Als Wladimir Putin zur Jahrtausendwende die Macht übernahm, wurde im Land vieles besser. Die Geschäfte füllten sich mit Waren, die Gehälter und Löhne wurden regelmäßig gezahlt. Doch der Staatspräsident sah auch: Russland wurde in die Knie gezwungen. Es hatte den Kalten Krieg verloren. Es war nicht mehr die Weltmacht auf Augenhöhe mit den USA, wie es vor 1985 war. Diesen Bedeutungsverlust wollte Putin revidieren. „Steh auf von deinen Knien, Russland", wurde seine Losung. So führte er den Krieg gegen Tschetschenien, griff in den Georgienkonflikt ein, brachte die Krim an Russland und will auch jetzt die Ukraine nicht der NATO überlassen. Wer das Wort „der Russe ist stolz auch ohne Hosen am Hintern" im Ohr hat, kann sich leicht denken, was das forsche Auftreten Putins auf der Weltbühne im eigenen Land für ihn bedeutete: 2014 , in dem Jahr, in dem ich an diesem Buch gearbeitet habe, ist sein Ansehen im Volk größer als je zuvor.

In dem Maße, in dem Putins gesellschaftliches Ansehen in seinem Volk stieg, in dem Maße nahmen die Sympathien für Russland im Westen ab.

Russland ist reich, hieß es dort. Es braucht und verdient unsere Unterstützung nicht mehr. Das Ministerium für Wirtschaftliche Zusammenarbeit strich Russland von der Zuschussliste. Der Expertenseniorendienst tat es ihm gleich. Immer mehr Stiftungen folgten diesem Beispiel.

Die Werner Peter Schmitz-Stiftung lässt ihre Zuschüsse 2015 auslaufen. Die Bosch Stiftung konzentriert sich im Osten auf Länder wie Moldawien und Weißrussland.

Die Initiative Pskow erklärt: Keine finanzielle Hilfe mehr in Bausubventionen. Sicherlich kann sie die Anstrengung, wie sie für den vierten Bauabschnitt der Werkstatt nötig war, so schnell auch nicht wieder aufbringen. Aber ist ein solch grundsätzlicher Entschluss in der Lage hilfreich?

Leider ist Russland als Staat wirtschaftlich zurückgeblieben. Ein Grund dafür ist sicherlich eine verfehlte Politik. Die Regierung in Moskau setzt fast ausschließlich auf die Gewinne aus dem Öl- und Gasgeschäft, hat es aber versäumt, ihr Wirtschaftssystem als Ganzes zu modernisieren und zu dynamisieren.

- Die Autoproduktion liegt darnieder. Auch die Regierungsstellen fahren ausschließlich mit Wagen aus Japan, Amerika und Deutschland. In Pskow lässt sich das gut beobachten.
- Der russische Flugzeugtyp Tupolev wurde durch Airbus und Boeing ersetzt.
- Die Rüstungsindustrie ist veraltet.
- Selbst in der Weltraumforschung gehen Russland die klugen Köpfe aus. Sie wandern mehr und mehr ins Ausland ab.
- Die Landwirtschaft liegt hoffnungslos am Boden. Milliarden und Abermilliarden Dollar müssten investiert werden, um sie wieder zu restrukturieren.

2014 wurde in Deutschland verkündet, dass der Solidaritätsbeitrag der Bürger für die neuen Bundesländer auch noch über 2019 gezahlt werden müsse, da die Angleichung an die alten Bundesländer immer noch nicht erreicht sei. Das ist dann ein Zeitraum von mehr als 30 Jahren!

Was wird es Russland kosten, nicht nur Renten, Gehälter und das schon in Russland marode Gesundheitssystem auf der Krim zu entwickeln? Hinzu kommt, dass die Gas- und Wasserversorgung von der Ukraine auf Russland umgelenkt werden muss.

Kommen Teile der Ostukraine oder andere Länder hinzu, bedeutet das höchstwahrscheinlich Russlands endgültigen Bankrott.

Warum verkünden die Vertreter der Regierung aus Pskow bei ihren Gesprächen in den Ministerien in Moskau immer wieder, ob es sich um das HPZ, den Kindergarten, die Werkstatt oder das Soziale Viertel handelt, hier ginge es um ein russisch-deutsches Projekt? Doch nur, weil sie auf diesem Wege auf weitere Zuschüsse von der Zentrale rechnen können.

Kommt von deutscher Seite kein Geld, so fürchte ich, bleibt auch die Hilfe aus Moskau aus.

Das Geld muss dort in die neuen Gebiete investiert werden. Und da bleibt das Soziale als Erstes auf der Strecke. Meine persönliche Meinung ist: Der undurchsichtige Kurs, den der Oblast uns gegenüber zur Zeit fährt, beruht auf Entscheidungen in Moskau.

Das Soziale Viertel – ein reales Hoffnungszeichen für die Zukunft?

Wie sieht dieser Kurs aus?

2010 verkündete der Oblast stolz: Auch das haben wir von euch in Deutschland gelernt.

Ursprünglich planten wir, eine vierte sogenannte neurologische Klinik für behinderte Erwachsene in den Wald zu setzen. Aber jetzt wissen wir:

Es gibt bessere Lösungen, menschengerechtere. So kam es zu dem Entschluss: Wir bauen ein Soziales Dorf in Pskow.

Die deutsche Seite stimmte voll zu, stand es doch auch auf ihrer Agenda, Wohnungen für Menschen mit Behinderungen in der Stadt zu schaffen. Die Initiative Pskow benannte zwei Verantwortliche für das Projekt. Einer von ihnen legte sofort eine Skizze vor, wie ein solches Dorf aussehen könnte. Der Oblast reichte sie in Moskau mit ein.

Begonnen … und wie geht es weiter?
(Foto: Dieter Bach)

Auf Wunsch der Vizegouverneurin Vera Emelajanowa suchten wir in Deutschland einen Architekten für das Viertel. Hans Paskert fand ihn in dem weit über Deutschland hinaus bekannten Sozialarchitekten Eckhard Feddersen. Er erklärte sich zur Mitarbeit sofort bereit und nahm an der Grundsteinlegung teil.

Einvernehmlich erklärten die russische und deutsche Seite am 1. August 2011:

„In einem Wettbewerb soll ein russisches Architekturbüro gefunden werden. E. Feddersen soll als Berater einbezogen werden. Das bedeutet: Ein russisches Architekturbüro, das die Ausschreibung gewinnt, erhält die Auflage, E. Feddersen als Berater hinzuzuziehen und mit ihm einen entsprechenden Vertrag zu schließen.“

Weiter berichtete Armen Mnazakanjan, dass Regierung und Verwaltung in Moskau daran interessiert seien, dass die Arbeiten schnell aufgenommen werden und bis Ende 2013 abgeschlossen sein sollten. Ein großer Teil der erforderlichen Summe würde durch den Rentenfonds Russlands zur Verfügung gestellt.

Am **4. November** fand eine weitere Sitzung statt mit dem Leiter der Sozialabteilung, Armen Mnazakanjan, und der Leiterin seines Finanzressorts, Idina Bernazkaja.

Ich berichte aus einem neuerlichen Telefongespräch mit E. Feddersen, das ich am 2. November führte:

Herr Feddersen ist bereit, sofort kostenlos eine Handskizze für das Viertel zu erstellen.

Für drei alternative Entwürfe muss er selbst einen innerbetrieblichen Auftrag erteilen. Die Kosten dafür betragen ca. 5.000–6.000 €. Bei einer Zusage durch die Pskower Seite, diese Kosten zu übernehmen, kann die Lieferung sofort erfolgen.

Herr Mnazakanjan und Idina Bernazkaja erklären:

Die 5.000 oder 6.000 € für die Entwürfe werden durch den Oblast selbstverständlich gezahlt.

Armen Mnazakanjan wäre E. Feddersen dankbar, wenn er die Entwürfe möglichst bald erhielte. Die Ausschreibung für den russischen Architekten sei inzwischen erfolgt. Die konkreten Schritte können unmittelbar eingeleitet werden.

Der Wettbewerb wurde ausgeschrieben. Doch schon vor der dem Eröffnungstermin stand fest, dass Igor Drankevich den Zuschlag erhält. Wie es dazu kam, entzieht sich meiner Kenntnis.

Durch die Leitung des Oblast wurde Drankevich darauf aufmerksam gemacht, dass ein Untervertrag mit Eckhard Feddersen als Berater abzuschließen sei, in dem auch die Kosten für die gelieferten Entwürfe enthalten sein sollen. Der Abschluss des Vertrages aber erfolgte nicht. So blieb der Oblast dem deutschen Architekten schließlich nach weiteren Planungsarbeiten 10.000 € plus Mehrwertsteuer schuldig.

Sehr bald stellte sich heraus, dass die Pläne des deutschen und des russischen Architekten sehr weit auseinanderklafften. Inklusion schien für Igor Drankevich ein Fremdwort zu sein.

Die von ihm vorgelegten Arbeiten wurden am 26. Mai 2013 von Eckhard Feddersen und mir abgelehnt.

Würden die Pläne des russischen Architekten keine positiven Veränderungen erfahren, müsste die Zusammenarbeit aufgegeben werden. Eine Mitarbeit am Bau eines Sozialen Viertels, eines Prestigeobjektes für Russland und die deutsch-russische Zusammenarbeit, das schon in seiner Planung rückwärtsgewandt ist und deshalb keinen sozialen Fortschritt bringen kann, ist nicht zu verantworten.

Doch in der folgenden Besprechung am 28. April 2014 in Pskow deutete sich eine scheinbar positive Veränderung an. Der Oblast und die Initiative Pskow vereinbarten:

Da der Oblast aufgrund der russischen Baubedingungen nicht einen deutschen und einen russischen Architekten gleichzeitig bezahlen darf, übernimmt die deutsche Seite die Vergütung von Eckhard Feddersen in Höhe von 10.000 € plus Mehrwertsteuer.

Für den Weiterbau sollen 2014 60 Millionen Rubel (1.200.000 €) bereitgestellt werden. Sie werden nach Berufung des neuen Generalunternehmers in Übereinstimmung mit den Veränderungsvorschlägen von Eckhard Feddersen verbaut.

Im August dieses Jahres werden beide Seiten gemeinsam planen.

Die Baupläne für das für die Behinderten vorgesehene Haus werden im Juni zugesandt, damit sie überarbeitet werden können.

Die Vorschläge der deutschen Seite werden voll berücksichtigt.

Dieser Gesprächsbeginn ließ uns wieder hoffen. Doch dann erfolgte am 24. Juli 2014 ein erneuter Rückschlag.

An diesem Tag fand in der Werkstatt in Pskow ein Gespräch statt, an dem fast der ganze Vorstand der Initiative Pskow beteiligt war. Außerdem waren Armen Mnazakanjan, Alexandra Pyshowa und ich anwesend. Klaus Eberl, der Vorsitzende der Initiative, leitete die Unterredung.

Er machte darauf aufmerksam, dass das Soziale Dorf nicht Sache der Initiative sei. Aber sie begleitete die Beratungen durch meine Beauftragung. Finanzielle Mittel für das Projekt können nur über mich eingeworben werden.

Daraufhin begann Armen Mnazakanjan recht positiv:

1. Am 5. August werde der Gouverneur nach Moskau reisen. Er solle vor dem Rat Putins eine Rede über die Situation in Pskow halten. Er werde darauf hinweisen, dass beim Sozialen Viertel der Hauptberater die deutsche Seite sei.
2. Die Baugenehmigungen für das Viertel würden im Dezember auslaufen. Danach könnten Veränderungen vorgenommen werden.

Doch dann folgten niederschmetternde Mitteilungen:

Die Summe des für 2014 zur Verfügung gestellten Geldes betrug nur noch 22 Millionen Rubel (nicht ganz 500.000 €). Das Geld müsse bis Jahresende verbaut sein. Deshalb könne kein neuer Generalunternehmer benannt werden. Das begonnene, von deutscher Seite abgelehnte Haus müsse weitergebaut werden. Veränderungen daran könnten nicht vorgenommen werden, da das mit erheblichen Kosten verbunden sei. Das Geld dafür stünde auf russischer Seite nicht zur Verfügung.

War damit das Ende der Zusammenarbeit auf diesem Feld erreicht? Sah man die Gesichter an, lag bei jedem diese Vermutung nahe.

Klaus Eberl startete einen letzten Versuch:

Da die Baupläne für das Behindertenhaus nicht ausgedruckt werden könnten, seien sie in einem in Deutschland zu öffnenden Format in der nächsten Woche an Eckhard Feddersen zu senden.

E. Feddersen überprüfe die Pläne umgehend. Er solle mitteilen mit, was verändert werden müsse, um dem Gedanken der Inklusion gerecht zu werden.

Die russische Seite solle mitteilen, was davon machbar und was nicht machbar sei. Danach entscheide sich, ob die weitere Unterstützung durch Eckhard Feddersen und mich sinnvoll sei oder nicht.

War das ein letzter Versuch, um zu retten, was noch zu retten ist? Wird dieses ungeduldige Abwartenmüssen doch noch zu einem glücklichen Ende führen?

Wieder vergingen Monate. Endlich, am 29. September, hatte Eckhard Feddersen lesbare Pläne vorliegen. Einen Tag später trafen wir uns in Trier. Der Berliner Architekt baute dort gerade ein Studentenwohnheim, völlig barrierefrei. In einem Studentenlokal hatte Herr Feddersen zwei Tische zusammengestellt. Die Zeit war knapp. Um auch nur einen Imbiss einzunehmen, reichte sie nicht. Gemeinsam neigten wir uns über die Pläne.

Das Urteil blieb vernichtend.

Am nächsten Tag schon flog ich nach Pskow. Die erste Stellvertreterin des Gouverneurs, Vera Emeljanowa, empfing mich. Ich trug schonungslos vor:

Vera Emeljanowa, die erste Stellvertreterin des Gouverneurs (Foto: Volker Raettig)

E. Feddersen hatte nach mehreren vergeblichen Anläufen 39 Bogen mit Planungsunterlagen für das Soziale Viertel erhalten. Davon konnten 16 überprüft werden. Sein Urteil insgesamt lautete: Wirklich barrierefreies Bauen ist nicht einmal im Ansatz sichtbar. Wären wenigstens die gesetzlichen Vorlagen der BRD von 1972 eingehalten worden, ganz zu schweigen von den Vorschriften von 1990! Für ein solches in die Vergangenheit zurückgewandtes Projekt darf sein Name nicht ins Spiel gebracht werden.

Ich trug die Einzelheiten vor und fasste dann zusammen:

Die Wohnungen für Familiengruppen Behinderter entsprechen in keiner Weise den Anforderungen weder in der Raumgröße noch in der Zuordnung der Räume noch in der Anzahl der Toiletten und Nasszellen noch in den Abstellmöglichkeiten für Rollstühle noch in den Lademöglichkeiten elektrischer Rollstühle …

Eckhard Feddersen und ich sehen für die Zukunft drei mögliche Lösungen:

1. Veränderungen sind nicht möglich. Dann müssen wir uns beide zurückziehen, weil wir es nicht verantworten können, an einem Projekt mitzuarbeiten, das nicht einmal die deutschen Bedingungen von 1972 erfüllt.

2. Ist der Oblast in der Lage, das für die Gruppen behinderter Menschen vorgesehene Haus ganz neu durchzuplanen, ist Eckhard Feddersen bereit, eine ausführliche Planungsskizze zu erstellen, die von einem russischen Architekturbüro als Reinzeichnung ausgearbeitet werden kann. Wird das verwirklicht, steht dafür Eckhard Feddersen mit seinem Namen zur Verfügung und Dieter Bach ist bereit, sich um die Einwerbung finanzieller Mittel zu bemühen.

3. Können alle Häuser neu durchgeplant werden, stellen beide Herren ihre Arbeitskraft zur Verfügung.

Vera Emeljanowa erwiderte, sie habe von den anscheinend unzureichenden Bauplanungen nichts gewusst. Sie nehme das Vorgetragene sehr ernst. Sie werde in der kommenden Woche den Gouverneur, der sich zur Zeit noch im Urlaub befindet, nachdrücklich unterrichten. Die deutsche Seite werde über das Ergebnis umgehend informiert.

Die Antwort ging am 23. Oktober ein:

Verwaltung des Oblast Pskow Herrn Dr. Dieter Bach
Sozialabteilung Bevollmächtigter für Soziale Fragen
23. Oktober 2014 des Oblast Pskow
Mitglied der Initiative Pskow

Sehr geehrter Dieter Bach, lieber Freund,
herzliche Grüße aus Pskow

Vera Emeljanowa, die erste Stellvertreterin des Gouverneurs, hat mich beauftragt, Dir die Stellungnahme der Oblastleitung schriftlich mitzuteilen:

1. Die russische Seite überträgt die Zuständigkeit für das Wohnhaus für Menschen mit Behinderungen an Eckhard Feddersen und Dieter Bach. Sie werden den inneren Ausbau nach ihren Plänen gestalten. Die ausführlichen Skizzen, die der deutsche Architekt kostenlos erstellt, werden in einem russischen Planungsbüro als Baupläne gezeichnet.

2. Nach der offiziellen Genehmigung der Pläne werden die russische und die deutsche Seite gemeinsam den ausführenden Bauunternehmer bestimmen und sie werden die Baukontrolle und Finanzierung gemeinsam festlegen.

Ein solches wirklich barrierefreies Haus hilft uns, die anderen Häuser entsprechend zu verändern.

3. Die Finanzierung des gesamten Komplexes ist noch nicht gesichert. Wie weit kann die deutsche Seite die Finanzierung für das Musterhaus sicherstellen?

In Anerkennung und Dankbarkeit für die bisher geleistete Hilfe und Beratung
Dein Freund Armen Mnazakanjan

Eckhard Feddersen und Dieter Bach erklären sich sofort bereit, ihre Arbeit unter diesen Bedingungen fortzusetzen.

Meine Gedanken wandern zurück zum 26. Mai 2013. An die Stelle meiner tiefen Enttäuschung vor 18 Monaten ist neue Hoffnung getreten: Wir können das Bild der sozialsten Stadt Russlands vollenden vom Frühförderungszentrum über Schule und Werkstatt bis hin zum Wohnen von Menschen mit Behinderungen in menschenwürdigen Wohnungen mitten in der Stadt.

Auf anderen Gebieten wird die Initiative Pskow ebenfalls weiterarbeiten.

Die Arbeit auf der gesellschaftlichen und kulturellen Ebene erhält einen neuen Schub

Martha Vahrenkamp, die Schatzmeisterin der Initiative Pskow, wusste, dass die Initiative sich nicht nur die soziale, sondern auch die kulturelle und gesellschaftliche Zusammenarbeit mit der Region Pskow auf die Fahne geschrieben hat.

Mit einer zwölfköpfigen Delegation flog sie im Juli 2014 nach Pskow. Am 24. Juli 2014 jährte sich zum 70. Mal die Befreiung der russischen Stadt aus der deutschen Gewaltherrschaft. Einen Tag später feierte Pskow das 1.111-jährige Bestehen der Stadt. Zugleich lag dann der erste Spatenstich zur Errichtung der Werkstatt genau 15 Jahre zurück. Martha Vahrenkamp und Alexandra Pyshowa brachten in das durch die Stadtverwaltung vorbereitete umfangreiche Festprogramm weitere Vorschläge der deutschen Seite ein. So sollte besonders an die Gewaltherrschaft der Deutschen im Krieg erinnert werden.

Zur deutschen Delegation gehörte auch der freie Journalist Christian Lüders. Er hatte einen Film entdeckt. Er ruhte im Filmarchiv in Wien. Gedreht hatte ihn ein deutscher Soldat 1942 in Pskow.

Der Film schildert das Leben und Sterben in einem russischen Kriegsgefangenenlager der Stadt.

Christian Lüders führte sehr behutsam in den Film ein.

Ganz ruhig beginnt der Streifen, schwarz-weiß, ohne jeden Ton: Deutsche Soldaten stapfen als Bewacher durch den Schnee rund um das Lager.

Dann taucht ein langer Zug russischer Kriegsgefangener und Zwangsarbeiter auf. Nach der harten Sklavenarbeit dieses Tages schleppen sie sich zurück durch das Lagertor aus Stacheldraht. Ein Sadist treibt die aus Schwäche Zurückgebliebenen vor sich her. Unbarmherzig schlägt er mit der Lederpeitsche auf sie ein, tritt ihnen mit seinen Stiefeln immer wieder ins Kreuz und hat augenscheinlich seine Freude daran. Szenenwechsel: Ein Mann wird öffentlich vor einer der Baracken erhängt. Ein Soldat gibt ihm einen Tritt. Er baumelt am Seil. Letzte Szene, die Verstorbenen, und sie sterben in dem eisigen Winter täglich zu Hunderten, werden nackend ausgezogen und ihre ausgemergelten Körper brutal auf einen Karren geworfen und fortgeschafft.

Der Saal war dicht gefüllt. Schweigend nahmen die meist alten Leute den Film auf. Tiefes Schweigen herrschte nach seinem Ende.

Dann erzählte ich, dass mir vor einigen Jahren ein Mann einen langen Brief geschrieben hatte. Er berichtete, dass er als Siebzehnjähriger in einem Lager mit deutschen Kriegsgefangenen in Pskow saß. Sie hatten eine Lagerkommandantin, etwa 25 Jahre alt, streng, gerecht und barmherzig zugleich. Sie sah in den Gefangenen Menschen, die ihr anvertraut waren. Als sie nach zwei Jahren abberufen wurde, schenkten ihr die Gefangenen einen riesigen Blumenstrauß, den sie gepflückt hatten. Und sie bekannte mit feuchten Augen 1947, dass es der erste Blumenstrauß ihres Lebens gewesen war.

Nun wagten einige alte Frauen auch, von sich zu erzählen. Und sie berichteten nur von den guten Taten, zu denen Deutsche auch fähig waren. So erzählte eine sehr alte Frau:

Die Deutschen trieben junge Mädchen zusammen, die als Zwangsarbeiterinnen nach Deutschland verschleppt werden sollten. Ein deutscher Soldat verhalf ihr, der Sechzehnjährigen mit einem neugeborenen Kind, zur Flucht. Sie konnte entkommen.

Eine andere erzählte: „Ich saß mit meiner Mutter als Kind mitten in der Frontlinie in einem Erdloch. Genau über diesem Loch wollten die Deutschen einen Panzer platzieren. Meine Mutter bat sie um ihrer Kinder willen, einen anderen Platz zu wählen. Sie haben es getan. Und so habe ich überlebt."

Am Massengrab von 60.000 umgekommenen Kriegsgefangenen und Zwangsarbeitern sprach Martha Vahrenkamp:

1991 stand ich zum ersten Mal an diesem Feld des Gedenkens. Damals wie heute erfüllen mich Entsetzen, Trauer und Scham. Ich bin froh, hier auch 70 Jahre nach der Befreiung von der deutschen Gewaltherrschaft zu stehen. Ich erinnere mich an den grausamen Film vor zwei Tagen über die Leiden und die Qual der Zwangsarbeiter und Kriegsgefangenen in Pskow. Gut, dass Russen und Deutsche ihn heute gemeinsam sehen konnten, dankbar, dass die Russen die Hand zur Versöhnung ausgesteckt und unsere Hand ergriffen haben. Es zeigt: Versöhnung über den Gräbern ist möglich. Die Brücke ist geschlagen und sie wird Bestand haben.

Zu einem fröhlichen Fest wurde die Rückbesinnung auf den ersten Spatenstich zur Errichtung der Werkstatt. Alle waren wieder gekommen, der Gouverneur, der Stadtpräsident, der parlamentarische Staatssekretär für soziale Fragen, vor allem aber die Menschen mit Behinderungen sowie ihre Eltern und natürlich wieder die Brassband des Kinderfamilienhauses mit Alexandr Roor.

Es wurde gesungen, die Band spielte und die Behinderten tanzten.

Alle Redner, angefangen bei dem Gouverneur Andrej Turtschak bis zum Direktor der Werkstatt, rühmten ihr Unikat in der Stadt Pskow: die Werkstatt für Menschen mit Behinderungen.

Die Initiative Pskow überreichte als Geschenk einen Traktor mit Anhänger für die Arbeit im Garten und im Gelände.

Am Nachmittag und Abend des gleichen Tages erlebten wir, dass der Gouverneur bei drei weiteren Auftritten immer wieder das Geschenk der Deutschen lobend herausstellte.

Auch das ist ein Zeichen dafür, wie wichtig und grundlegend für die Russen die Zusammenarbeit mit einer deutschen Initiative ist.

Das wird Zukunft haben. 2015 zur Erinnerung an das Ende des Zweiten Weltkrieges reist vom 5. bis zum 10. Mai eine Jugenddelegation nach Pskow. Sie wird die Initiative offiziell vertreten. Ein Besuch auf dem deutschen Soldatenfriedhof in Sebesch steht ebenso auf dem Programm wie der der Erinnerungsstätte Krasucha, eines von vierzig Dörfern, das die Deutschen im Krieg ganz ausgemordet haben, weil sie dort die Unterstützung russischer Partisanen vermuteten.

Den Höhepunkt bilden die Feierlichkeiten in der Stadt Pskow. Sie sind geprägt vom Gedanken der Versöhnung, der in der Sozialen Stadt Pskow Wirklichkeit geworden ist.

Anmerkungen

[1] Initiative Pskow, Rundbrief 47, S. 5, Oktober 2013.
[2] Evangelische Denkschrift mit einem Vorwort von Präses D. Kurt Scharf, 1965.
[3] *Krusche, Werner*, Ich werde nie mehr Geige spielen können, Erinnerungen, Stuttgart: Radius-Verlag 2007.
[4] Beschlüsse der Landessynode der EKiR, S. 174f., Düsseldorf 1986.
[5] Hans-Adolf Jacobsen, Wikipedia, Hans-Adolf Jacobsen, Vom Glück auf dieser Erde, Impressionen aus meinem Leben (1925–2002), Privatdruck 2002, Persönliche Begegnungen.
[6] Karl-Heinz Ruffmann, Wikipedia, Persönliche Begegnungen, Norddeutsches Kulturwerk, S. 217.
[7] Wilhelm Kahle, Wikipedia, Persönliche Begegnungen.
[8] Beschlüsse der Landessynode der EKiR, S. 174f., Düsseldorf 1987, S. 410.
[9] 16 Thesen zur historischen und politischen Belastung und Perspektiven auf dem Weg der Versöhnung mit den Völkern der Sowjetunion, in: Erinnern und versöhnen, Hg. Dieter Bach, S. 7ff., Düsseldorf 1988.
[10] Erinnern und versöhnen, a.a.O., S. 3.
[11] Juni-Heft 1941, „Mitteilungen für die Truppe", zitiert nach Wigbert Benz, „Der Russlandfeldzug des Dritten Reiches, Haag und Herchen, Frankfurt a.M. 1986, S. 80.
[12] *Dieter Bach / Wladen Smirnow* (Hg.), Deutsche Spuren in einer russischen Stadt, Peter Hammer Verlag, Wuppertal 1997, S. 192f.
[13] Erinnern und versöhnen, a.a.O., S. 112.
[14] Paul Celan, Die Todesfuge.
[15] Erst im Dezember 1991 trat Gorbatschow als Staatspräsident zurück. Die rechtliche Nachfolge trat Russland mit Präsident Boris Jelzin an.
[16] *Oleg Prudkov / Dieter Bach* (Hg.), Wer sitzt morgen im Kreml?, Peter Hammer Verlag, Wuppertal 1992.
[17] Wikipedia Tichon, Patriarch von Moskau.
[18] Wikipedia Sergius I., Patriarch.
[19] Wikipedia Alexius I.
[20] Wikipedia Pimen I.
[21] Wikipedia Alexius II., Persönliche Begegnung.
[22] Siehe dazu auch „Deutsche Spuren in einer russischen Stadt", S. 186ff., und *Dieter Bach / Iwan Kalinin*, „Ich habe in dein Herz gesehen", Klartext-Verlag, Essen 2003, S. 66ff.
[23] „Wenn Fremde sich langsam näherkommen", in evangelisch.de, 24.11.2009.
[24] Siehe auch: Ost–West, europäische Perspektiven, Renovabis, Heft 2/2003 Daraus: *Heiko Overmeyer*, „Die Dialoge von Arnoldshain und Sagorsk und die friedensethische Diskussion".
[25] Jacobsen, Hans-Adolf / Dollinger, Hans u.a. (Hg.), Der Zweite Weltkrieg, Löwit-Desch Verlag, Wiesbaden/München 1968.
[26] Liberal 1/3 1995.
[27] Im Polnischen Ökumenischern Rat sind seit 1946 folgende Kirchen zusammengeschlossen: die polnische orthodoxe Kirche, die lutherische Kirche, die reformierte Kirche, die Methodisten, die Baptisten, die Altkatholiken. Sie unterhalten gemeinsam eine theologische Fakultät und bilden ein Gegengewicht gegen die sonst übermächtige Römisch-Katholische Kirche. (Siehe auch: EKD, Evangelische Kontakte und Partnerbeziehungen zu Kirchen in Mittel- und Osteuropa, *Kirchenamt der EKD* [Hg.], Hannover 1/2012.)
[28] Siehe auch Wikipedia, Der Warschauer Aufstand.
[29] Beschlüsse der Landessynode der EKiR 1995, S. 205f.
[30] 50 Jahre danach, Russische Kultur an Rhein und Ruhr, Pressespiegel, *Martina Plum*, hg. im Auftrag des Landes NRW, Düsseldorf 1995.
[31] Pressespiegel, a.a.O., S. 10.
[32] Pressespiegel, a.a.O., S. 12.
[33] Westdeutsche Allgemeine Zeitung, 6. März 1995.
[34] Pressespiegel, a.a.O., S. 43.
[35] Pressespiegel, a.a.O., S. 99.
[36] Hey, Pressespiegel, a.a.O., S. 101.
[37] Der Weg, Wochenzeitschrift der EKiR, 26.3.1995, Kristina Struck.

[38] Neue Ruhr-Zeitung, 26.3.1995.
[39] Pressespiegel, a.a.O., S. 66ff.
[40] Westdeutsche Allgemeine Zeitung, 6. März 1995.
[41] Ruhr-Nachrichten, Silvia Pauli, 7. März 1995111.
[42] Neue Ruhr-Zeitung, 6.3.1995, wbg.
[43] Rheinische Post, Joachim Preuss, 11.3.1995.
[44] Ruhrwort, 18.3.1995, mb.
[45] Neue Westfälische Rundschau, Stefan Brams, 7.3.1995.
[46] Neue Ruhr-Zeitung, 10.3.1995.
[47] Westdeutsche Allgemeine Zeitung, 15.3.1995.
[48] Neue Ruhr-Zeitung, 9.3.1995, kg.
[49] Ich habe in dein Herz gesehen, a.a.O., S. 53
[50] Ich habe in dein Herz gesehen, a.a.O., S. 188.
[51] Rundbrief Nr. 9 der Initiative Pskow in der EKiR e.V., Oktober 2003 / Nr. 8, S. 1.
[52] Frankfurter Rundschau, 11.3.2007.
[53] Die Namen sind dem Verfasser bekannt.
[54] Der Name ist dem Verfasser bekannt.
[55] Rundbrief 29, Juni 2009.
[56] Rundbrief 16 der Initiative Pskow, 2006, S. 1.
[57] Rundbrief der Initiative Pskow Nr. 16, 2006.
[58] Siehe die Rundbriefe der Initiative Pskow Nr. 18 und Nr. 19, 2006.
[59] Siehe Rundbrief Nr. 22, 2007, S. 2.
[60] Gästebuch der Werkstatt für Menschen mit Behinderungen in Pskow, S. 13.
[61] Rundbrief 47, Oktober 2013, S. 1.
[62] Vergleiche zu diesem Kapitel: *Annette Voigt*, Werner Peter Schmitz-Stiftung, 2012.
[63] Hier folge ich im Wesentlichen Kapitel 2 des Manuskripts von Annette Voigt. Alle hier folgenden Zitate sind aus ihm entnommen.
[64] A. Voigt, Kapitel 2, Spalte 1 u. 2.
[65] A. Voigt, Kapitel 2, Spalte 1.
[66] Im großen Stadttor Jerusalems gab es ein kleines Türchen, genannt das Nadelöhr. Nachts wurde das Stadttor geschlossen. Wer Jerusalem dann noch betreten wollte, musste das Nadelöhr benutzen. Es war so klein, dass man die Kamele abladen musste und sie nur auf den Knien hindurchrutschen konnten.
[67] Matthäus 19,16ff.
[68] Stiftungsurkunde der Werner Peter Schmitz-Stiftung, Stand 23.5.2005, Seite 2.
[69] Stiftungsurkunde der Werner Peter Schmitz-Stiftung, Stand 23.5.2005, Seite 2.
[70] Zitiert nach *A. Voigt*, Kapitel 3, Seite 4.
[71] Siehe auch „Ich sah in das Gesicht eines Menschen", S. 115ff.
[72] A. *Voigt*, Kapitel 1, Seite 15, Spalte 1.
[73] Satzung der Initiative Pskow in der Fassung vom 20.11.2010, § 2,1.